70

1945-2015

上海市孙中山宋庆龄文物管理委员会　上海宋庆龄研究会　编

中国是不可征服的

宋庆龄与中国人民抗日战争暨世界反法西斯战争

中国出版集团　東方出版中心

编审委员会

我坚决地相信，中国不但能够抵抗日本帝国主义每一次和任何一次的侵略，而且它能够，并且一定可收复所有的失地。中国最大的力量，是中国大众一致的觉醒。

——宋庆龄《中国是不可征服的》

1937 年 8 月

前言
Prepace

中国抗日战争，是一场全民族共同奋起御侮的人民战争，在中国共产党倡导的以国共合作为基础的抗日民族统一战线旗帜下，全国各民族、各阶级、各党派、各社会团体、各界爱国人士、港澳台同胞和海外侨胞，同仇敌忾，共赴国难，都为这场战争的胜利作出了重要贡献。伟大的爱国主义、民主主义、国际主义和共产主义战士，举世闻名的20世纪的伟大女性宋庆龄同志是杰出代表。

宋庆龄是反对侵略战争、保卫世界和平事业的久经考验的先驱和领导者之一。在历时14年的中国人民抗日战争和世界反法西斯战争中，她始终抱定中国必胜的信念，走在世界反法西斯斗争的前列，坚持不懈地致力于抗日救亡运动和反帝反法西斯斗争。在中华民族面临亡国灭种的危难关头，她以自己特殊的身份和地位团结国共一致抗日，力促国共第二次合作，坚持团结，反对分裂。抗战全面爆发后，她创建保卫中国同盟，动员全世界和平民主人士支援中国人民的抗日战争。宋庆龄为中国人民赢得抗日战争的伟大胜利作出了不可替代的卓越贡献。

值此中国人民抗日战争暨世界反法西斯战争胜利70周年之际，我们特以宋庆龄为赢得这一伟大胜利而作出的三大杰出贡献——走在世界反法西斯斗争前列；推动国共合作，维护共同抗日局面；争取国际援助，支持中国共产党敌后抗战——为主题，首次推出全部用文物文献图片来叙述、论证宋庆龄独特地位和作用的大型图册，以此纪念中国人民和世界人民的伟大胜利，缅怀和宣传宋庆龄的丰功伟绩，弘扬她伟大的爱国主义、国际主义精神和富贵不淫、威武不屈的崇高品格。

宋庆龄是理想崇高、信念坚定、品格高洁的国之瑰宝和20世纪最伟大的女性，是我们中华民族的骄傲，也是我们上海人民的骄傲。我们应当铭记历史、缅怀先烈、珍爱和平、开创未来！让我们紧密团结在以习近平同志为总书记的党中央周围，坚定不移地走和平发展道路，坚定不移地维护世界和平，万众一心地把中国特色社会主义伟大事业推向前进，共同为实现“两个一百年”的伟大目标和中华民族伟大复兴的中国梦而努力奋斗！

目录
Contents

中国人民绝不会投降。
他们正在为自己
也为世界各国人民而战斗着。

——宋庆龄《给全世界的朋友的信》
一九三九年五月一日

走在世界反法西斯斗争前列

二十世纪三十年代，法西斯主义狂潮席卷欧洲，日本军国主义悍然出兵侵占我国东北三省，继而在上海挑起战事，揭开了中国人民抗日战争暨世界反法西斯战争的序幕。宋庆龄以一个政治家的高度敏锐性和警觉性迅速作出反应，呼吁国际社会谴责日本侵略中国，号召全国民众团结起来抵抗日本侵略，并身体力行，在国际、国内两条战线上，积极投身世界反法西斯斗争和中华民族抗日救亡运动，走在了反法西斯斗争的前列。

支援一·二八淞沪抗战

1931 年 8 月 13 日，旅居欧洲的宋庆龄为奔母丧抵达上海。不久，九一八事变爆发，她义无反顾地留在国内领导抗日民主运动。

1932 年 1 月 20 日，驻沪日军便衣队和特务机关，经过精心策划，借口日本僧侣被害，纠集武装浪人寻衅捣乱，焚烧位于虹口的三友实业社，点燃了一·二八事变的导火索。图为被日本浪人捣毁的三友实业社厂房。

1932 年 1 月 28 日，日军入侵上海，
第十九路军将士奋起抗日。

1932 年 1 月 30 日，宋庆龄在真如慰问第十九路军时，与军长蔡廷锴合影。

1932 年 2 月 6 日，宋庆龄在真如前线手持未爆炸的敌弹留影，表示抗战到底的决心。

1932年2月12日，宋庆龄（右四）在吴淞前线慰问时与第十九路军的区寿年师长（中）、翁照垣旅长（右三）、丁荣光团长（左一）等合影。

1932 年 2 月 12 日，宋庆龄（右二）等
在吴淞前线视察战地。

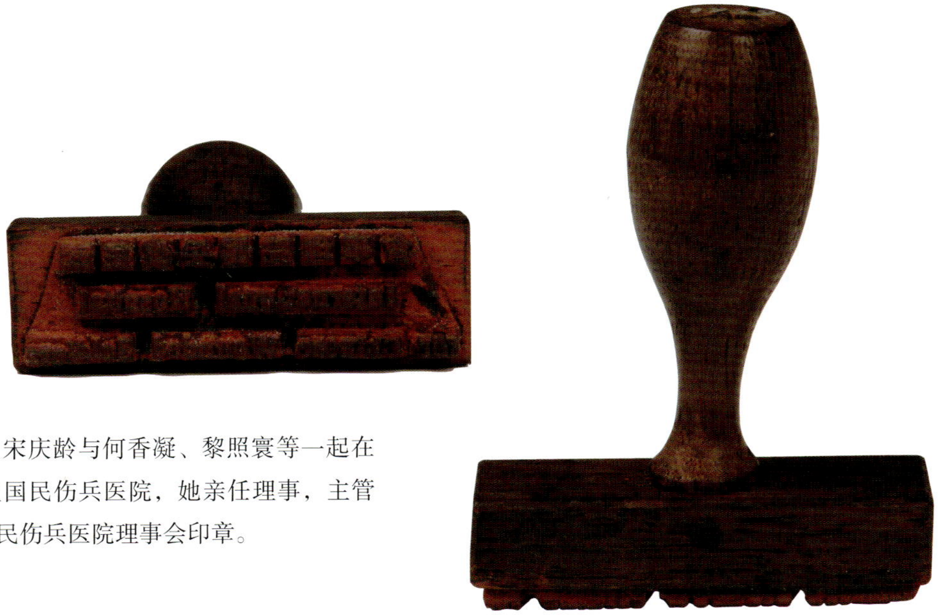

1932年3月5日，宋庆龄与何香凝、黎照寰等一起在上海交通大学设立国民伤兵医院，她亲任理事，主管医院事务。图为国民伤兵医院理事会印章。

针对第十九路军士兵大多是广东人的情况，宋庆龄特地选购了《小桃红》等粤语唱片，在国民伤兵医院为伤兵播放，用家乡音乐来安抚他们。

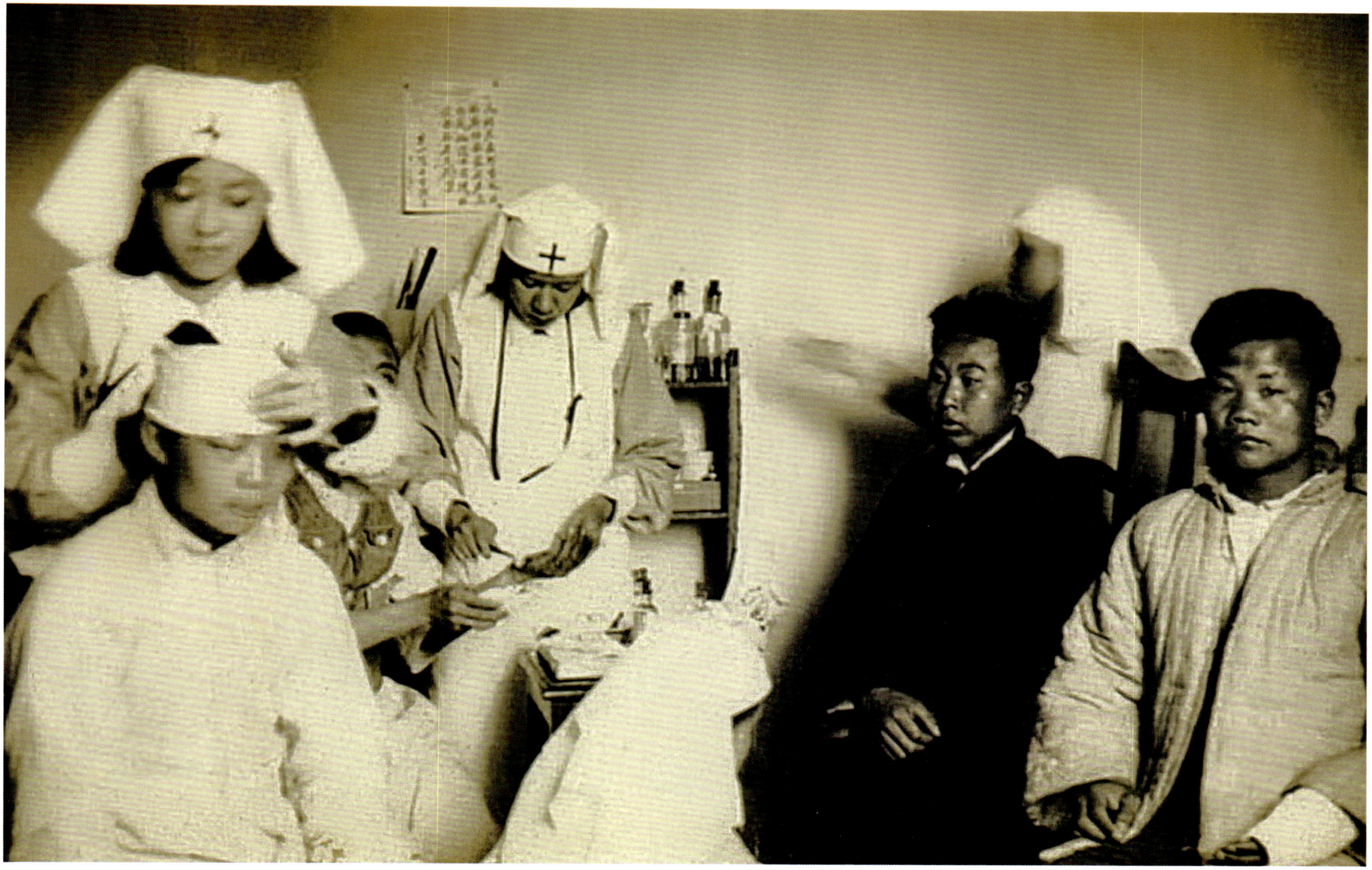

国民伤兵医院内的工作场景。

宋庆龄保存的国民伤兵医院服务章。

宋庆龄与国民伤兵医院伤兵和职员合影。

在国民伤兵医院服务的香港圣约翰救伤队赴沪服务团赠送给宋庆龄的纪念照。

宋庆龄与在国民伤兵医院服务的上海南洋广肇义学童子军团员合影。

国民伤兵医院工作结束后，1932年4月3日，宋庆龄（右四）与上海交通大学校长黎照寰（左四）、杨杏佛（右一）、秘书黎沛华（右三）及在国民伤兵医院服务的梁丽芳（左二）等在上海虹桥合影。

投身世界反战运动

SAVE PEACE SAVE
RUP
Manchukuo
Vladivostok
Korea
PEKING
Lanchow
Sianfu
Nanking
Shanghai
Hankow
Canton
THE PEOPLES CAN STO
R.U.P.

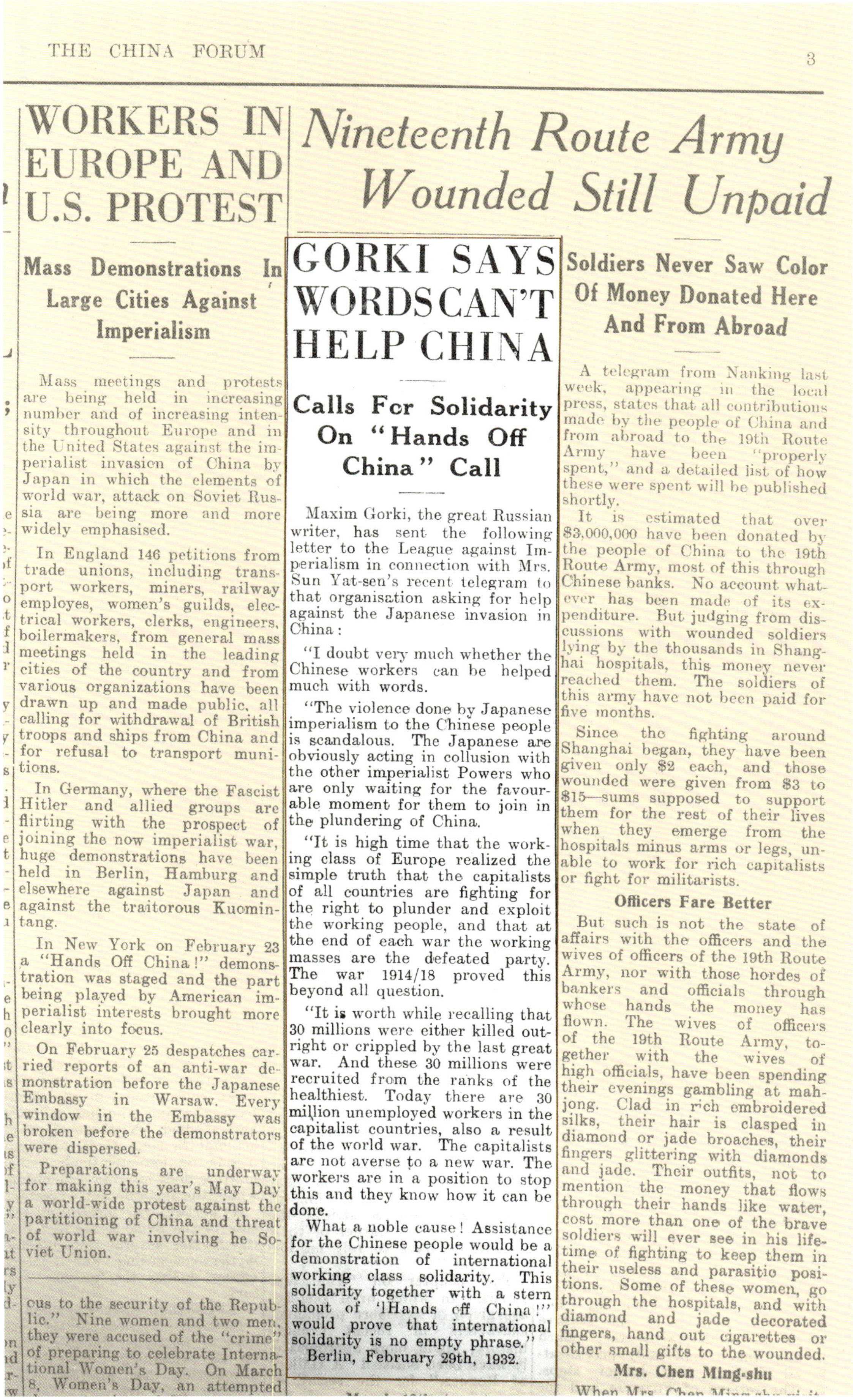

WORKERS IN EUROPE AND U.S. PROTEST

Mass Demonstrations In Large Cities Against Imperialism

Mass meetings and protests are being held in increasing number and of increasing intensity throughout Europe and in the United States against the imperialist invasion of China by Japan in which the elements of world war, attack on Soviet Russia are being more and more widely emphasised.

In England 146 petitions from trade unions, including transport workers, miners, railway employes, women's guilds, electrical workers, clerks, engineers, boilermakers, from general mass meetings held in the leading cities of the country and from various organizations have been drawn up and made public, all calling for withdrawal of British troops and ships from China and for refusal to transport munitions.

In Germany, where the Fascist Hitler and allied groups are flirting with the prospect of joining the now imperialist war, huge demonstrations have been held in Berlin, Hamburg and elsewhere against Japan and against the traitorous Kuomintang.

In New York on February 23 a "Hands Off China!" demonstration was staged and the part being played by American imperialist interests brought more clearly into focus.

On February 25 despatches carried reports of an anti-war demonstration before the Japanese Embassy in Warsaw. Every window in the Embassy was broken before the demonstrators were dispersed.

Preparations are underway for making this year's May Day a world-wide protest against the partitioning of China and threat of world war involving he Soviet Union.

cus to the security of the Republic." Nine women and two men, they were accused of the "crime" of preparing to celebrate International Women's Day. On March 8, Women's Day, an attempted

Nineteenth Route Army Wounded Still Unpaid

GORKI SAYS WORDS CAN'T HELP CHINA

Calls For Solidarity On "Hands Off China" Call

Maxim Gorki, the great Russian writer, has sent the following letter to the League against Imperialism in connection with Mrs. Sun Yat-sen's recent telegram to that organisation asking for help against the Japanese invasion in China:

"I doubt very much whether the Chinese workers can be helped much with words.

"The violence done by Japanese imperialism to the Chinese people is scandalous. The Japanese are obviously acting in collusion with the other imperialist Powers who are only waiting for the favourable moment for them to join in the plundering of China.

"It is high time that the working class of Europe realized the simple truth that the capitalists of all countries are fighting for the right to plunder and exploit the working people, and that at the end of each war the working masses are the defeated party. The war 1914/18 proved this beyond all question.

"It is worth while recalling that 30 millions were either killed outright or crippled by the last great war. And these 30 millions were recruited from the ranks of the healthiest. Today there are 30 million unemployed workers in the capitalist countries, also a result of the world war. The capitalists are not averse to a new war. The workers are in a position to stop this and they know how it can be done.

What a noble cause! Assistance for the Chinese people would be a demonstration of international working class solidarity. This solidarity together with a stern shout of 'Hands off China!' would prove that international solidarity is no empty phrase."

Berlin, February 29th, 1932.

Soldiers Never Saw Color Of Money Donated Here And From Abroad

A telegram from Nanking last week, appearing in the local press, states that all contributions made by the people of China and from abroad to the 19th Route Army have been "properly spent," and a detailed list of how these were spent will be published shortly.

It is estimated that over $3,000,000 have been donated by the people of China to the 19th Route Army, most of this through Chinese banks. No account whatever has been made of its expenditure. But judging from discussions with wounded soldiers lying by the thousands in Shanghai hospitals, this money never reached them. The soldiers of this army have not been paid for five months.

Since the fighting around Shanghai began, they have been given only $2 each, and those wounded were given from $3 to $15—sums supposed to support them for the rest of their lives when they emerge from the hospitals minus arms or legs, unable to work for rich capitalists or fight for militarists.

Officers Fare Better

But such is not the state of affairs with the officers and the wives of officers of the 19th Route Army, nor with those hordes of bankers and officials through whose hands the money has flown. The wives of officers of the 19th Route Army, together with the wives of high officials, have been spending their evenings gambling at mah-jong. Clad in rich embroidered silks, their hair is clasped in diamond or jade broaches, their fingers glittering with diamonds and jade. Their outfits, not to mention the money that flows through their hands like water, cost more than one of the brave soldiers will ever see in his lifetime of fighting to keep them in their useless and parasitic positions. Some of these women, go through the hospitals, and with diamond and jade decorated fingers, hand out cigarettes or other small gifts to the wounded.

Mrs. Chen Ming-shu

When Mrs. Chen Ming-shu vi...

一·二八淞沪抗战爆发后，宋庆龄随即致电世界反帝大同盟，呼吁声援中国人民的淞沪抗日战争。1932年2月29日，苏联著名作家高尔基发出响应函，呼吁全世界无产者团结起来援助中国。

反對世界大戰!!!

反戰會定 八月一日在日內瓦召集

【國民社二十二日巴黎電】國際反戰大會，已定八月一日在日內瓦召集。其執行委員會，今日已經請全世界表同情之士女，不論屬何政派，一致予該大會以充分之贊助。其發出之請求書中，有一節稱：『現在遠東已發生戰事，日本已向中國侵略，將來結果之將對於蘇俄，加以干涉，或成爲泛濫全世界之洪流，端賴本會之事業如何轉移全世輿論爲定』云云。反戰大會請求書之連署者有孫中山夫人、愛因斯坦、羅蘭、特萊蘇爾、巴比塞、高爾基、辛克萊、曼恩及許多世界聞名之著作家、科學家。

为反对日本侵略中国，防止战争成为从远东向全世界泛滥的洪水，1932 年 5 月 22 日，宋庆龄与众多世界著名作家和科学家联合发表告世界人民书，宣布将召开国际性的反对帝国主义战争大会。

反帝戰大會閉幕

成立永久委會繼續大會工作 總理夫人被推爲委員之一

▲塔斯社三十一日荷京電 世界反帝國戰爭大會今日閉幕、最後通過之一議案、爲成立一永久之非戰委員會、設總辦事處於巴黎、繼續進行大會之工作、閉幕前、大會代表又通過一告世界勞動者之宣言、大意爲喚起勞動者對於戰機迫近之注意、并促其準備破壞帝國主義之戰爭陰謀、被選於永久委員會之代表、有蘇聯之高爾基·希伐尼克·及斯太蘇伐夫人、法國之巴比塞·羅曼羅蘭、德國之愛因斯坦及柴脫金、英國之唐梅恩、美國之特蘭散·巴塞斯·及達郎、中國之孫中山夫人、日本之片山潛、波蘭之波古施伏斯基「及意匈·捷克·斯于的那維亞·非洲·巴爾幹等國家與法德工農團體之代表、醫學者非戰會議亦選彭海姆爲代表、參與大會之永久委員會、

1932 年 8 月 27 至 29 日，第一次国际性反战大会在荷兰首都阿姆斯特丹举行。大会发表宣言，反对日本侵略中国，并成立世界反战委员会，选举宋庆龄为委员会中国代表。

1933 年 2 月 17 日，宋庆龄在上海莫利爱路寓所接待世界反帝大同盟名誉主席、英国著名作家萧伯纳，就日本侵华事件等作深入交谈。右起：鲁迅、林语堂、伊罗生、蔡元培、宋庆龄、萧伯纳、史沫特莱。

1933年2月17日，萧伯纳在宋庆龄寓所接见中外记者。

1932年3月，国际联盟李顿调查团来上海察看一·二八淞沪战场。9月，李顿调查团完成报告书，该报告书充分暴露了西方帝国主义国家对日本侵略中国东北的绥靖政策。世界反战委员会遂于12月在巴黎召开会议，决定派调查团赴满洲重新调查，反驳“国联”李顿调查团报告书，并在上海召开远东反战大会。

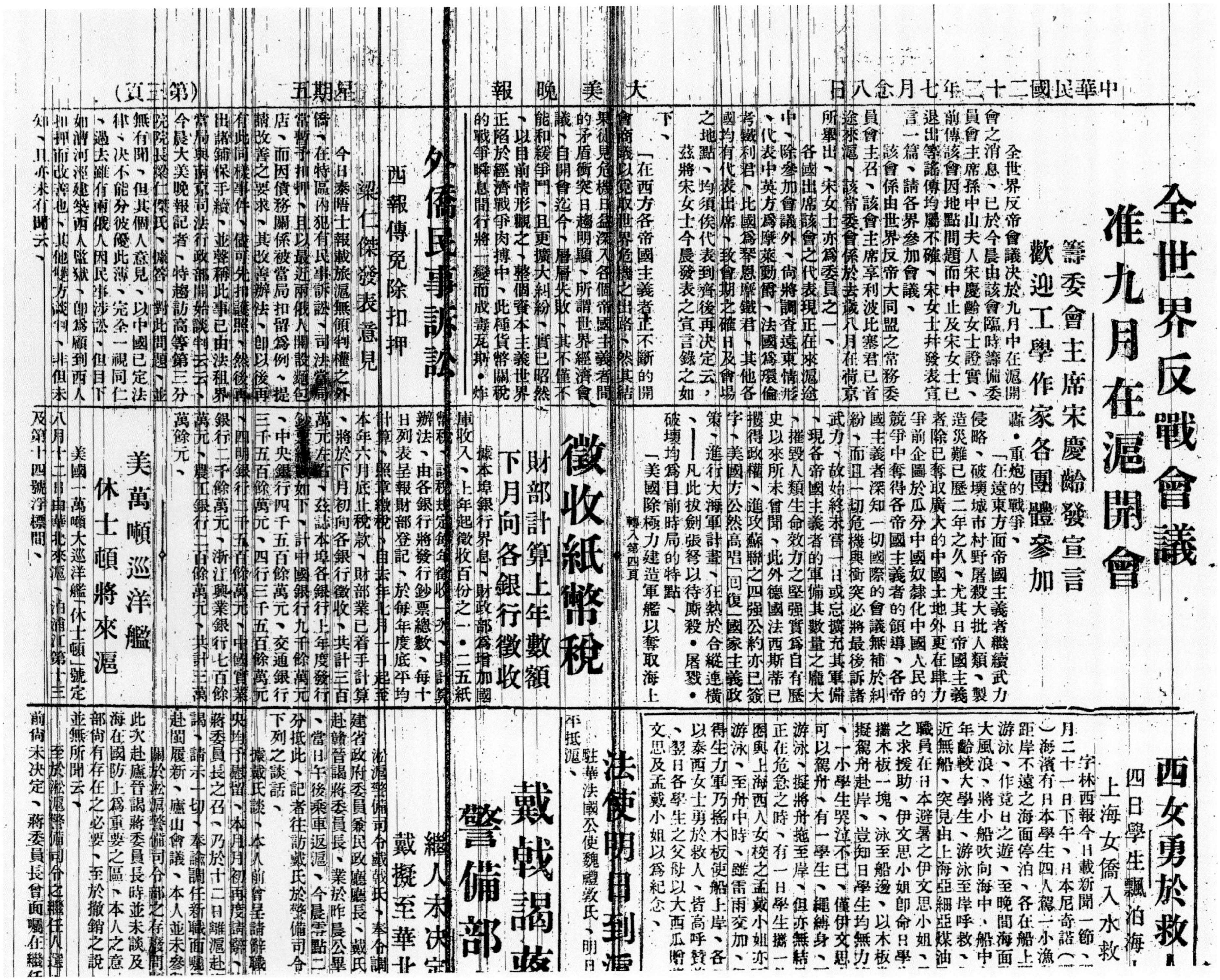

中華民國二十二年七月念八日 大美晚報 星期五 (第三頁)

全世界反戰會議
准九月在滬開會
籌委會主席宋慶齡發宣言
歡迎工學作家各團體參加

全世界反帝會議決於九月中在滬開會之消息、已於今晨由該會臨時籌備委員會主席孫中山夫人宋慶齡女士證實、前傳該會因地點問題而中止及宋女士已退出等諸傳均屬不確、宋女士并發表宣言一篇、請各界參加會議、該會係由世界反帝大同盟之常務委員會主召、該會主席享利波比塞君已首途來滬、該常委會係於去歲八月在荷京所舉出、宋女士亦爲委員之一、各國出席該會之代表現正在來滬途中、除參加會議外、尚將調查遠東情形、代表中英方爲摩萊勳爵、法國爲瓊倫考爾利君、比國爲琴恩摩鐵君、其他各國均有代表出席、致會期之確日及會場之地點、均須俟代表到齊後再決定云、茲將宋女士今晨發表之宣言錄之如下、

「在西方各帝國主義者正不斷的開會商議以覓取世界危機之出路、然其結果徒見危機日益深入各個帝國主義者間的矛盾衝突日趨明顯、所謂世界經濟會議、自開會迄今、屢屢失敗、其不僅不能和緩爭鬥、且更擴大糾紛、實已昭然、以目前情形觀之、整個資本主義世界正陷於經濟戰爭肉搏中、此種貨幣關稅的戰爭瞬息間行將一變而成毒瓦斯・炸彈・重炮的戰爭、

「在遠東方面帝國主義者繼續武力侵略、破壞城市村野屠殺大批人類、製造災難已歷二年之久、尤其日帝國主義者除已奪取廣大的中國土地外更在肆力爭前企圖於瓜分中國奴隸化中國人民的競爭中奪得各帝國主義者的領導、各帝國主義者深知一切國際的會議無補於糾紛、而且一切危機與衝突必將最後訴諸武力、故始終未嘗一日或忘擴充其軍備、現各帝國主義者的軍備其數量之龐大、摧毀人類生命效力之堅强實爲自有歷史以來所未曾開、此外德國法西斯蒂已攫得政權、進攻蘇聯之四强公約亦已簽字、美國方公然高唱「回復」國家主義政策、進行大海軍計畫、狂熱於合縱連橫、──凡此拔劍張弩以待廝殺・屠戮・破壞均爲目前時局的特點、

「美國除極力建造軍艦以奪取海上

轉入第四頁

外僑民事訴訟
西報傳免除扣押
梁仁傑發表意見

徵收紙幣稅
財部計算上年數額
下月向各銀行徵收

美萬噸巡洋艦
休士頓將來滬

西女勇於救
四日學生飄泊海上
海女僑入水救

法使明日到滬

戴戟謁蔣
警備部繼人未決定
戴擬至華北

1933 年 7 月 28 日，宋庆龄在《大美晚报》上发表宣言，欢迎各界人士参加即将在上海举行的远东反战会议。

1933 年 8 月 18 日，宋庆龄在秘书黎沛华的陪同下亲临上海码头迎接参加远东反战会议的外国代表。

1933 年 9 月 30 日，远东反战会议在上海成功秘密举行。宋庆龄出席会议并在会上作了题为《中国的自由与反战斗争》的报告，介绍中国反帝反法西斯斗争的情况。图为宋庆龄报告底稿。

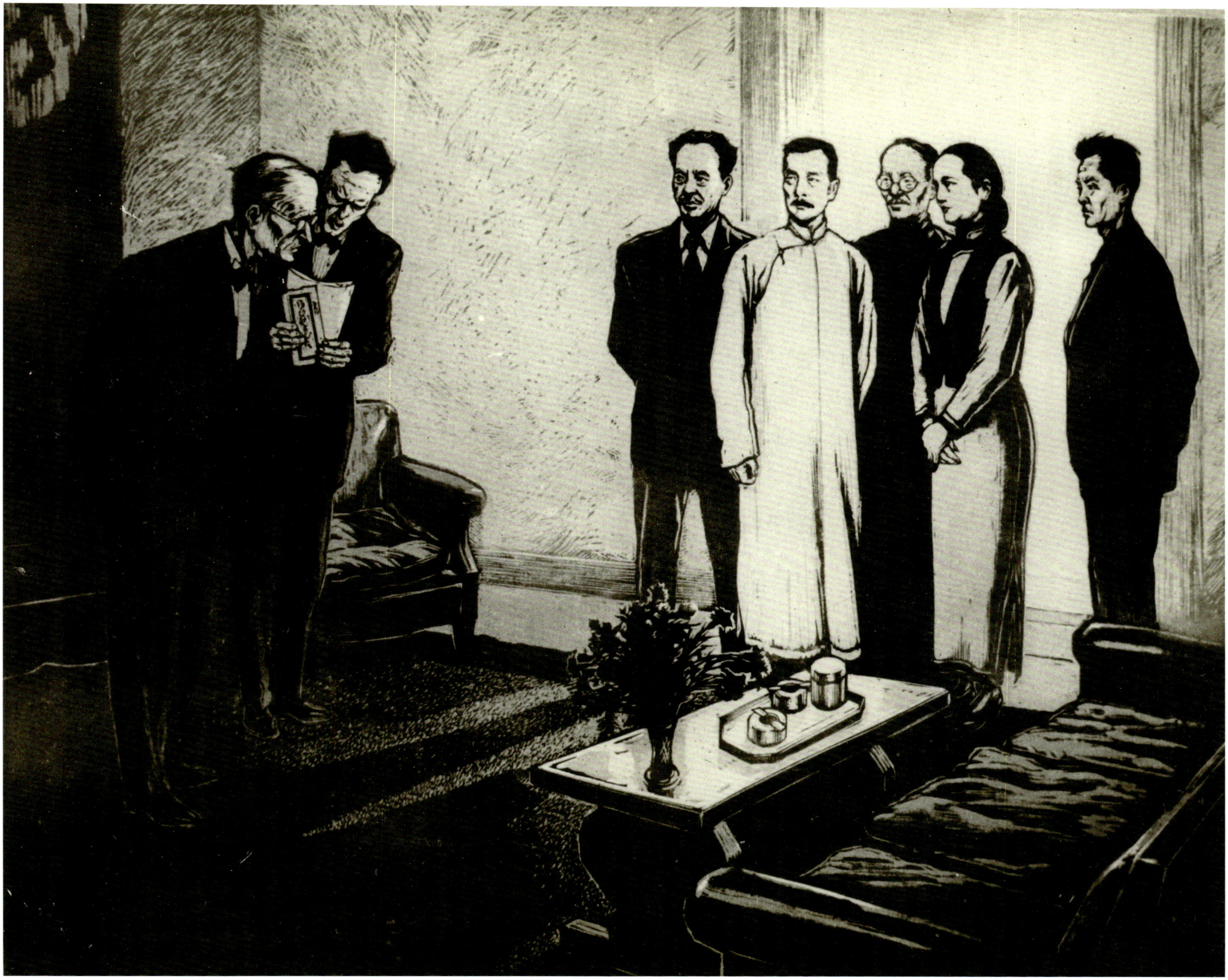

1933年希特勒出任德国总理后，在德国实行法西斯恐怖独裁统治。5月13日，宋庆龄、蔡元培、杨杏佛、鲁迅等人同往德领馆递交抗议书，谴责德国法西斯对德国进步人士和犹太人的迫害。

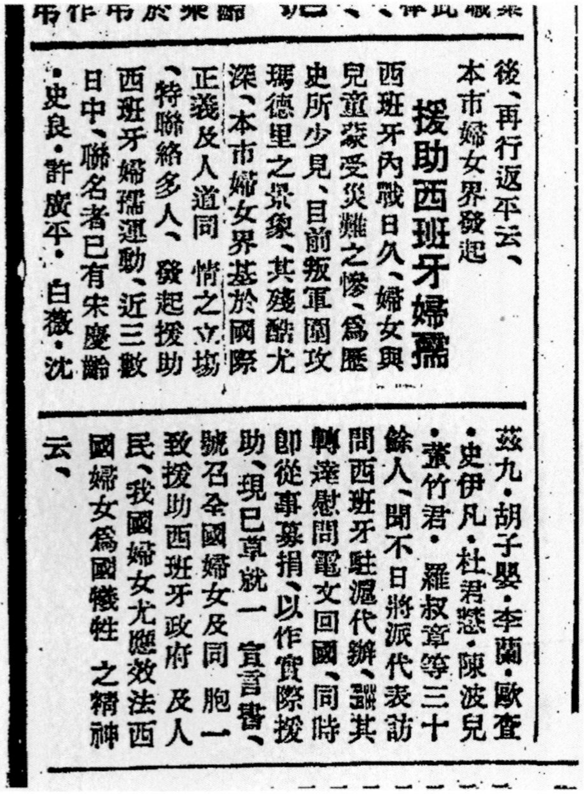

後、再行返平云、

援助西班牙婦孺

本市婦女界發起

西班牙內戰日久、婦女與兒童蒙受災難之慘、爲歷史所少見、目前叛軍圍攻瑪德里之景象、其殘酷尤深、本市婦女界基於國際正義及人道同情之立場、特聯絡多人、發起援助西班牙婦孺運動、近三數日中、聯名者已有宋慶齡・史良・許廣平・白薇・沈茲九・胡子嬰・李蘭・歐查・史伊凡・杜君慧・陳波兒・黃竹君・羅叔章等三十餘人、聞不日將派代表訪問西班牙駐滬代辦、請其轉達慰問電文回國、同時即從事募捐、以作實際援助、現已草就一宣言書、號召全國婦女及同胞一致援助西班牙政府及人民、我國婦女尤應效法西國婦女爲國犧牲之精神云、

1936 年 7 月，西班牙爆发内战，成为第二次世界大战全面爆发的前奏。11 月，宋庆龄等在中国妇女界发起援助西班牙妇孺的运动。

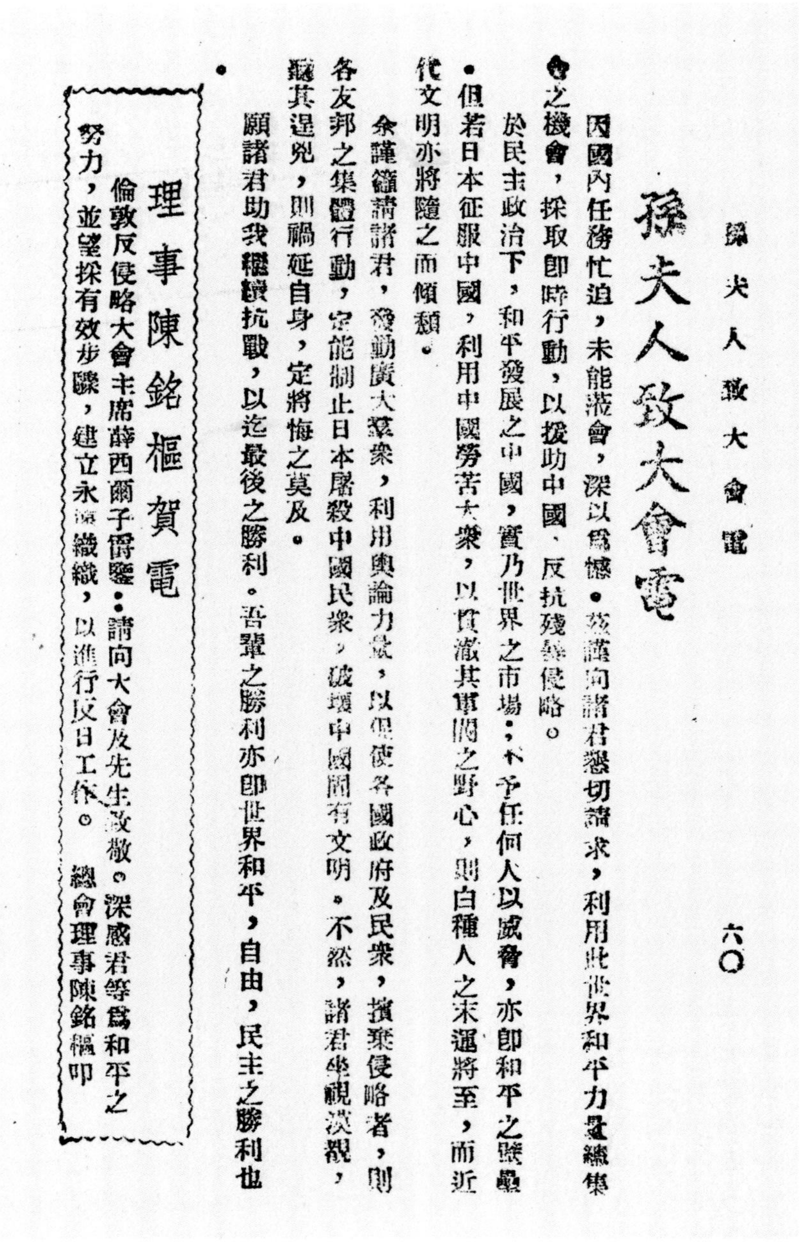

孫夫人致大會電　六〇

孫夫人致大會電

因國內任務忙迫，未能蒞會，深以爲憾。茲謹向諸君懇切請求，利用此世界和平力量總集會之機會，採取即時行動，以援助中國、反抗殘暴侵略。

於民主政治下，和平發展之中國，實乃世界之市場；不予任何人以威脅，亦即和平之壁壘。但若日本征服中國，利用中國勞苦大衆，以貫澈其軍閥之野心，則白種人之末運將至，而近代文明亦將隨之而傾頹。

余謹籲請諸君，發動廣大羣衆，利用輿論力量，以促使各國政府及民衆，擯棄侵略者，則各友邦之集體行動，定能制止日本屠殺中國民衆，破壞中國固有文明。不然，諸君坐視淡視，聽其逞兇，則禍延自身，定將悔之莫及。

願諸君助我繼續抗戰，以迄最後之勝利。吾輩之勝利亦即世界和平，自由，民主之勝利也。

理事陳銘樞賀電

倫敦反侵略大會主席薛西爾子爵鑒：請向大會及先生致敬。深感君等爲和平之努力，並望採有效步驟，建立永遠組織，以進行反日工作。

總會理事陳銘樞叩

1938 年 2 月，宋庆龄致电国际反侵略大会，呼吁世界和平力量援助中国反抗日本侵略。

1938年2月12—13日，国际反侵略运动大会（法文缩写RUP）召集的制日援华特别会议在伦敦召开，中国驻法大使顾维钧（主席台前排左二）代表宋庆龄任大会名誉主席。

唤起民众
抗日救国

數萬青年哭魯迅
魯迅靈柩由黎烈文胡風等十四人扶登靈車。(明)
綿延數里之送葬的羣衆(沈)
行抵萬國公墓後，羣衆皆依戀不忍行(沈)
儀仗的前導(基)
儀仗隊伍中之魯迅巨像(基)

1932 年 12 月，宋庆龄在上海发起组织中国民权保障同盟。图为宋庆龄与中国民权保障同盟成员胡愈之（左一）、林语堂（左二）、杨杏佛（右二）及秘书黎沛华（中）合影。

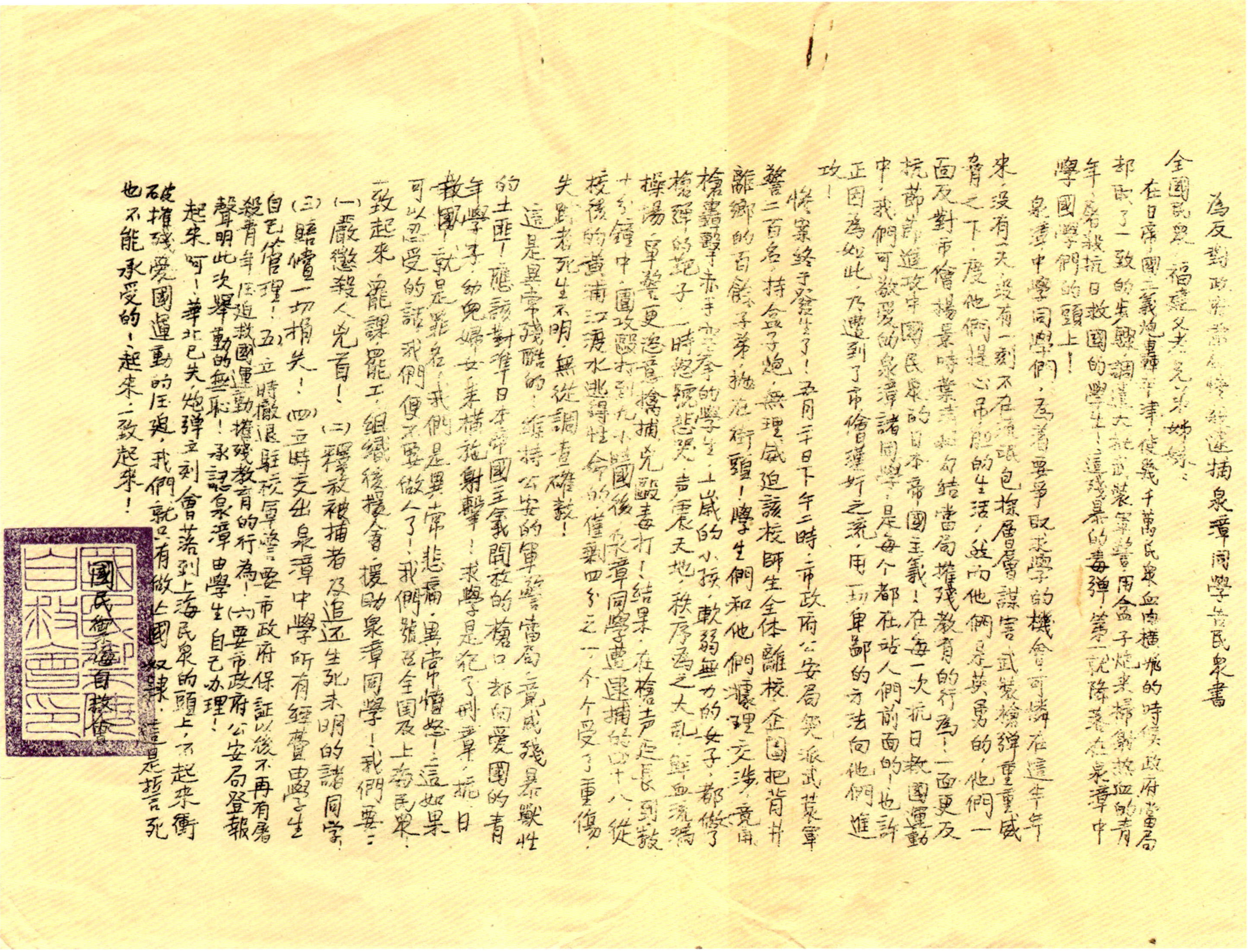

為反對政府當局[illegible]逮捕泉漳同學告民眾書

全國民眾，福建父老兄弟姊妹：

在日帝國主義炮轟平津，使幾千萬民眾血肉横飛的時候，政府當局卻取了一致的步驟，調遣大批武裝軍警用盒子炮來掃射熱血的青年，屠殺抗日救國的學生！這殘暴的毒彈，第一就降落在泉漳中學同學們的頭上！

泉漳中學同學們，為着要爭取求學的機會，可憐在這半年來，沒有一天，沒有一刻不在偵探包探層層謀害，武裝槍彈重重威脅之下，度他們提心吊膽的生活，然而他們是英勇的，他們一面反對市儈楊景時葉清和勾結當局摧殘教育的行為，一面更反抗節節進攻中國民眾的日本帝國主義！在每一次抗日救國運動中，我們可敬愛的泉漳諸同學，是每个都在站人們前面的！也許正因為如此，乃遭到了市儈漢奸之流，用卑鄙的方法向他們進攻！

慘案終于發生了！五月二十日下午二時，市政府公安局突派武裝軍警二百名，持盒子炮，無理威迫該校師生全体離校，企圖把背井離鄉的百餘子弟，拋在街頭！學生們和他們據理交涉，竟用槍柄毆打赤手空拳的學生，十歲的小孩，軟弱無力的女子，都做了槍彈的靶子，一時號哭悲哭，聲震天地，秩序為之大亂，鮮血流滿操場，軍警更恣意捨捕，兇毆毒打！結果，在槍聲延長到數十分鐘中，圍攻毆打到九小時後，泉漳同學遭逮捕的四十八，從校後的黄浦江渡水逃得性命的，僅剩四分之一，个个受了重傷，失蹤者死生不明，無從調查確數！

這是異常殘酷的，維持公安的軍警當局，竟成殘暴獸性的土匪！應該對準日本帝國主義開放的槍口，都向愛國的青年學子，幼兒婦女，來横施射擊！求學是犯了刑章，抗日救國就是罪名，我們是異常悲痛，異常憤怒！這如果可以忍受的話，我們便不要做人了！我們號召全国及上海民眾，一致起來，罷課，罷工，組織後援會，援助泉漳同學！我們要：

(一)嚴懲殺人兇首！ (二)釋放被捕者及追还生死未明的諸同學！

(三)賠償一切損失！ (四)立時交出泉漳中學所有經費與學生自己管理！ (五)立時撤退駐校軍警，要市政府保証以後不再有屠殺青年壓迫救國運動摧殘教育的行為！ (六)要市政府公安局登報聲明此次舉動的無恥！承認泉漳由學生自己办理！

起來呵！華北已失，炮弾立刻會落到上海民眾的頭上，不起來衝破摧殘愛國運動的压迫，我們就只有做亡國奴隸，這是誓死也不能承受的！起來，一致起來！

國民禦侮自救會

1933年3月8日，国民御侮自救会在上海成立，宋庆龄当选为该会主席。是日，她在成立大会上发表演说，号召全国抗日群众团结抵抗日本帝国主义的侵略。图为宋庆龄保存的国民御侮自救会传单。

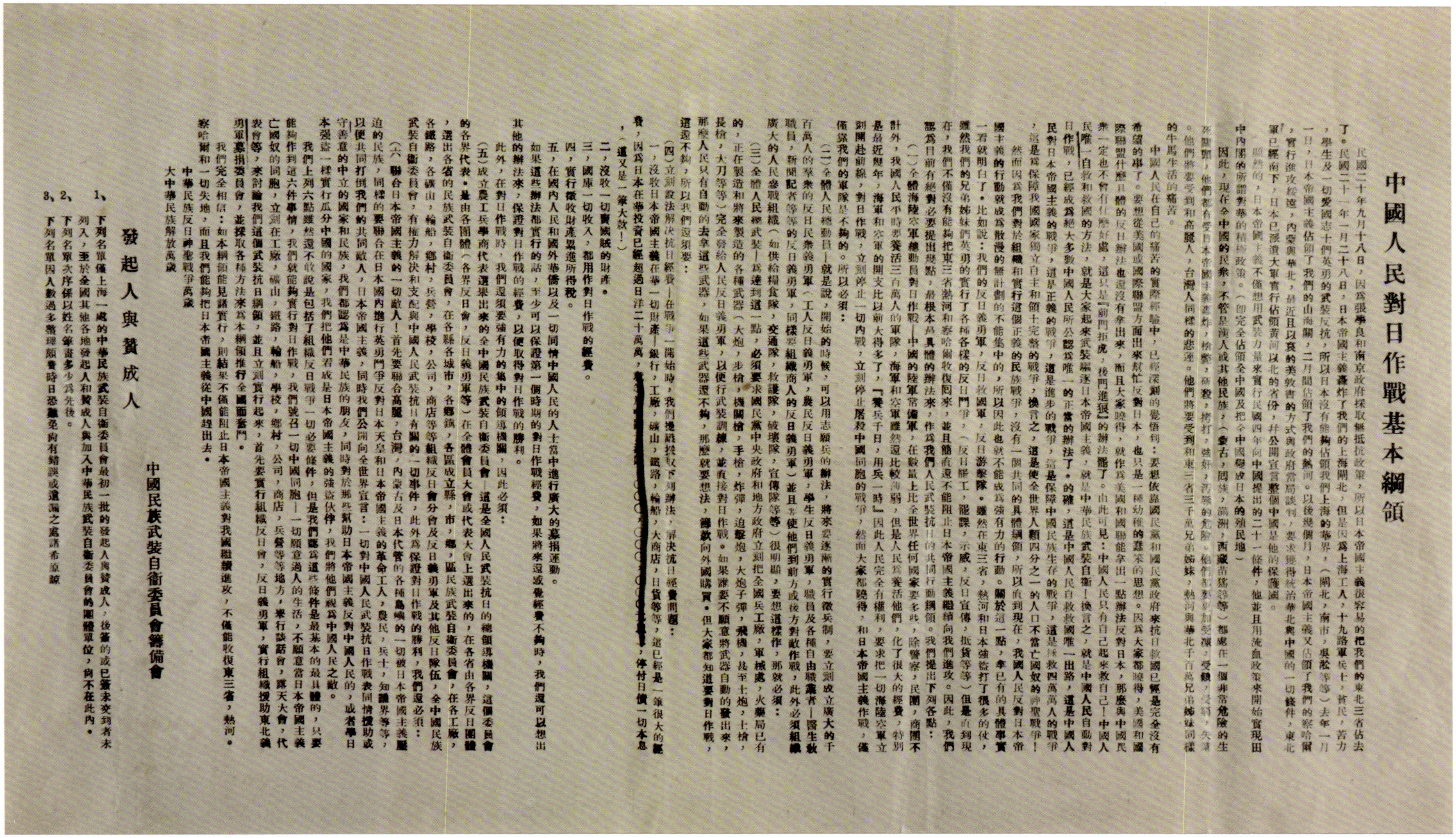

中國人民對日作戰基本綱領

民國二十年九月十八日，因爲張學良和南京政府採取無抵抗政策，所以日本帝國主義很容易的把我們的東北三省佔去了。民國二十一年一月二十八日，日本帝國主義轟炸了我們的上海閘北，但是因爲上海工人，十九路軍兵士，貧民，苦力，學生及一切愛國志士們英勇的武裝反抗，所以日本沒有能夠佔領我們上海的華界，（閘北，南市，吳淞等等）去年一月一日，日本帝國主義佔領了我們的山海關，二月間佔領了我們的熱河。以後幾個月，日本帝國主義又佔領了我們的察哈爾，實行進攻綏遠，內蒙與華北，最近且以哀的美敦書的方式與政府當局談判，要求獲得統治華北與中國的一切條件，東北軍已經南下，日本已派遣大軍實行佔領黃河以北的省份，并公開宣言整個中國是他的保護國。

顯然的，日本帝國主義不僅想用武裝力量來實行民國四年向中國提出的二十一條件，他並且用流血政策來開始實現田中內閣的所謂對華的積極政策。（即完全佔領全中國及把全中國變成日本的殖民地）

因此，現在全中國的民衆，不管是漢人或其他民族，（蒙古，回族，滿洲，西藏苗猺等等）都處在一個非常危險的生死關頭，他們都有受日本帝國主義轟炸，槍斃，砍殺，拷打，強姦，汚辱的危險。他們都要更加受凍，受餓，受窮，失業。他們將要受到和高麗人，台灣人同樣的悲運。他們將要受到和東三省三千萬兄弟姊妹，熱河與華北千百萬兄弟姊妹同樣的牛馬生活的痛苦。

中國人民在自己的痛苦的實際經驗中，已經深刻的覺悟到：要想依靠國民黨和國民黨政府來抗日救國已經是完全沒有希望的事了。要想從美國或國際聯盟方面出來幫忙反對日本，也只是一種幼稚的蠢笨的思想。因爲大家都曉得，美國和國際聯盟什麼具體的反日辦法也還沒有拿出來，而且大家曉得，就作爲美國和國聯能拿出一點辦法反對日本，那麼與中國民衆一定也不會有什麼好處，這只是『前門拒虎，後門進狼』的辦法罷了。由此可見：中國人民只有自己起來救自己！中國人民唯一自救和救國的方法，就是大家起來武裝驅逐日本帝國主義，就是中華民族武裝自衛！換言之，就是中國人民自動對日作戰，已經成爲絕大多數中國人民所公認爲唯一的正當的辦法了。的確，這是中國人民自救救國唯一出路，這是中國人民對日本帝國主義的戰爭，這是正義的戰爭，這是進步的戰爭，這是保障中國民族生存的戰爭，這是拯救四萬萬人的戰爭，這是爲保障我國國家獨立自主和領土完整的戰爭，換言之，這是使全世界人類四分之一的人口不當亡國奴的神聖戰爭！

然而因爲我們對於組織和實行這個正義的民族戰爭，沒有一個共同的具體綱領，所以直到現在，我國人民反對日本帝國主義的行動就成爲散漫的無計劃的不能集中的，所以因此也就不能成爲強有力的行動。關於這一點，拿已有的具體事實一看就明白了。比如說：我們的反日義勇軍，反日救國軍，反日游擊隊。雖然在東三省，熱河和日本強盜打了很多的仗，雖然我們的兄弟姊妹們英勇的實行了各種各樣的反日鬥爭，（反日罷工，罷課，示威，反日宣傳，抵貨等等）但是直到現在，我們不僅沒有能夠把東三省熱河和察哈爾收復回來，並且簡直還不能阻止日本帝國主義繼續向我們進攻。因此，我們認爲目前有絕對必要提出幾點，最根本最具體的辦法來，作爲我們人民武裝抗日的共同行動綱領。我們提出下列各點：

（一）全體海陸空軍總動員對日作戰—中國的陸軍常備軍，在數量上比全世界任何國家要多些，除警察，民團，商團不計外，我國人民平時要養活三百萬人的軍隊，海軍和空軍雖然還比較薄弱，但是人民爲養活他們，化了很大的經費，特別是最近幾年，海軍和空軍的開支比以前大得多了，『養兵千日，用兵一時』因此人民完全有權利，要求把一切海陸空軍立刻開赴前線，對日作戰，立刻停止一切內戰，立刻停止屠殺中國同胞的戰爭，然而大家都曉得，和日本帝國主義作戰，僅僅靠我們的軍隊是不夠的。所以必須：

（二）全體人民總動員—就是說，開始的時候，可以用志願兵的辦法，將來要逐漸的實行徵兵制，要立刻成立廣大的千百萬人的羣衆的反日民衆義勇軍（工人反日義勇軍，農民反日義勇軍，學生反日義勇軍，職員及各種自由職業者—醫生教職員，新聞記者等等的反日義勇軍，同樣要組織商人的反日義勇軍）並且要使他們到前方或後方對敵作戰，此外必須組織廣大的人民參戰組織（如供給糧食隊，交通隊，救護隊，破壞隊，宣傳隊等等）很明顯，要想這樣作，那就必須：

（三）全體人民總武裝—爲達到這一點，必須要求國民黨中央政府和地方政府立刻把全國兵工廠，軍械處，火藥局已有的，正在製造和將來製造的各種武器（大炮，步槍，機關槍，手槍，炸彈，迫擊炮，大炮子彈，飛機，甚至土炮，土槍，長槍，大刀等等）完全發給人民反日義勇軍，以便行武裝訓練，並直接對日作戰。如果誰要不願意將武器自動的發出來，那麼人民只有自動的去拿這些武器，如果這些武器還不夠，那麼就要想法，籌款向外國購買。但大家都知道要對日作戰，這還不夠，所以我們還須要：

（四）立刻設法解決抗日經費—在戰爭一開始時，我們提議採取下列辦法，解決抗日經費問題：

一，沒收日本帝國主義在華一切財產—銀行，工廠，礦山，鐵路，輪船，大商店，日貨等等，這已經是一筆很大的經費，因爲日本在華投資已經超過日洋二十萬萬，[redacted]，停付日債一切本息，（這又是一筆大款！）

二，沒收一切賣國賊的財產。

三，國庫一切收入，都用作對日作戰的經費。

四，實行徵收財產累進所得稅。

五，在國內人民和國外華僑以及一切同情中國人民的人士當中進行廣大的募捐運動。

如果這些辦法都實行的話，至少可以保證第一個時期的對日作戰經費，如果將來還感覺經費不夠時，我們還可以想出其他的辦法來，保證對日作戰的經費，以便取得對日作戰的勝利。

此外，在對日作戰時，我們還須要強有力的集中的領導機關，因此必須：

（五）成立農工兵學商代表選舉出來的全中國民族武裝自衛委員會—這是全國人民武裝抗日的總領導機關，這個委員會的各界代表，是由各團體（各界反日會，反日義勇軍等）在全體會員大會或代表大會上選出來的，在各省由各界反日團體，選出各省的民族武裝自衛委員會，在各縣各城市，各鄉鎮，各區成立縣，市，鄉，區民族武裝自衛委員會，在各工廠，各鐵路，各礦山，輪船，鄉村，兵營，學校，公司，商店等等組織反日會分會及反日義勇軍及其他反日隊伍，全中國民族武裝自衛委員會，有權力解決和支配與中國人民武裝抗日有關的一切事件，此外爲保證對日作戰的勝利，我們還必須：

（六）聯合日本帝國主義的一切敵人！首先要聯合高麗，台灣，內蒙古及日本代管的各種島嶼的一切被日本帝國主義壓迫的民族，同樣的要聯合在日本國內進行英勇鬥爭反對日本天皇和日本帝國主義的革命工人，農民，兵士，知識界等等，以便共同打倒我們的共同敵人，日本帝國主義，同時我們公開向全世界宣言：一切對中國人民武裝抗日作戰表同情援助或守善意的中立的國家和民族，我們都認爲是中華民族的朋友，同時對於那些幫助日本帝國主義反對中國人民的，或者學日本強盜一樣實行瓜分中國的國家，我們把他們看成是日本帝國主義的強盜伙伴，我們將他們視爲中國人民之敵。

我們上列六點雖然還不敢說是包括了組織反日戰爭一切必要條件，但是我們認爲這些條件是最基本的最具體的，只要能夠作到這六件事情，我們就能夠實行對日作戰，我們號召一切中國同胞—一切願意過人的生活，不願意當日本帝國主義亡國奴的同胞，立刻在工廠，礦山，鐵路，輪船，學校，鄉村，公司，商店，兵營等等地方，舉行談話會，露天大會，代表會等，來討論我們這個武裝抗日綱領，並且立刻實行起來，首先要實行組織反日會，反日義勇軍，實行組織援助東北義勇軍募捐委員會，並採取各種方法來爲本綱領推行全國而奮鬥。

我們完全相信：如本綱領能見諸實行，則結果不僅能阻止日本帝國主義對我國繼續進攻，不僅能收復東三省，熱河，察哈爾和一切失地，而且我們能夠把日本帝國主義從中國趕出去。

中華民族反日神聖戰爭萬歲

大中華民族解放萬歲

中國民族武裝自衛委員會籌備會

發起人與贊成人

1、下列名單僅上海一處的中華民族武裝自衛委員會最初一批的發起人與贊成人，後簽的或已簽未交到者未列入，至於全國其他各地發起人和贊成人與加入中華民族武裝自衛委員會的團體單位，尚不在此內。

2、下列名單次序係以姓名筆畫多少爲先後。

3、下列名單因人數過多整理頗費時日恐難免有錯誤或遺漏之處請希原諒

1934 年 4 月 20 日，宋庆龄在中国民族武装自卫委员会筹备会议上，宣布中国共产党提出的《中国人民对日作战基本纲领》（又称《抗日救国六大纲领》），呼吁中华民族武装自卫，把日本帝国主义驱赶出中国。

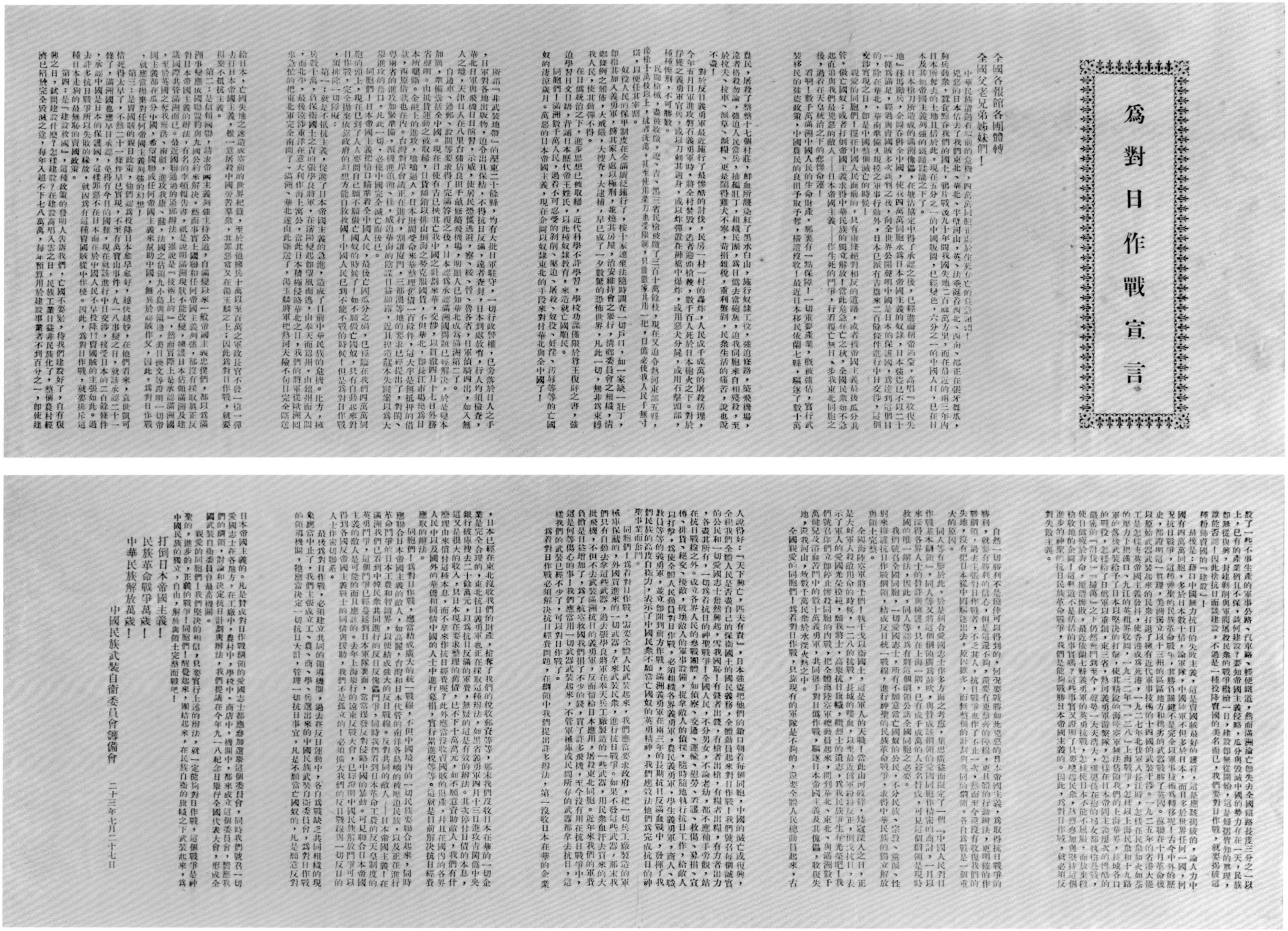

爲對日作戰宣言

全國各報館各團體轉
全國父老兄弟姊妹們！

中華民族遭遇着空前的危機，四萬萬同胞正處於生死存亡的危急關頭！兇惡的日本佔去了我們東北、華北、半壁河山，英、法乘涎着西北、西南，都正在張牙舞爪，興兵動衆，蠶食鯨吞我們的國土，鴉片戰爭後九十年間我國失地二百廿萬方里，而在最近的兩三年內日本所奪去的土地且倍於此，現在五分之一的中國版圖，已經變色，六分之一的中國人口，已在日本及其他帝國主義列強的鐵蹄蹂躪之下了。

日本憑刀所造成的滿洲傀儡，在塘沽協定中得了承認之後，已經進而稱帝滿蒙，高唱『收復失地』，秣馬勵兵，企圖吞併全中國，使我四萬萬同胞永爲日本帝國主義的奴隸，日本強盜已不以二十一條爲滿足，經過與賣國賊多次談判之後，向全世界公開聲明中國是日本的保護國，爲達到這個目的，除在華北，華南準備大規模之軍事行動外，日本已派有吉盛來二百餘條件進行中日交涉，這個交涉實現之日，即是中國整個滅亡的時候！

親愛的同胞們！擺在中國人民面前的，只有兩條絕對相反的道路，或者被帝國主義最後瓜分共管，做亡國奴；或者打倒帝國主義求得中華民族的獨立解放！當此危急存亡之秋，全國民衆如不急起直追與我們最兇惡的敵人——日本帝國主義——作生死的鬥爭，行看覆亡無日，步我東北同胞之後，過着在天皇統治之下的悲慘命運！

看啊！數千萬滿洲中國人民的生命財產，那裏有一點保障！一切重要產業，概被強佔，實行武裝移民的強盜政策，中國農民的良田予取予奪，橫遭沒收！最近日本移民依蘭七縣，驅逐了數十萬農民，屠殺了整整十七個村莊，鮮血所潑染紅了黑水白山，施行奴隸工役，強迫修路，築飛機場，違者格殺勿論，強迫人民當兵，抽編壯丁，組織民團，爲日僞去當砲灰，迫我同胞來自相殘殺，至於拉夫、拉車、派草、派糧，更是鬧得雞犬不寧，苛捐雜稅，重利盤剝，民衆生活的痛苦，說也說不盡！

對於反日義勇軍最近施行了最慘酷的討伐，民房一村一村的轟炸，人民成千成萬的屠殺活埋，今年五月日軍進攻磐石義勇軍時，將全村焚毀，逃者迎頭槍殺，數千百人死於日本砲火之下。對於俘獲之義勇軍官兵，或以刀刺其週身，或以炸彈置在褲襠中爆炸，或用惡犬分屍，或用石擊頭部，種種慘刑，不可勝數。

民間槍械，盡被收繳，遼、吉、黑三省民槍被繳了三百十萬餘枝，現在又迫令熱河東部五縣，繳槍十萬枝以上，抗者洗蕩，甚至使用菜刀也受限制，只准數家共用一把，日僞必使我人民手無寸鐵，以便任其宰割。

奴役人民的保甲制度在全滿廣泛施行了，按十家連坐法隨時調查一切戶口，如一家缺一壯丁，即指其加入義勇軍，將其家人處以極刑，並燒其房屋，治安維持會之舉行，清鄉委員會之組織，清鄉條例之頒佈，大戒嚴，大搜查，大逮捕，早已成了一夕數驚的恐怖世界，凡此一切，無非爲束縛我人民，使其動彈不得。

在日僞統治之下，進步思想已被取締，近代科學不許學習，學校功課僅限於尊王復辟之書，強迫學習日文日語，背誦日本歷代帝王姓氏，以此種奴隸教育，來造就亡國順民。

同胞們！滿洲數千萬人民，過着不可忍受的剝削、壓迫、屠殺、奴役、奸淫、污辱等等的亡國奴的淒涼歲月。萬惡的日本帝國主義，現在企圖以奴隸東北的手段來對付華北與全中國了！

所謂『非武裝地帶』的冀東二十餘縣，均有大批日軍駐守，一切行政警權，已旁落於日人之手，日軍對各地出版物，迫令出具保結，不得抗日反滿，違者查封，日本到處放哨，行人均須檢查，華北日軍與飛機日日演習，示威，使居民恐慌逃避，察、綏、晉、魯各省，日軍偵騎四出，如入無人之境，天津日人在八里台強佔良田千畝修築飛機場，明眼人已知華北成爲滿洲第二了。

自通車、通郵、設關等要求得了完滿答覆之後，日本認爲承認滿洲國問題已經解決，於是變本加厲，準備囊括全中國。現在日使有吉已挾其亡我中國之計劃來華，交涉，以貫徹四月十七日外務省聲明。山抵貨運動之被取締，日貨傾銷以排山倒海之勢克服國貨，不但華北，即長江市場悉爲日本所壟斷。金融上的進攻，咄咄逼人，日本財閥受命來華整理舊借一百餘件，這大半是無抵押的借款，西原借款也在內。台灣對岸會議正在進行，割讓廈門，三都澳等地的要求已經提出了，對閩、粵兩省的進攻加緊準備，派機逼迫湘、桂，威迫華南的陰謀日益顯露，近且捏造藏本失蹤案以爲大舉進攻的借口，凡此一切，必使中國完全滅亡而後已。

同胞們！日本帝國主義把槍口瞄準着全中國人民，最後亡國瓜分之禍，已經臨在我們四萬萬同胞的頭上，現在已到了人人要問自己願不願做亡國奴的時候了！如不願做亡國奴，只有自動起來對日作戰，完全拋棄依靠政府的幻想方能自救救國！中國人民已到不能不戰的時候！但是爲對日作戰，須排除一切障礙：

第一：就是不抵抗主義，促進了日本帝國主義的急進，造成了目前中華民族的危機。北方，擁兵數十萬，負保衛國土之責的張學良將軍，在瀋陽變起即望風而逃，由奉天而錦州，由錦州而入關，而北平，最後遠涉重洋在意大利作海上寓公，當此日本積極侵略華北之日，我們的將軍從歐洲回來急忙的把東北軍完全南開了，滿洲、華北遂由此斷送了，湯玉麟將軍把熱河天險不旬日完全斷送給日本，亡國失地之速造成空前的世界紀錄，至於其他擁兵十萬以至百萬之軍政長官不發一槍一彈去打日本帝國主義，惟一意屠殺中國勞苦羣衆，其罪惡當又在湯玉麟之上；因此爲對日作戰，就要揭棄不抵抗主義。

第二：是信賴國聯，請求帝國主義列強主持公道，自滿變以來一般帝國主義忠僕們，都以爲滿洲事變應依國聯盟約與九國公約來解決，然而事實上國聯和任何帝國主義列強，都沒有採取真正反對日本帝國主義的辦法，有名的李頓報告書，祇是說明滿洲現狀不能改變，擁護日本佔領滿洲及建議國際共管滿洲而已。最近國聯通過的通郵辦法，雖說是『技術上的』，然而實際上是承認滿洲國，至於英國之奪我班洪、南嶠，進攻我康、藏，法國之佔領九小島與滇邊，美日換文等證明一切帝國主義都在瓜分中國，希望國聯或任何帝國主義來幫助中國，無異於認賊作父，因此，爲對日作戰，就應當揭棄對任何帝國主義列強的幻想！

第三：是賣國賊的親日政策，他們認爲投降日本愈早愈好，越快越妙，在他們看來，袁世凱可惜死得太早了，不然二十一條件早已實現，不至有萬寶山事件，九一八事變之日，就該承認二十一條了，滿洲國也應早日承認，免得有今日的國難，現在就該進行中日交涉，接受日本的二百餘條件，承認中國是日本的保護國，這樣罪惡不在日本而在於中國人民不早投降!?賣國賊的主張如此。過去許多抗日戰爭所以失敗的緣故，就因爲有這種賣國賊從中作梗。因此，爲對日作戰，就要排斥這種日本走狗的最無恥的賣國政策。

第四：是『建設救國』，這種政策的發明人告訴我們，亡國不要緊，待我們建設好了，自有復興之日，試問建設什麼？怎樣建設？在建設高唱入雲之日，民族工業日益非民族化了，整個農村經濟已瀕於完全毀滅之途，每年入超不下七八萬萬，每年預算用於建設事業者不到百分之一，即使建設了一些不事生產的軍事公路、汽車路、輕便鐵道，然而滿洲淪亡即失去全國鐵路長度三分之一以上，已有的產業猶且不保，該何建設？要知帝國主義侵略，瓜分與毀滅中國的勢力存在一天，民族即無從復興，封建剝削與軍閥屠殺民衆的戰爭繼續一日，建設即無從開始，這是婦孺皆知的眞理，誰能否認！因此捨抗日而談建設，不過是一種投降賣國的美名而已，我們要對日作戰，就要揭破這種粉飾賣國的『建設』！

最後是：藉口中國無力抗日的失敗主義，這是賣國賊最好的護符，這是應該揭破的，論人力中國有四萬萬同胞，多於日本數十倍，論軍隊，中國陸軍不但多於日本，而且多於世界任何一國，何況抗日戰爭，這種神聖的民族革命戰爭，其勝負關鍵不是完全以軍事技術爲轉移呢！古今中外的歷史，都證明這一眞理，美洲獨立以十三州的區區地方和拙劣的武器戰勝了英國。一九二五年的省港大罷工是怎樣使英帝國主義發抖，使香港成爲死港，一九二七年北伐軍入長江時，怎樣在民衆如火如荼的壓力下把漢口、九江的英租界收回，一九三二年『一二八』上海戰爭，怎樣以上海民衆和十九路軍的落後武裝給予了日本以堅決的打擊，使其精銳的海陸空軍無法佔領我們的上海華界，長城各口的戰役，怎樣給了日僞軍以重創，東三省，熱河義勇軍游擊隊，怎樣在日本帝國主義屢次的慘酷的嚴密的『討伐』『掃蕩』之下仍然奮鬥到至今，聲勢一天天浩大，連那發在抱的婦女都執槍赴戰，使日僞疲於奔命，屢遭慘敗，最近依蘭七縣義勇軍的英勇抗戰，怎樣使日本不能不屈服，而放棄移民佔地的企圖！這難道不是活活的事實嗎？這些事實又證明了只要喚起民衆，熱烈參加與堅持這個進步的神聖的抗日民族革命戰爭，我們是能夠戰勝日本帝國主義的。因此，爲對日作戰，就必須反對失敗主義。

自然一切勝利不是僥倖可以得到的，何況要戰勝如此兇惡的日本帝國主義，爲取得抗日戰爭的勝利，就要有勝利的信心，但是這還不夠，還要有更整齊的陣線，更其嚴的行動辦法，更明確的作戰綱領，過去主張對日作戰者，不乏其人，抗日戰爭也作了不止一次，然而至今還沒有收復我們的失地，沒有把日本從中國驅逐出去，原因雖多，而缺整個的計劃與共同的綱領，各自爲戰是一個重大的原因。

同人等有鑒於此，於是糾合愛國志士作多方面之考慮，集思廣益而擬定了一個『中國人民對日作戰基本綱領』，同人等又將這個綱領廣爲鼓吹，與贊成該綱領的愛國同胞作精密的商討，一月以來深得各界人士的贊許與擁護，只在上海一隅，已有成千成萬的人簽名贊成，可見這個綱領是現時救國的唯一辦法，因此，同人等認爲有將這個綱領公諸全國同胞之必要。

我們號召全國同胞，一切愛國志士，所有不願意當亡國奴的公民，不分民族、宗教、黨派、性別來擁護抗日作戰綱領，結成反日統一戰線，進行神聖的民族革命戰爭，求得中華民族的獨立解放與領土完整。

全國海陸空軍將士們！執干戈以衛國土，這是軍人的天職！當此山河破碎，矮寇深入之日，正是大好軍人殺敵用命的時候，一二八的抗戰，長城的喋血，以至最近僞軍紛紛反正，倒戈抗日，表示了軍人的愛國光榮模範，願我將士，高舉抗日旗幟，繼烈士的遺志，爲我民族爭生存光榮吧！我們號召你們立即停止慘殺同胞的內戰，把全體海陸空軍總動員起來，開到華北、東北、與滿洲數千萬健兒及浴血苦鬥中的數十萬義勇軍，共同攜手對日僞作戰，驅逐日本帝國主義及其傀儡，收復失地，還我河山，救數千萬民衆於水深火熱之中。

全國親愛的同胞們！爲着對日作戰，只靠現有的軍隊是不夠的，還要全體人民總動員起來，古人說得好：『天下興亡，匹夫有責』，日本強盜把他們的鎗口朝着每個同胞，中國的滅亡或復興，全視我們全體人民是否盡自己的保衛國土的國民義務，全體動員起來對日作戰！我們號召每個誠實的公民和一切愛國志士奮然興起，雪我國恥！有錢者出錢，有槍者出槍，有糧者出糧，有力者出力，各盡其所有，一切爲着抗日的神聖戰爭！全國人民，不分男女，不論老幼，都不應袖手旁觀，站在抗日戰線之外。成立各界人民的參戰團體，如偵察、交通、運輸、慰勞、看護、救傷、募捐、宣傳、排貨、絕交、擾敵，破壞敵人的軍事設備，捉拿敵人的偵探，隨時隨地執行抗日工作，給敵人以打擊，爲使全體人民動員對日作戰，必須組織各界義勇軍，農民義勇軍，學生義勇軍，商人、職教員等等的義勇軍，並立即開到前方作戰，滿洲義勇軍在兩三年的長期抗日反滿血戰中，發揮了我們民族的高度自衛力，表示了中國民衆不願當亡國奴的英勇精神，我們應效法他們爲完成抗日的神聖事業而奮鬥。

同胞們！爲着對日作戰，需要全體人民武裝起來，我們應當要求政府，把一切兵工廠製造的軍械庫保藏的，外國買進來的一切武器，拿來武裝民衆，進行抗日戰爭。如果不發這些武器，那末我們只有自動去拿這些武器，過去張學良將軍在奉天兵工廠製造的一些武器，用民衆血汗去買來的大批飛機，不但不去武裝滿洲抗日的義勇軍，反而留給日本應用，屠殺東北同胞。近年來我們的軍費負擔是日益增加了，爲了航空救國我們捐了不少的錢，買了許多飛機，至今沒有用在抗日戰爭中，這是何等傷心的事！我們應當用一切武器武裝起來，不管軍械庫或民間所存的武器都拿去抗日，這樣我們的武裝已經不少了，可以對日作戰了。

爲着對日作戰必須解決抗日經費問題，在綱領中我們提出許多辦法，第一沒收日本在華的企業，日本已經在東北沒收我們的財產，搶奪了我們的稅收鹽資等等，那末我們沒收日本在華的一切企業是完全合理的，東北抗日義勇軍也正在採取這種辦法，如黑省義勇軍四月十三日進攻青岡僞中央銀行破庫搜去二十餘萬元，以爲抗日反滿的軍費，無疑的這是有效的辦法。其次停付日債的本息，這又是很大的收入，只日本現在要求整理的舊債，已不下十萬萬元，如不願意資助敵人，我們有什麼理由來償付這種本息，而不拿來作抗日經費呢？此外應當沒收賣國賊的財產，并且在國內的各界人民中以及國外的華僑和同情中國的人士中進行募捐，實行累進稅等等。這就是目前解決抗日經費應取的辦法。

同胞們！爲對日作戰，應當結成廣大的統一戰線，不但中國境內的一切民族要聯合起來，同時應聯合日本帝國主義的敵人，如高麗，台灣和日本代管的南洋各島嶼的被壓迫民族，以及正在進行革命鬥爭的日本工農和智識界，以便結成強大的反日戰線。反對共同的敵人——日本帝國主義！在滿洲我們已看到中韓民衆共同進行的反日反傀儡鬥爭，同時我們看到日本革命工農的反天皇制度的英勇鬥爭，這個鬥爭已經蔓延到日本軍隊裏面，當當爆發反對侵略中國的暴動。可見聯合日本帝國主義的敵人是可能的而且應該的。去年上海舉行的遠東反戰大會，已經證明中國民族解放鬥爭可以得到各國反帝國主義戰士的同情與援助，我們不是孤立的！必須擴大我們的反日戰線與一切反日的人士作密切聯系。

最後爲對日作戰，必須建立共同的領導機關，過去在反日運動中，各自爲戰缺乏共同機構的現象應當中止了，我們主張成立工、農、商、學、兵選出來的中國民族武裝自衛委員會，爲對日作戰的領導機關，牠應當決定一切抗日大計，管理一切抗日事宜，凡是不願當亡國奴的，凡是願意反對日本帝國主義的。凡是贊成對日作戰綱領的愛國志士都應參加選舉這個委員會，同時我們號召一切愛國志士在各地方，在工廠中，農村中，學校中，商店中，機關中，都來成立這個委員會，擁護我們的綱領，討論和決定抗日計劃與辦法，我們提議在今年九一八紀念日舉行全國代表大會，形成全國武裝自衛委員會最高機關。

親愛的同胞們！我們堅決的相信，只要實行上述的辦法，就一定能夠對日作戰，這個戰爭是神聖的，進步的，正義的戰爭！同胞們！醒覺起來，團結起來，在民族自衛的旗幟之下武裝起來，爲中國民族的獨立，自由，解放與領土完整而戰吧！

打倒日本帝國主義！
民族革命戰爭萬歲！
中華民族解放萬歲！

中國民族武裝自衛委員會籌備會　二十三年七月二十七日

1934 年 7 月 27 日，中国民族武装自卫委员会筹备会
公开发表《为对日作战宣言》。

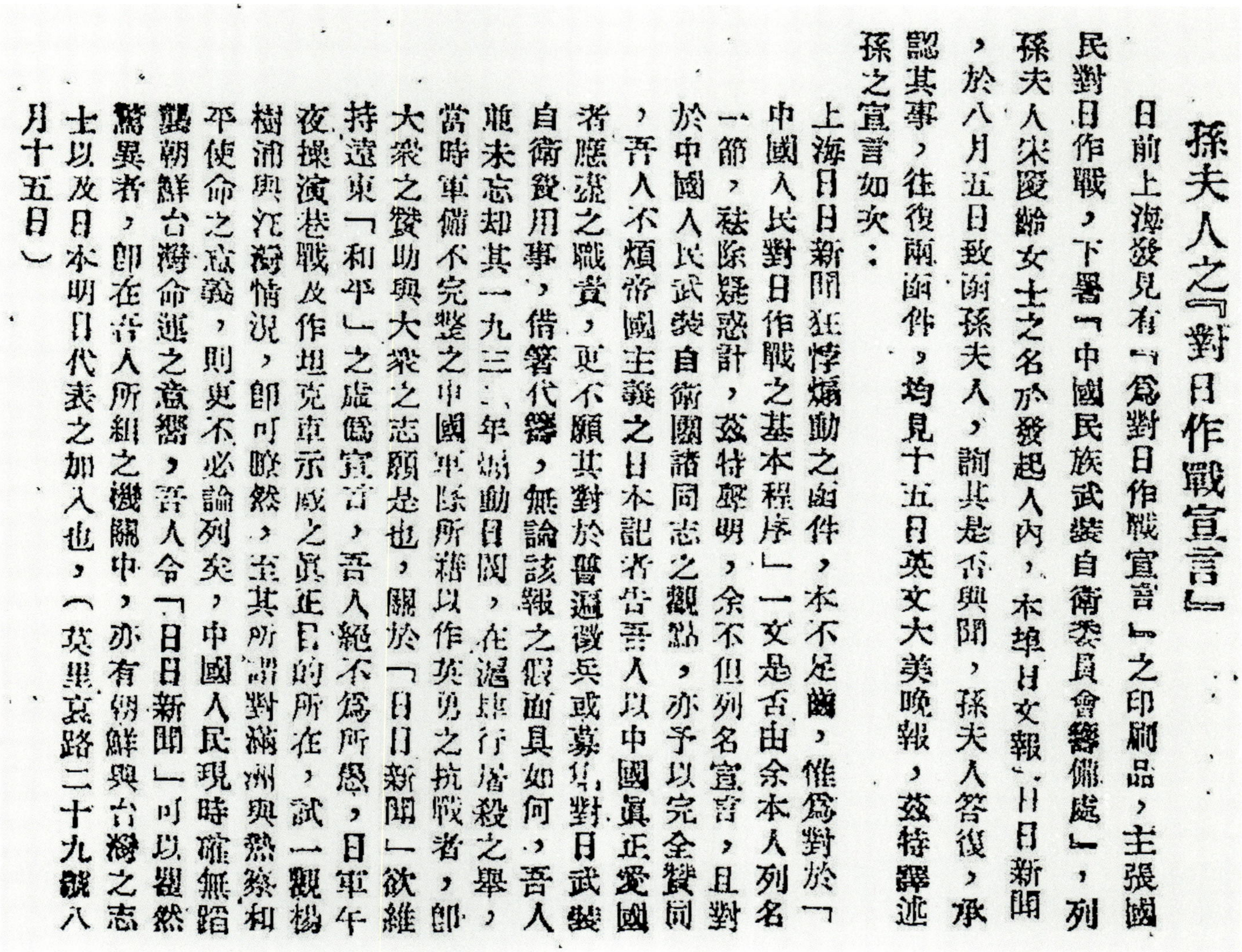

孫夫人之『對日作戰宣言』

日前上海發見有「爲對日作戰宣言」之印刷品，主張國民對日作戰，下署「中國民族武裝自衛委員會籌備處」，列孫夫人宋慶齡女士之名於發起人內，本埠日文報「日日新聞」，於八月五日致函孫夫人，詢其是否與聞，孫夫人答復，承認其事，往復兩函件，均見十五日英文大美晚報，茲特譯述孫之宣言如次：

上海日日新聞狂悖煽動之函件，本不足齒，惟爲對於「中國人民對日作戰之基本程序」一文是否由余本人列名一節，祛除疑惑計，茲特聲明，余不但列名宣言，且對於中國人民武裝自衛團諸同志之觀點，亦予以完全贊同，吾人不煩帝國主義之日本記者告吾人以中國眞正愛國者應盡之職責，更不願其對於普遍徵兵或募兵對日武裝自衛發用事，借箸代籌，無論該報之假面具如何，吾人雖未忘却其一九三二年煽動日閥，在滬肆行屠殺之舉，當時軍備不完整之中國軍隊所藉以作英勇之抗戰者，即大衆之贊助與大衆之志願是也，關於「日日新聞」欲維持遠東「和平」之虛僞宣言，吾人絕不爲所愚，日軍午夜操演巷戰及作坦克車示威之眞正目的所在，試一觀楊樹浦與江灣情況，即可瞭然，至其所謂對滿洲與熱察和平使命之意義，則更不必論列矣，中國人民現時確無踏襲朝鮮台灣命運之意嚮，吾人令「日日新聞」可以矍然驚異者，即在吾人所組之機關中，亦有朝鮮與台灣之志士以及日本明日代表之加入也，（莫里哀路二十九號八月十五日）

1934 年 8 月 15 日，宋庆龄在上海寓所发出声明，斥责上海日文报纸《日日新闻》的虚伪“和平”宣言，公开宣布中国民族武装自卫委员会筹备会的《为对日作战宣言》系由她列名公布。图为《时事旬报》1934 年第 7 期上的报道。

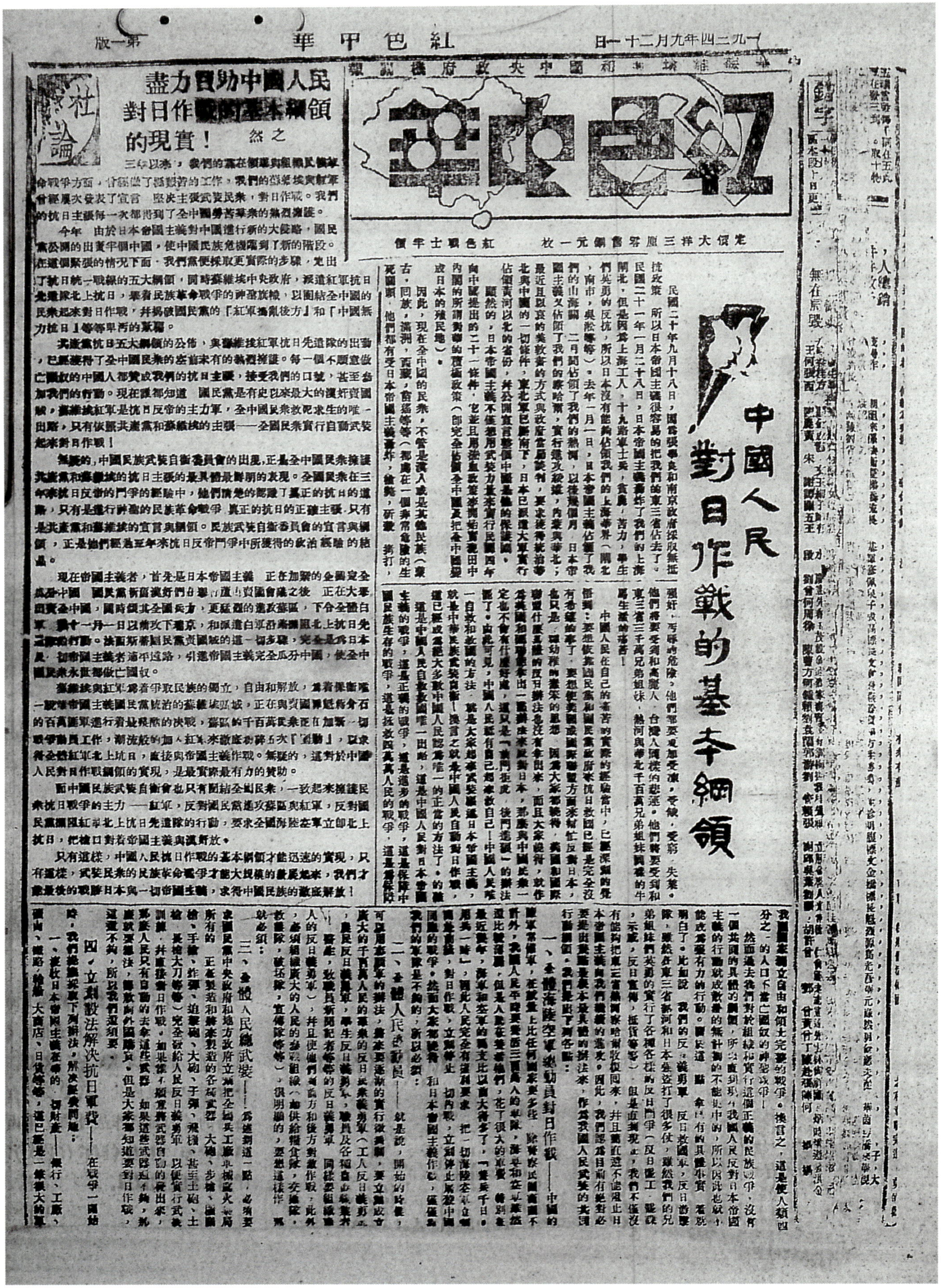

紅色中華

一九三四年九月二十一日

第一版

中國人民對日作戰的基本綱領

走在世界
反法西斯斗争前列

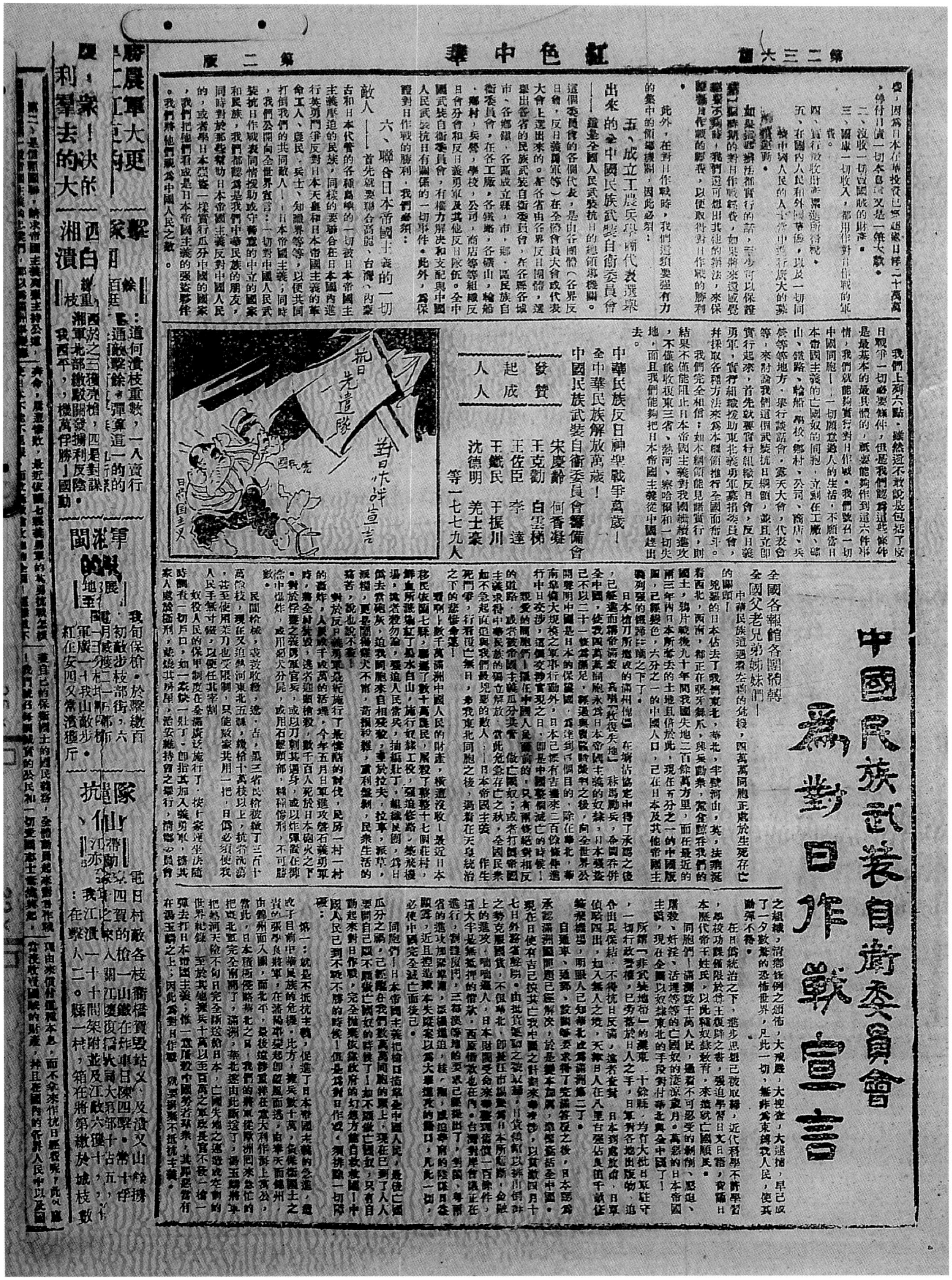
第二三六期　紅色中華　第二版

五、成立工農兵學商代表選舉出來的全中國民族武裝自衛委員會

六、聯合日本帝國主義的一切敵人

中華民族反日神聖戰爭萬歲！
全中華民族解放萬歲！

中國民族武裝自衛委員會籌備會

發起人
贊成人

宋慶齡　何香凝
王克勤　白雲梯
王佐臣　李達
王鐵民　于振川
沈德明　羌士豪
等一七七九人

中國民族武裝自衛委員會為對日作戰宣言

全國各報館各團體轉
全國父老兄弟姊妹們！

1934年9月21日，中央苏区《红色中华》报全文刊登宋庆龄领衔签名的《中国人民对日作战基本纲领》和《中国民族武装自卫委员会为对日作战宣言》。

救亡情報　（星期日）　第一張　第四版

並遞呈請願書，尹副官長答詞，學生代表即與其交換意見，最後尹副官長表示接受學生意見，代表始告辭出，時已下午一時半矣。

當副官長與學生代表話談時，守衛

爲今之計，只有抗戰才有出路，不然與日本妥協，早晚必要滅亡。日本要求廿九軍撤退，全國的民衆將一致的反對。爲了國土的完整，爲了廿九軍的安全，人民一致擁護廿九軍繼續以往的抗日

，到今日不但冀東二十餘縣成爲滿州國第二，而且平津也快亡了，我們現在決不能再忍我們決不能叫日本白白的佔領平津。

我們無時不要抗日，但是委員長老

宋慶齡先生致救國陣線領袖函

因爲住了一個半月的醫院，所以直到現在才知道當局又企圖壞破救國會的力量，並不斷地威脅，要逮捕救國陣綫諸領袖。

我聽說你們拒絕否認宣言，並堅決聲言忠於宣言的每一句話，寧可坐牢而不願賣國。

這是不是一個譏刺呢？當局一面鼓吹着「祕密準備抵抗日帝國主義」，但一面又警告，逮捕我們救國會諸同志。

這種辦法只是欺騙白癡。但牠們却召起了迅速的廣大救國革命羣衆，爲我們受辱的祖國復仇。這已是十分明顯，當局是不可能抵抗帝國主義的。最多在帝國主義矛盾的限度內，勾結一個帝國主義侵略者反抗其它帝國主義。

我們反日的最好方法，是只有加强我民族革命的力量。所以我敢担保你們將作堅持到底的努力。我們的路是長而艱苦的，但只有偉大的鬥爭才能獲得勝利。如果我們能够盡力幹去，這種勝利是有保證的。我們非常欣慰，簽名於這救國會的綱領和宣言之後，我充分支持這個綱領和宣言。

此致民族革命的敬禮！

宋慶齡（簽字）

六月五日一九三六正簽

1936年5月31日，全国各地60多个救国团体的代表在上海开会，成立全国各界救国联合会，推选宋庆龄、何香凝、马相伯、沈钧儒等40余人组成执行委员会。会议通过抗日宣言、抗日救国初步政治纲领和章程等。6月5日，宋庆龄致函全国各界救国联合会，表示支持救国会的纲领和宣言。

1936年10月22日，宋庆龄参加救国会组织的鲁迅葬礼并发表讲话，指出："追悼鲁迅先生，须效法先生有打倒帝国主义，打倒汉奸的精神，为民族求解放。"

中共宣言和蒋委员长谈话都郑重指出两党精诚团结的必要。我听到这消息，感动得几乎要下泪。

——宋庆龄《国共统一运动感言》

一九三七年九月二十四日

推动国共合作 维护共同抗日局面

国难当头，国民党蒋介石顽固坚持『攘外必先安内』的反动政策，对日妥协，对内残酷『围剿』中国共产党及其军队、迫害爱国进步人士，致使日寇得寸进尺，成片的国土、大量的民众落入敌手，中华民族到了最危险的时候。宋庆龄挺身而出，以孙中山『联俄、联共、扶助农工』三大政策为号召，积极推动国共第二次合作，主张和平解决西安事变。抗日民族统一战线形成后，宋庆龄发表宣言拥护国民党《抗战建国纲领》，在全力投入中国人民抗日战争暨世界反法西斯战争的同时，坚决维护国共合作共同抗日的局面，同各种投降言论和分裂势力进行了坚决的斗争。

推动国共第二次合作

1935年，日寇扩大侵略范围，策动所谓“华北五省自治运动”，将河北、察哈尔、绥远、山东、山西加以政治分割。图为日人于1937年10月所设的伪“晋北自治政府”。

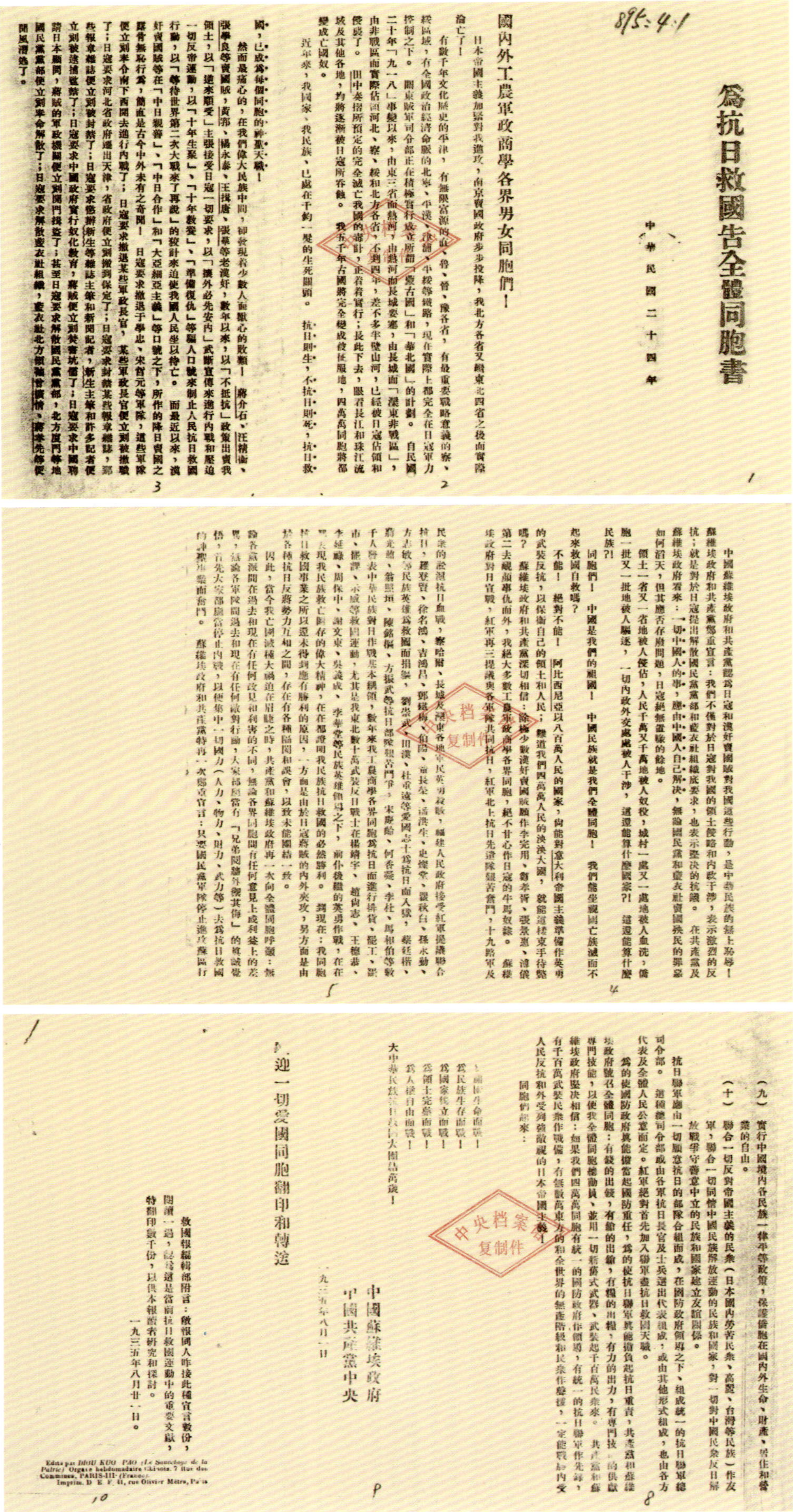

爲抗日救國告全體同胞書

中華民國二十四年

國內外工農軍政商學各界男女同胞們！

日本帝國主義加緊對我進攻，南京賣國政府步步投降，我北方各省又繼東北四省之後而實際淪亡了！

有數千年文化歷史的平津，有無限富源的直、魯、晉、豫各省，有最重要戰略意義的察、綏區域，有全國政治經濟命脈的北寧、平漢、津浦、平綏等鐵路，現在實際上都完全在日寇軍力控制之下。關東賊軍司令部正在積極實行成立所謂「蒙古國」和「華北國」的計劃。自民國二十年「九一八」事變以來，由東三省而熱河，由熱河而長城要塞，由長城而「灤東非戰區」，由非戰區而實際佔領河北、察、綏和北方各省，不到四年，差不多半壁山河，已經被日寇佔領和侵蝕了。田中奏摺所預定的完全滅亡我國的毒計，正着着實行；長此下去，眼看長江和珠江流域及其他各地，均將逐漸被日寇所吞蝕。我五千年古國將完全變成殖民地，四萬萬同胞將都變成亡國奴。

近年來，我國家、我民族，已處在千鈞一髮的生死關頭。抗日則生，不抗日則死，抗日救國，已成爲每個同胞的神聖天職！

然而最痛心的，在我們偉大民族中間，卻發現着少數人面獸心的敗類！蔣介石、汪精衛、張學良等賣國賊，黃郛、楊永泰、王揖唐、張羣等老漢奸，數年以來，以「不抵抗」政策出賣我領土，以「逆來順受」主張接受日寇一切要求，以「攘外必先安內」武斷宣傳來進行內戰和壓迫一切反帝運動，以「十年生聚」、「十年教養」、「準備復仇」等騙人口號來制止人民抗日救國行動，以「等待世界第二次大戰來了再說」的狡計來迫使我國人民坐以待亡。而最近以來，漢奸賣國賊等在「中日親善」、「中日合作」和「大亞細亞主義」等口號之下，所作的降日賣國之罪惡無恥行爲，簡直是古今中外未有之奇聞！日寇要求撤退于學忠、宋哲元等軍隊，這些軍隊便立刻奉命南下西開去進行內戰了；日寇要求撤退某些軍政長官，某些軍政長官便立刻被撤職了；日寇要求河北省政府遷出天津，省政府便立刻搬到保定了；日寇要求封禁某些報章雜誌，某些報章雜誌便立刻被封禁了；日寇要求懲辦新生等雜誌主筆和新聞記者，新生主筆和許多記者便立刻被逮捕監禁了；日寇要求中國政府實行奴化教育，蔣賊便立刻焚書坑儒了；日寇要求中國聘請日本顧問，蔣賊的軍政機關便立刻開門揖盜了；甚至日寇要求解散國民黨黨部，北方廈門等地國民黨黨部便立刻奉命解散了；日寇要求解散藍衣社組織，藍衣社北方領袖曾擴情、蔣孝先等便聞風潛逃了。

中國蘇維埃政府和共產黨認爲日寇和漢奸賣國賊對我國這些行動，是中華民族的絕大恥辱！蘇維埃政府和共產黨鄭重宣言：我們不僅對於日寇對我國的領土侵略和內政干涉，表示激烈的反抗；就是對於日寇提出解散國民黨黨部和藍衣社組織底要求，也表示堅決的抗議。在共產黨及蘇維埃政府看來：一切中國人的事，應由中國人自己解決，無論國民黨和藍衣社賣國殃民的罪惡如何滔天，但其應否存廢問題，日寇絕無置喙的餘地。

領土一省又一省地被人侵佔，人民千萬又千萬地被人奴役，城村一處又一處地被人血洗，僑胞一批又一批地被人驅逐，一切內政外交處處被人干涉，這還能算什麼國家？！這還能算什麼民族？！

同胞們！中國是我們的祖國！中國民族就是我們全體同胞！我們能坐視國亡族滅而不起來救國自救嗎？

不能！絕對不能！阿比西尼亞以八百萬人民的國家，尚能對意大利帝國主義準備作英勇的武裝反抗，以保衛自己的領土和人民；難道我們四萬萬人民的泱泱大國，就能這樣束手待斃嗎？ 蘇維埃政府和共產黨深切相信：除極少數漢奸賣國賊願作李完用、鄭孝胥、張景惠、溥儀第二去覥顏事仇而外，我絕大多數工農軍政商學各界同胞，絕不甘心作日寇的牛馬奴隸。蘇維埃政府對日宣戰，紅軍再三提議與各軍隊共同抗日，紅軍北上抗日先遣隊艱苦奮鬥，十九路軍及民衆的淞滬抗日血戰，察哈爾、長城及灤東各地軍民英勇殺敵，福建人民政府接受紅軍提議聯合抗日，羅登賢、徐名鴻、吉鴻昌、鄧鐵梅、伯陽、童長榮、潘洪生、史燦堂、瞿秋白、孫永勤、方志敏等民族英雄爲救國而捐軀，劉崇武、田漢、杜重遠等愛國志士爲抗日而入獄，蔡廷鍇、蔣光鼐、翁照垣、陳銘樞、方振武等抗日部隊艱苦鬥爭，宋慶齡、何香凝、李杜、馬相伯等數千人發表中華民族對日作戰基本綱領，數年來我工農商學各界同胞爲抗日而進行排貨、罷工、罷市、罷課、示威等救國運動，尤其是我東北數十萬武裝反日戰士在楊靖宇、趙尚志、王德泰、李延祿、周保中、謝文東、吳義成、李華堂等民族英雄領導之下，前仆後繼的英勇作戰，在在都表現我民族救亡圖存的偉大精神，在在都證明我民族抗日救國的必然勝利。到現在：我同胞抗日救國事業之所以還未得到應有勝利的原因，一方面是由於日寇蔣賊的內外夾攻，另方面是由於各種抗日反蔣勢力互相之間，存在有各種隔閡和誤會，以致未能團結一致。

因此，當今我亡國滅種大禍迫在眉睫之時，共產黨和蘇維埃政府再一次向全體同胞呼籲：無論各黨派間在過去和現在有任何政見和利害的不同，無論各界同胞間有任何意見上或利益上的差異，無論各軍隊間過去和現在有任何敵對行動，大家都應當有「兄弟鬩牆外禦其侮」的真誠覺悟，首先大家都應當停止內戰，以便集中一切國力（人力、物力、財力、武力等）去爲抗日救國的神聖事業而奮鬥。蘇維埃政府和共產黨特再一次鄭重宣言：只要國民黨軍隊停止進攻蘇區行

（九）實行中國境內各民族一律平等政策，保護僑胞在國內外生命、財產、居住和營業的自由。

（十）聯合一切反對帝國主義的民衆（日本國內勞苦民衆、高麗、台灣等民族）作友軍，聯合一切同情中國民族解放運動的民族和國家，對一切對中國民衆反日解放戰爭守善意中立的民族和國家建立友誼關係。

抗日聯軍應由一切願意抗日的部隊合組而成，在國防政府領導之下，組成統一的抗日聯軍總司令部。這種總司令部或由各軍抗日長官及士兵選出代表組成，或由其他形式組成，也由各方代表及全體人民公意而定。紅軍絕對首先加入聯軍，盡抗日救國天職。

爲的使國防政府眞能擔當起國防重任，爲的使抗日聯軍眞能擔負起抗日重責，共產黨和蘇維埃政府號召全體同胞：有錢的出錢，有槍的出槍，有糧的出糧，有力的出力，有專門技能的供獻專門技能，以便我全體同胞總動員，並用一切新舊式武器，武裝起千百萬民衆來。共產黨和蘇維埃政府堅決相信：如果我們四萬萬同胞有統一的國防政府作領導，有統一的抗日聯軍作先鋒，有千百萬武裝民衆作後備，有東方的和全世界的無產階級和民衆作聲援，一定能戰勝內受人民反抗和外受列強敵視的日本帝國主義！

同胞們起來：

爲祖國生命而戰！

爲民族生存而戰！

爲國家獨立而戰！

爲領土完整而戰！

爲人權自由而戰！

大中華民族抗日救國大團結萬歲！

中國蘇維埃政府

中國共產黨中央

一九三五年八月一日

歡迎一切愛國同胞翻印和轉送

救國報編輯部附言：敝報同人昨接此種宣言數份，閱讀一過，認爲這是當前抗日救國運動中的重要文獻，特翻印數千份，以供本報讀者研究和探討。

一九三五年八月廿一日。

Edite par DIOU KUO PAO (Le Sauvetage de la Patrie) Organe hebdomadaire Chinois. 7 Rue des Communes, PARIS-III (France).
Imprim. D E F. 41, rue Olivier Métra, Paris

1935年下半年，中国共产党发表著名的《为抗日救国告全体同胞书》（即《八一宣言》），号召全国人民团结起来，停止内战，一致抗日。宋庆龄与何香凝、柳亚子、孙科等率先签名响应。

1935 年 12 月 9 日，北平学生举行示威游行，反对“华北自治”，呼吁“停止内战，一致对外”，得到宋庆龄的积极支持。图为上海各大中学校学生响应北平一二·九学生运动，举行示威游行。

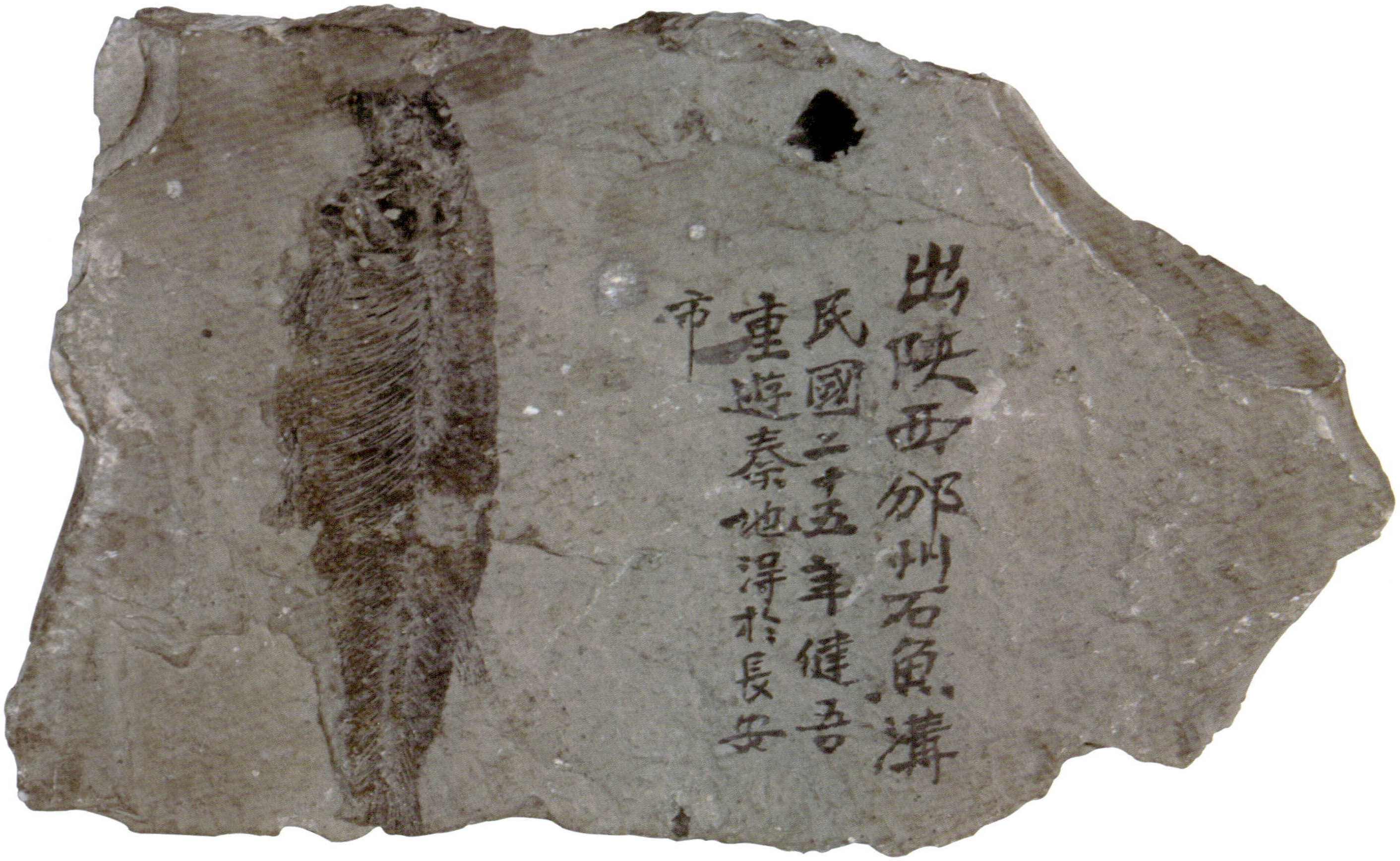

1936 年 2 月，以基督教牧师身份为掩护的中央特科情报人员董健吾受宋庆龄委托与原属于中共特科系统的共产党员张子华一起赴陕北瓦窑堡，向中共中央传递国民党要求与中共谈判的信息。这是董健吾在返回上海后题赠宋庆龄的陕西鱼骨化石。

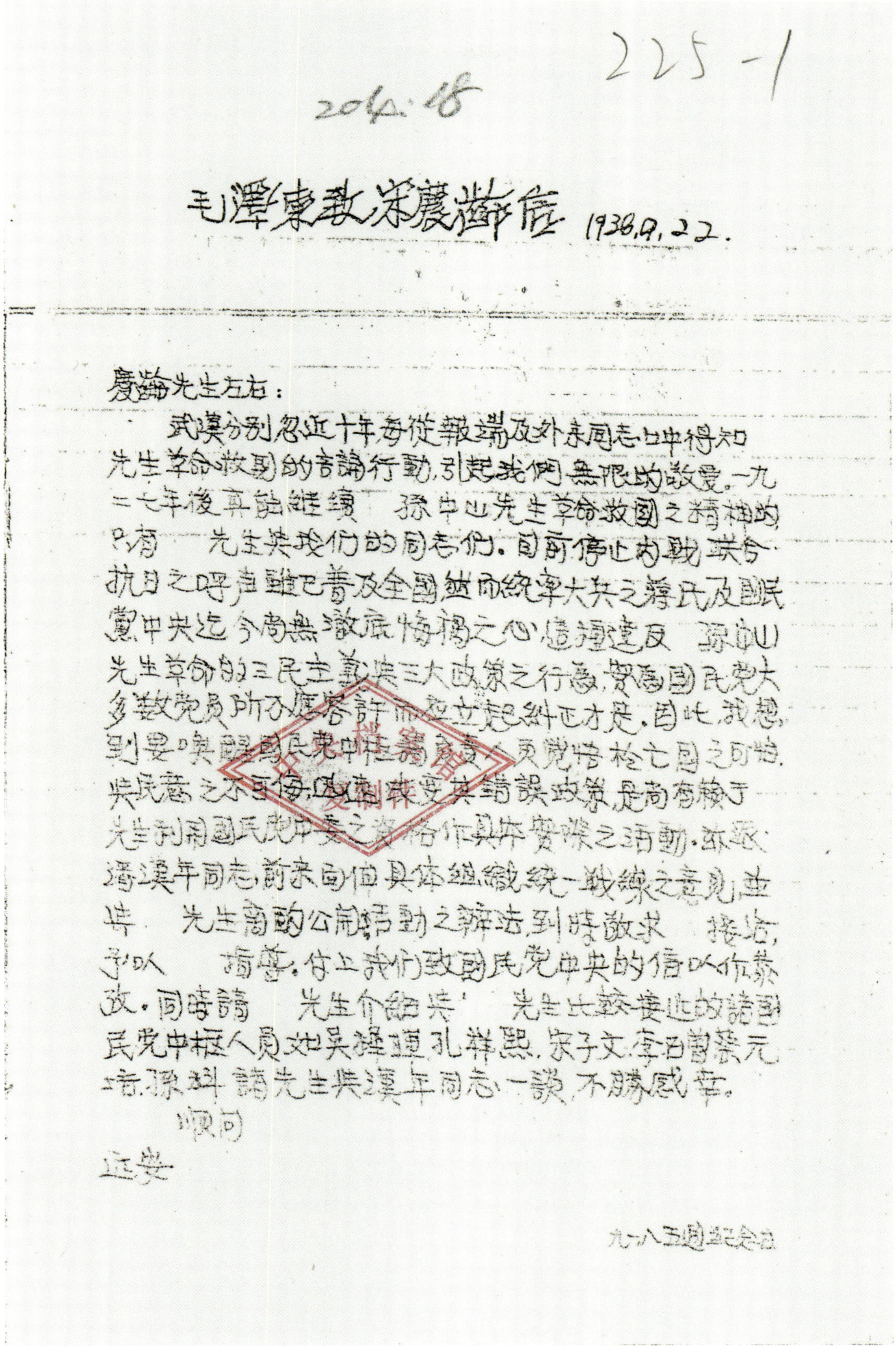
225-1

2014:18

毛澤東致宋慶齡信 1936.9.22.

慶齡先生左右：

武漢分別忽近十年，每從報端及外來同志口中得知先生革命救國的言論行動，引起我們無限的敬愛。一九二七年後真能繼續 孫中山先生革命救國之精神的只有 先生與我們的同志們。目前停止內戰聯合抗日之呼声雖已普及全國，然而統率大兵之蔣氏及國民黨中央迄今尚無徹底悔禍之心，這種違反 孫中山先生革命的三民主義與三大政策之行為，實為國民黨大多數党員所不應容許而應立起糾正才是。因此，我想到要喚醒國民党中樞負責人員覺悟於亡國之可怕與民意之不可侮，以改變其錯誤政策，是尚有賴于先生利用國民党中委之資格作具体實際之活動。茲派潘漢年同志前來面陳具体組織統一戰線之意見，並與 先生商酌公開活動之辦法，到時敬求 接洽，予以 指導。付上我們致國民党中央的信以作參考。同時請 先生介紹與 先生比較接近的諸國民党中樞人員如吳鐵城、孔祥熙、宋子文、李石曾、蔡元培、孫科，請先生與漢年同志一談，不勝感幸。

順問

近安

九一八五週紀念日

1936 年 9 月 18 日，毛泽东致函宋庆龄，请其与潘汉年面商组织统一战线的“公开活动之办法”。图为该函底稿。

西北文化日報

中華民國二十五年十二月十三日

全國民衆迫切要求

爭取中華民族生存

張楊昨發動對蔣兵諫

通電全國發表救國主張八項

改組南京政府容納各黨各派

卅萬民衆歡騰鼓舞擁護民族解放運動

救亡領袖 ◀張學良將軍▶

救亡領袖 ◀楊虎城將軍▶

張楊等通電全國 ▲發表救國主張

西安各救亡

1936年12月12日，张学良、杨虎城在西安发动兵谏，逼迫蒋介石抗日。图为12月13日《西北文化日报》关于西安事变的报道。

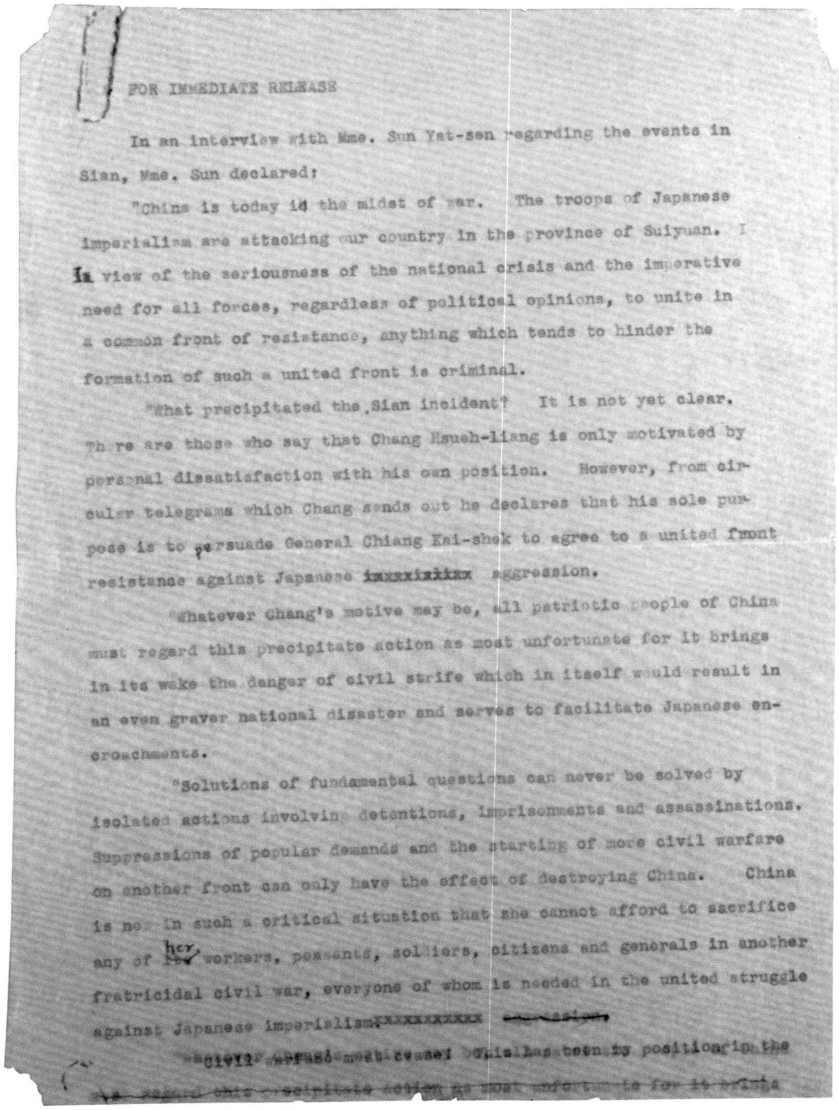

FOR IMMEDIATE RELEASE

In an interview with Mme. Sun Yat-sen regarding the events in Sian, Mme. Sun declared:

"China is today in the midst of war. The troops of Japanese imperialism are attacking our country in the province of Suiyuan. In view of the seriousness of the national crisis and the imperative need for all forces, regardless of political opinions, to unite in a common front of resistance, anything which tends to hinder the formation of such a united front is criminal.

"What precipitated the Sian incident? It is not yet clear. There are those who say that Chang Hsueh-liang is only motivated by personal dissatisfaction with his own position. However, from circular telegrams which Chang sends out he declares that his sole purpose is to persuade General Chiang Kai-shek to agree to a united front resistance against Japanese ~~imperialism~~ aggression.

"Whatever Chang's motive may be, all patriotic people of China must regard this precipitate action as most unfortunate for it brings in its wake the danger of civil strife which in itself would result in an even graver national disaster and serves to facilitate Japanese encroachments.

"Solutions of fundamental questions can never be solved by isolated actions involving detentions, imprisonments and assassinations. Suppressions of popular demands and the starting of more civil warfare on another front can only have the effect of destroying China. China is now in such a critical situation that she cannot afford to sacrifice any of her workers, peasants, soldiers, citizens and generals in another fratricidal civil war, everyone of whom is needed in the united struggle against Japanese imperialism. ~~aggression~~

"Civil warfare must cease! This has been my position in the

~~must regard this precipitate action as most unfortunate for it brings~~

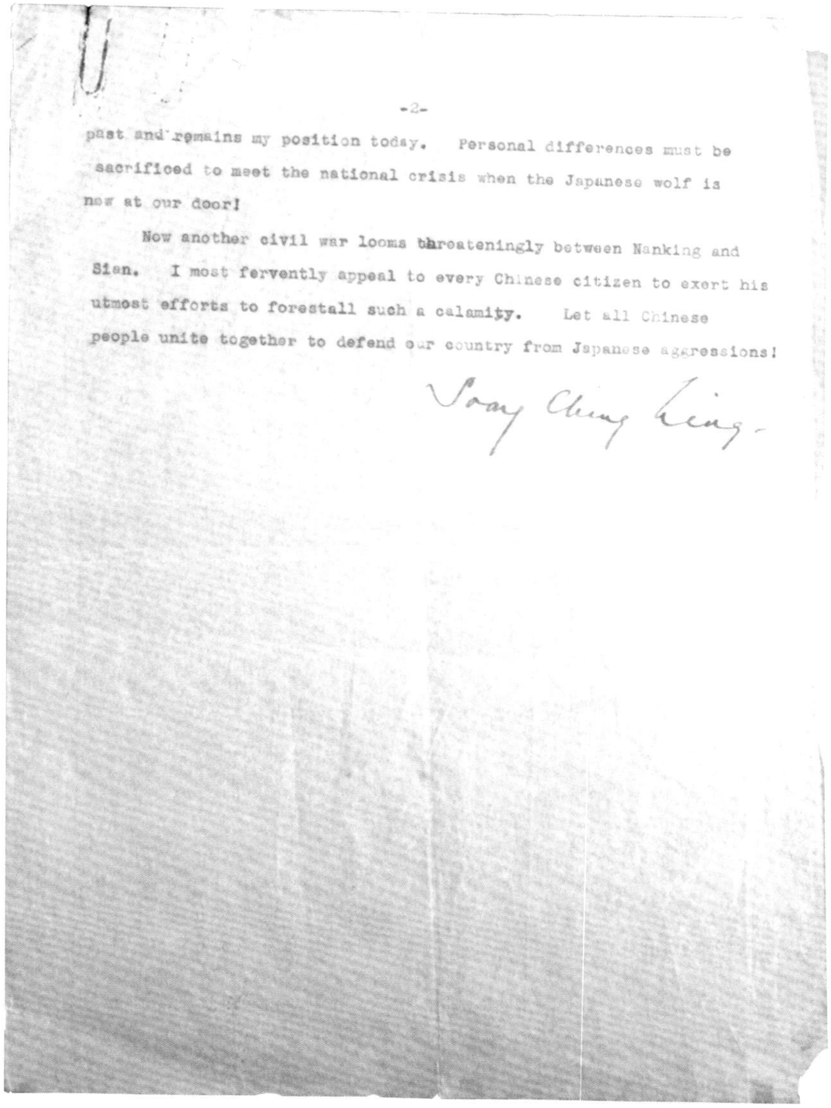

-2-

past and remains my position today. Personal differences must be sacrificed to meet the national crisis when the Japanese wolf is now at our door!

Now another civil war looms threateningly between Nanking and Sian. I most fervently appeal to every Chinese citizen to exert his utmost efforts to forestall such a calamity. Let all Chinese people unite together to defend our country from Japanese aggressions!

Soong Ching Ling

宋庆龄就西安事变签署新闻讲话稿，
主张和平解决西安事变。

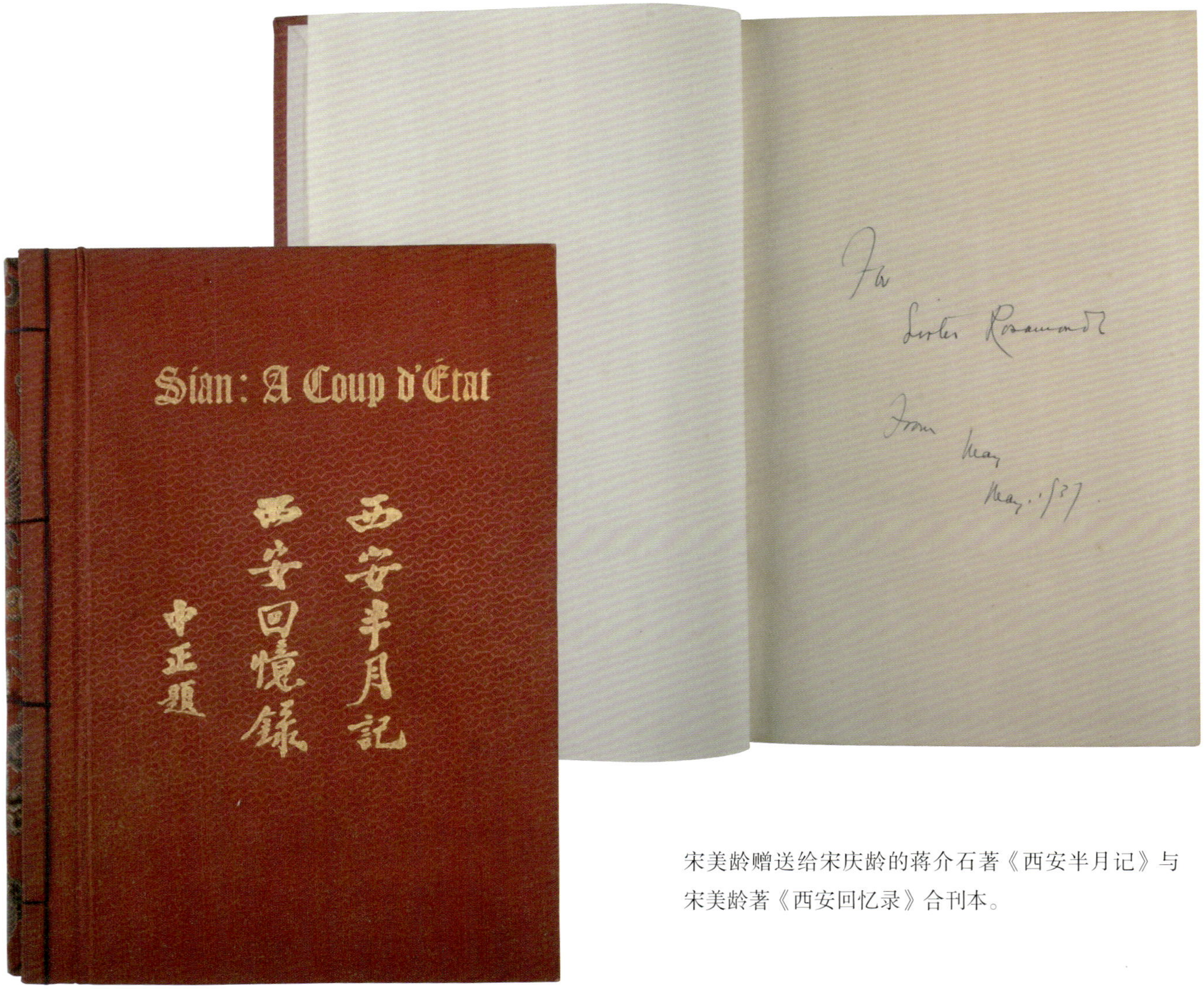

宋美龄赠送给宋庆龄的蒋介石著《西安半月记》与宋美龄著《西安回忆录》合刊本。

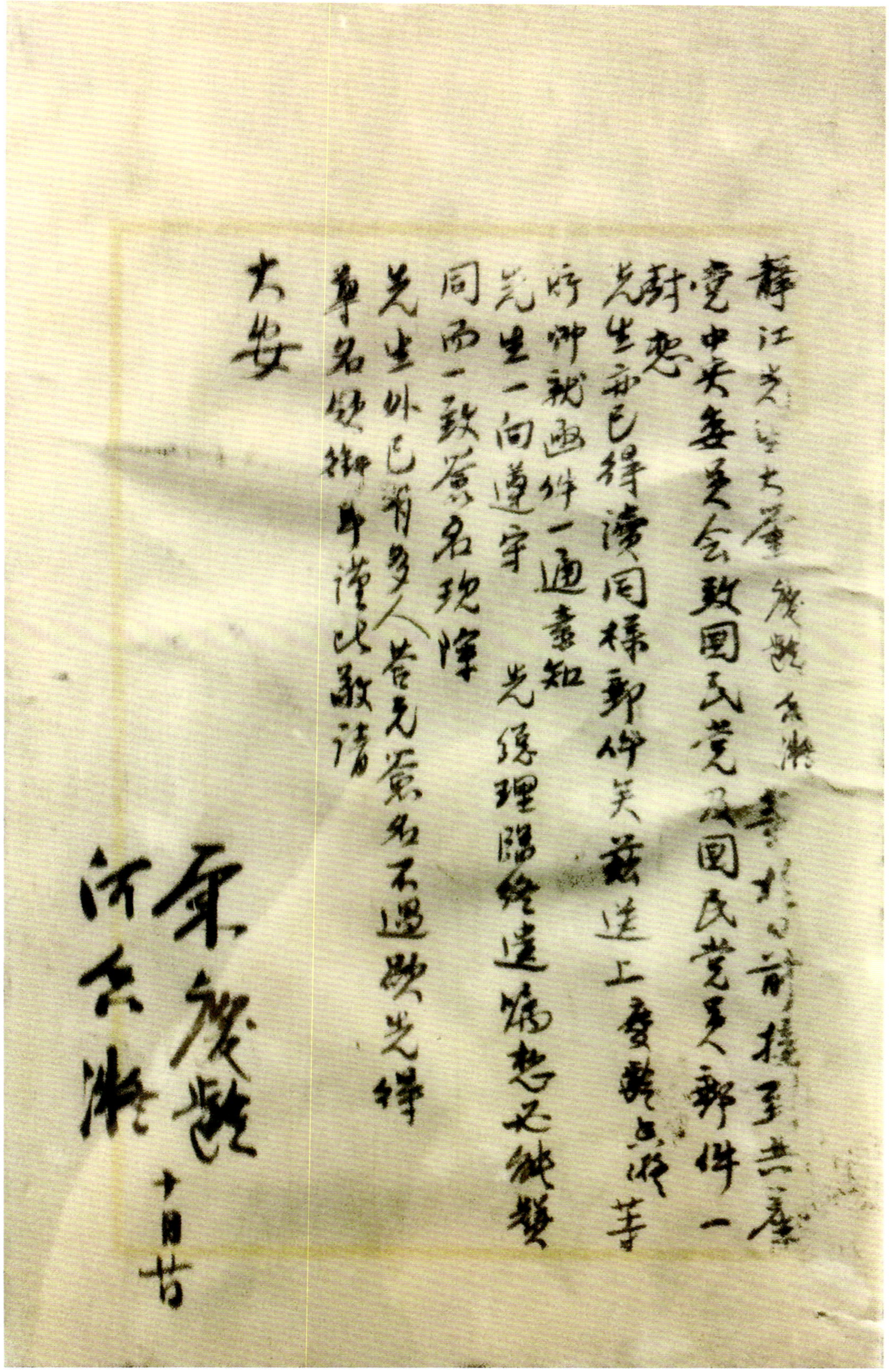
静江先生大鉴：庆龄、香凝等拟于前提呈本届
党中央委员会致国民党及国民党员人郑件一
封，恳
先生亦已得读，同样郑件兹送上，庆龄、香凝等
所拟郑函件一通，素知
先生一向遵守 先总理临终遗嘱，想必能赞
同，而一致签名，[illegible]
先生外已有多人，若先签名，不[illegible]
尊名[illegible]，谨此敬请
大安
宋庆龄
何香凝
十月廿日

1937 年 2 月，宋庆龄、何香凝等向国民党五届三中全会递交提案，要求恢复孙中山三大政策。图为宋庆龄、何香凝 1936 年 10 月 20 日为征集提案签名致张静江函。

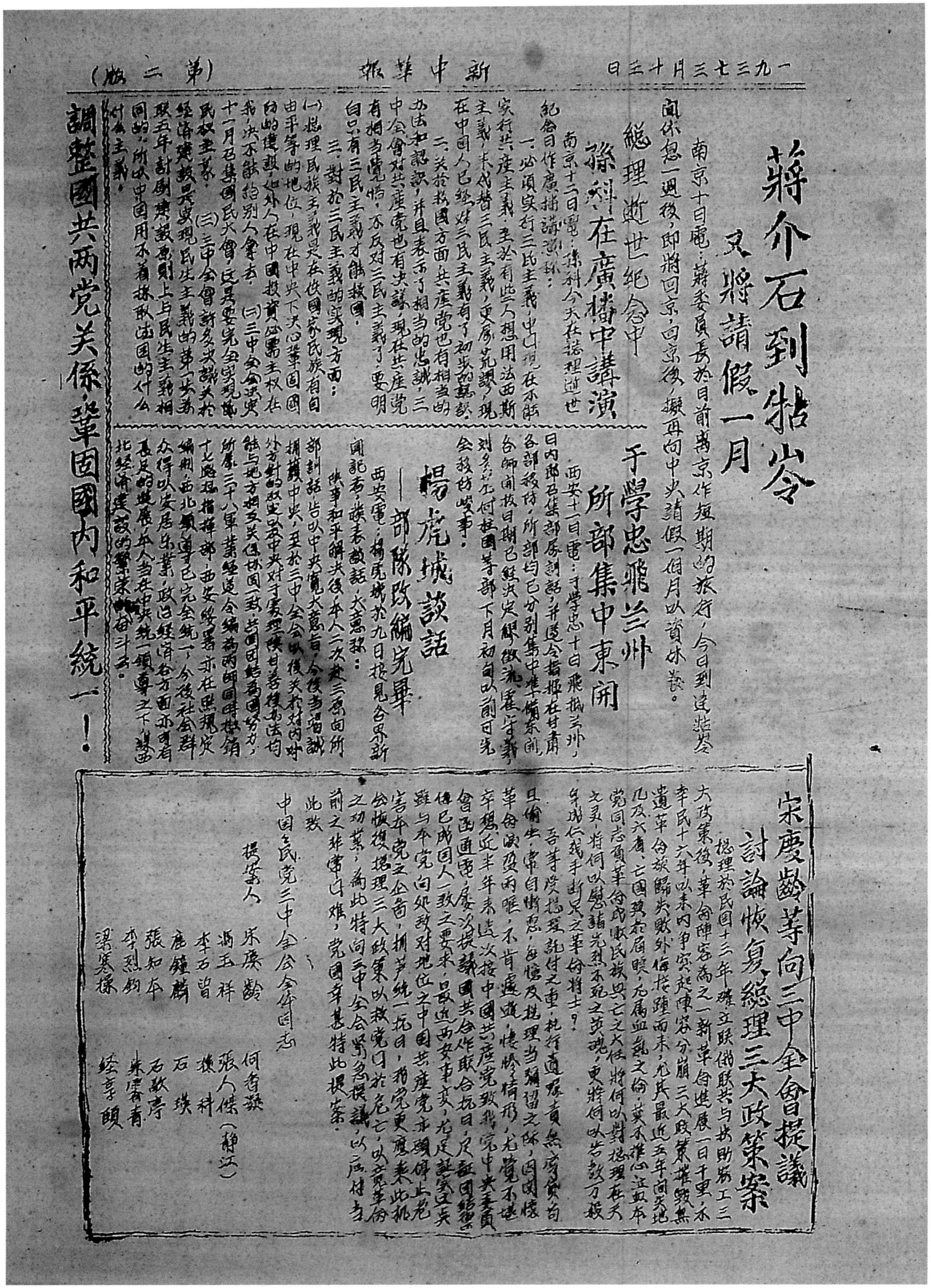

一九三七年三月十三日　新中華報　（第二版）

蔣介石到牯嶺 又將請假一月

南京十日電：蔣委員長於日前離京作短期的旅行，今日到達牯嶺，聞休息一週後，即將回京，回京後，擬再向中央請假一個月以資休養。

總理逝世紀念中 孫科在廣播中講演

南京十二日電：孫科今天在總理逝世紀念日作廣播講演說：

一、必須實行三民主義，中國現在不能實行共產主義，至於有些人想用法西斯主義，來代替三民主義，更屬荒謬，現在中國人已經對三民主義有了初步的認識。

二、關於救國方面共產黨也有相當的辦法和認識，并且表示了相當的忠誠，三中全會對共產黨也有決議，現在共產黨有相當覺悟，不反對三民主義了，要明白只有三民主義才能救國。

三、對於三民主義的實現方面：

(一)總理民族主義是在使國家民族有自由平等的地位，現在中央下決心要復興中國的建設，如外人在中國投資必需主權在我，決不能給別人拿去。(二)三中全會決定十一月召集國民大會，這是要完全實現民權主義。(三)三中全會對各決議關於經濟建設是實現民生主義的第一步，為聯五年計劃建設原則上與民生主義相同的，所以中國用不着採取法國的什麼什麼主義。

于學忠飛蘭州 所部集中東開

西安十一日電：于學忠十日飛抵蘭州，日內即召集部屬訓話，并遴令指揮在甘肅各部移防，所部均已分別集中準備東開，各師開拔日期已經決定，繆澂流、寇英傑、劉多荃、何柱國等部下月初旬以前可先全數移防竣事。

楊虎城談話 ——部隊改編完畢

西安電：楊虎城於九日接見各界新聞記者，發表談話，大意稱：陝事和平解決後，本人二次赴三原向所部訓話，告以中央寬大意旨，今後當竭誠擁護中央，至於三中全會以後關於對內對外方針的政策，要中央對於處理陝甘善後辦法均能與地方相互關係協同一致，為國家同努力，所屬三十八軍業經遵令編為兩師，同時撤銷十七路總指揮部，西安綏署亦在照規定編制，西北軍隊已完全統一，今後社會群眾得以安居樂業，政治經濟各方面亦可有長足的發展，本人當在中央統一領導之下，為西北經濟建設的繁榮而奮鬥云。

調整國共兩黨關係，鞏固國內和平統一！

宋慶齡等向三中全會提議 討論恢復總理三大政策案

總理於民國十三年確立聯俄聯共與扶助農工三大政策後，革命陣容為之一新，革命進展一日千里，不幸民十六年以來內爭突起，陣容分崩，三大政策摧毀無遺，革命旅歸失敗，外侮接踵而來，尤其最近五年間失地凡及六省，亡國慘禍屆瞬，凡屬血氣之倫，莫不椎心泣血，本黨同志負革命民族興亡之大任，將何以對總理在天之靈，將何以慰諸先烈不死之英魂，更將何以告數萬殺身成仁斷頭流血之革命將士？

吾等受總理託付之重，執行遺囑責無旁貸，苟且偷生，常自慚愧，每憶及總理當彌留之際，因國懷革命艱難而呼，不肯遽逝，悽慘情形，尤覺不堪卒想。近半年來迭次接中國共產黨致我黨中央委員會函電，屢次提議國共合作聯合抗日，足證國難嚴重傳已成國人一致之要求，最近西安事變，尤足證實，雖與本黨向處敵對地位之中國共產黨亦願停止危害本黨之企圖，擁護統一抗日，我黨更應乘此機會恢復總理三大政策以救黨國於危亡，以竟革命之功業，為此特向三中全會緊急提議，以應付當前之非常困難，黨國幸甚，特此提案。

此致

中國國民黨三中全會全體同志

提案人
宋慶齡　何香凝
馮玉祥　張人傑（靜江）
李石曾　孫科
鹿鍾麟　石瑛
張知本　石敬亭
李烈鈞　朱霽青
梁寒操　經亨頤

1937 年 3 月 13 日，延安《新中华报》刊载宋庆龄等致国民党五届三中全会提案全文。

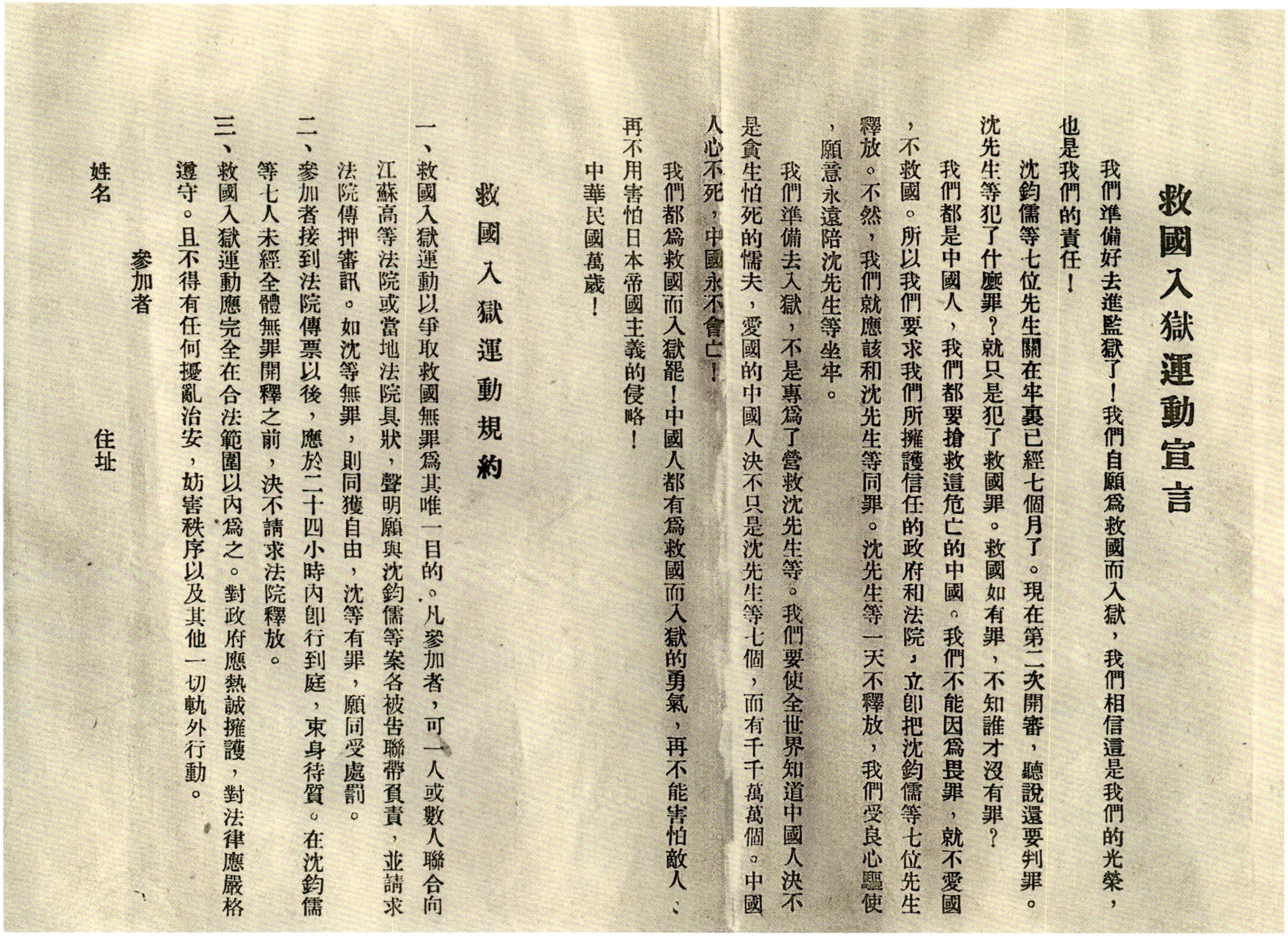

救國入獄運動宣言

我們準備好去進監獄了！我們自願爲救國而入獄，我們相信這是我們的光榮，也是我們的責任！

沈鈞儒等七位先生關在牢裏已經七個月了。現在第二次開審，聽說還要判罪。沈先生等犯了什麼罪？就只是犯了救國罪。救國如有罪，不知誰才沒有罪？

我們都是中國人，我們都要搶救這危亡的中國。我們不能因爲畏罪，就不愛國，不救國。所以我們要求我們所擁護信任的政府和法院，立即把沈鈞儒等七位先生釋放。不然，我們就應該和沈先生等同罪。沈先生等一天不釋放，我們受良心驅使，願意永遠陪沈先生等坐牢。

我們準備去入獄，不是專爲了營救沈先生等。我們要使全世界知道中國人決不是貪生怕死的懦夫，愛國的中國人決不只是沈先生等七個，而有千千萬萬個。中國人心不死，中國永不會亡！

我們都爲救國而入獄罷！中國人都有爲救國而入獄的勇氣，再不能害怕敵人，再不用害怕日本帝國主義的侵略！

中華民國萬歲！

救國入獄運動規約

一、救國入獄運動以爭取救國無罪爲其唯一目的。凡參加者，可一人或數人聯合向江蘇高等法院或當地法院具狀，聲明願與沈鈞儒等案各被告聯帶負責，並請求法院傳押審訊。如沈等無罪，則同獲自由，沈等有罪，願同受處罰。

二、參加者接到法院傳票以後，應於二十四小時內卽行到庭，束身待質。在沈鈞儒等七人未經全體無罪開釋之前，決不請求法院釋放。

三、救國入獄運動應完全在合法範圍以內爲之。對政府應熱誠擁護，對法律應嚴格遵守。且不得有任何擾亂治安，妨害秩序以及其他一切軌外行動。

參加者

姓名　　住址

为营救被国民党当局以“危害民国”罪非法拘禁的救国会领袖沈钧儒等七人，1937年6月25日，宋庆龄等签署救国入狱运动宣言，发起救国入狱运动。

1937年7月7日，卢沟桥事变爆发，
我守军奋起抵抗。图为第二十九军在
卢沟桥上自卫。

抗日战争全面爆发后，1937年8月13日，日军大举进攻上海。图为准备与敌巷战的我第八十八师战士。

中國是不可征服的

孫宋慶齡

現在蔣介石先生終於獲得國內的和平，這是極可慶的事。我堅決地相信，中國不但能够抵抗日本帝國主義每一次和任何一次的侵略，而且它能够，並且一定可收復所有的失地。中國最大的力量，是中國大衆一致的覺醒。在過去兩年中，中國的抗日運動已有極大的展開。以前日本帝國主義還希望使國民政府成爲日本征服中國的工具，這個希望現在是不能有了。日本的一切侵略行動，只是更增强中國的抵抗。日本分化中國的政策是失敗了。而且它的侵略，反促成了中國的統一。中國的政府是不會再聽從日本割裂中國的土地了。

孫中山先生曾經指示出，中國的外交政策應當聯合一切以平等待我的民族。無疑的，日本的侵略已促成世界對中國的同情，以及對日本帝國主義政策的嚴重不滿。日本想從德日反共協定中找出路，但這也完全失敗了。就是日本內部也不滿意這個協定的。中國人從來沒有過侵略的企圖，但中國人也不再做無家可歸的奴隸，忍受東亞病夫的譏笑。

在經濟方面，日本實在是一個貧弱的國家。它的主要弱點是缺乏原料，如鐵鑛；棉花，大油，金及白金，日本都需從國外大量輸入。原料的缺乏，是日本在戰爭時最可怕的弱點。日本沒依賴他國，別人就可在任何時候斷絕對它的供給。日本沒有大量的資本，因此在和平時期它也不能儲著大量的原料，因爲它沒有作巨額投資的力量。

日本的農業也逐年在衰落。一九二九年它的農產是四十五億日圓，一九三五年是卅二億日圓。農產品與工業品市價的差異，一天天顯著，農產品的環境更加不利。一九三六年貧苦農民的債券，已達五千兆日圓。同時日本每年邊須向外輸入大量食糧，以維持已經低落的生活。日本農民受着三種榨取的痛苦，地主的地租榨取到百分之五十到六十，政府每年都在增加租稅以供應軍部的鉅大費用，在工業品價格日益提高的情形下、農民是更加貧困了。

日本報紙常常在討論着農民問題，他們自已對這個問題也非常悲觀。

日本的經濟和社會結構是非常的薄弱，它絕沒有維持久戰的力量。

中國人民都有抗戰的決心，中國的土地廣犬，資源富足，人口有四萬萬五千萬，日本的武力，只是一隻「紙老虎。」日本絕無力量征服中國，即使中國單獨和日本作戰，中國也不會失敗。而且中國絕不會孤立，中國已經獲得了世界的同情。（自美國 "Forum" 節譯）

編者幾句話

當我們正着手編輯九期「文摘」時，上海便發動了偉大的抗敵戰爭。復旦的校舍[illegible]於此時遭受暴敵無恥的破壞——但也可說它是作了抗戰光榮的犧牲。因此「文摘」的出版日期便暫時宕延了。

「文摘」是不能因此中止它的生命的。在這個非常時期中，它更應以非常的姿態繼續它的任務。「文摘戰時旬刊」的出版便是這個意義。

我們覺得本期的內容有向讀者一提的必要。蔣委員長的談話，是我國領袖代表國家向國際的表示，嚴正說明了中國的態度。本社首先翻譯刊於本社出版的「上海抗戰」內，現在我們再在這裏呈獻給讀者。

孫夫人的大作和毛澤東先生對抗日戰爭的觀測，讀之是更可使我們確信中華民族抗戰的必然勝利。「三日皇軍」是敵人自我的暴露，指示了敵國內革命情緒的高張。

九期「文摘」本已決定增加國外航空寄稿，月來從紐約已寄到兩次。因爲現在的篇幅很小，所以我們衹選載了「侵略的連鎖」和「如何制止日本的侵略」兩篇有關我國抗敵戰爭的文章，幾幅圖畫，一幅日本侵華戰略地圖。

「毛澤東自傳」是八期「文摘」上譯文的繼續。長江先生的「察哈爾陷落的沉痛經過」不僅是一篇軍事的報道，並且是從實際中指出政治抗戰的重要性的文章。「敵人在北平的屠刀」一篇通信中所記述的，我們衹有懷着最伏憎恨才能率讀。

郭沫若，茅盾兩先生給本刊寫稿，我們謹此致謝。

最後，我們仍盼望着讀者諸君繼續賜教。

（6）

八一三淞沪抗战爆发后不久，宋庆龄发表《中国是不可征服的》一文，主张国共合作一致抗日，坚信中国必能收复失地，日本不过是一只“纸老虎”。

"Down with Japan" is the neme of the Military and Political University of the Red Army. Lin Piao is the President and left corner is the gate of that institute.

宋慶齡國共統一運動感言

這幾天讀了中國共產黨共赴國難宣言和中國國民黨領袖蔣委員長團結禦侮的談話，使我異常地興奮，異常地感動。回想國民黨和共產黨這兩個兄弟黨，在最近十年以來，互相對立，互相殺戮，這是首創國共合作的先總理孫中山先生生前所不及意想到的。到最後，這兩個兄弟黨居然言歸於好，從新攜着手，爲中國民族的獨立解放而鬥爭。中共宣言和蔣委員長談話都鄭重指出兩黨精誠團結的必要。我聽到這個消息，感動得幾乎要下淚。

孫中山先生生前主張着：只有在中國國民黨領導之下，喚醒民衆，組織民衆，實現民族主義，民權主義，民生主義，才能救中國於危亡。但是要實現三民主義，只有對外聯合以平等待我的民族，對內聯合革命的政黨，共同奮鬥，才能得到最後的勝利。孫中山先生這個主張，一直到臨終的時候，並沒有絲毫改變。孫中山先生主張國共合作，因爲共產黨是代表工農大衆利益的黨。沒有廣大的工農羣衆的擁護和積極參加，中國國民黨所擔任的國民革命使命，是不可能完成的。孫中山先生雖然於一九二五年離開我們長逝了，但是他遺留給我們的中國國民黨依然和中國共產黨合作，根據孫中山先生手定的三民主義政綱，共同致力於國民革命。因便此有一九二六——二七年北伐的大勝利。假如孫中山先生國共合作的主張，以及聯俄，容共，工農利益三大政策能夠繼續到底，則中國國內封建勢力早已剷除淨盡，帝國主義也早被驅逐出去，而中國已成爲獨立自由的中國了。

但是不幸得很，十年以來，國共兩黨分裂。國民黨放棄總理三大政策，共產黨提出推翻國民政府的口號，以至兩黨互相殘殺，犧牲無數有爲的青年，損失無數寶貴的實力，以從事內爭，致令國家民族的眞正敵人——日本帝國主義——乘隙而入。誠然如蔣委員長所稱：『十年以來，一般人對於三民主義不能眞誠一致的信仰，對於民族危機亦無深刻之認識，致使革命建國之過程中，遭受不少之阻礙，國力固因之消耗，人民亦飽受犧牲，遂令外侮日深，國家益趨危殆。這不是一二人的責任，也不是任何黨派的責任，凡我國共兩黨同志，都要內心自責，愧對我先先理孫先生在天之靈。

前事不忘，後事之師。在這民族危機千鈞一髮的今日，一切過去的恩怨，往日的牙眼，自然都一筆勾銷，大家都一心一意，爲爭取對日抗戰的最後勝利而共同努力。但是過去國共分裂這一段悲慘歷史，却仍然値得我們的記取。國民黨同志應該謹記着：要是不顧先總理遺教，拋棄了工農大衆利益，將成爲民族罪人，等於國民黨的自殺。共產黨同志也應該記住：只有在孫總理遺教領導之下，和中國國民黨眞誠坦白合作，把全民打成一片，才能完成反帝反封建使命。我相信兩黨同志，經過十幾年以來長期的慘痛教訓，再加上日寇無情的殘酷的進攻。一定能夠本『兄弟鬩牆外禦其侮』的古訓，誠信地友愛地團結成一體。惟有這樣，才能使中華民國走上獨立解放的勝利途徑。孫中山先生死而有知，也應該含笑九原了。

一九三七，九，二四，上海。

孫總理夫人宋慶齡女士

Madame Sun Yat-Sen expressing her sympathetic comments regarding the national solidarity.

1937年9月23日，蒋介石发表《对中国共产党宣言的谈话》，承认中国共产党合法地位，抗日民族统一战线正式形成。次日，宋庆龄发表感言，表示听到这消息“感动得几乎要下泪”。

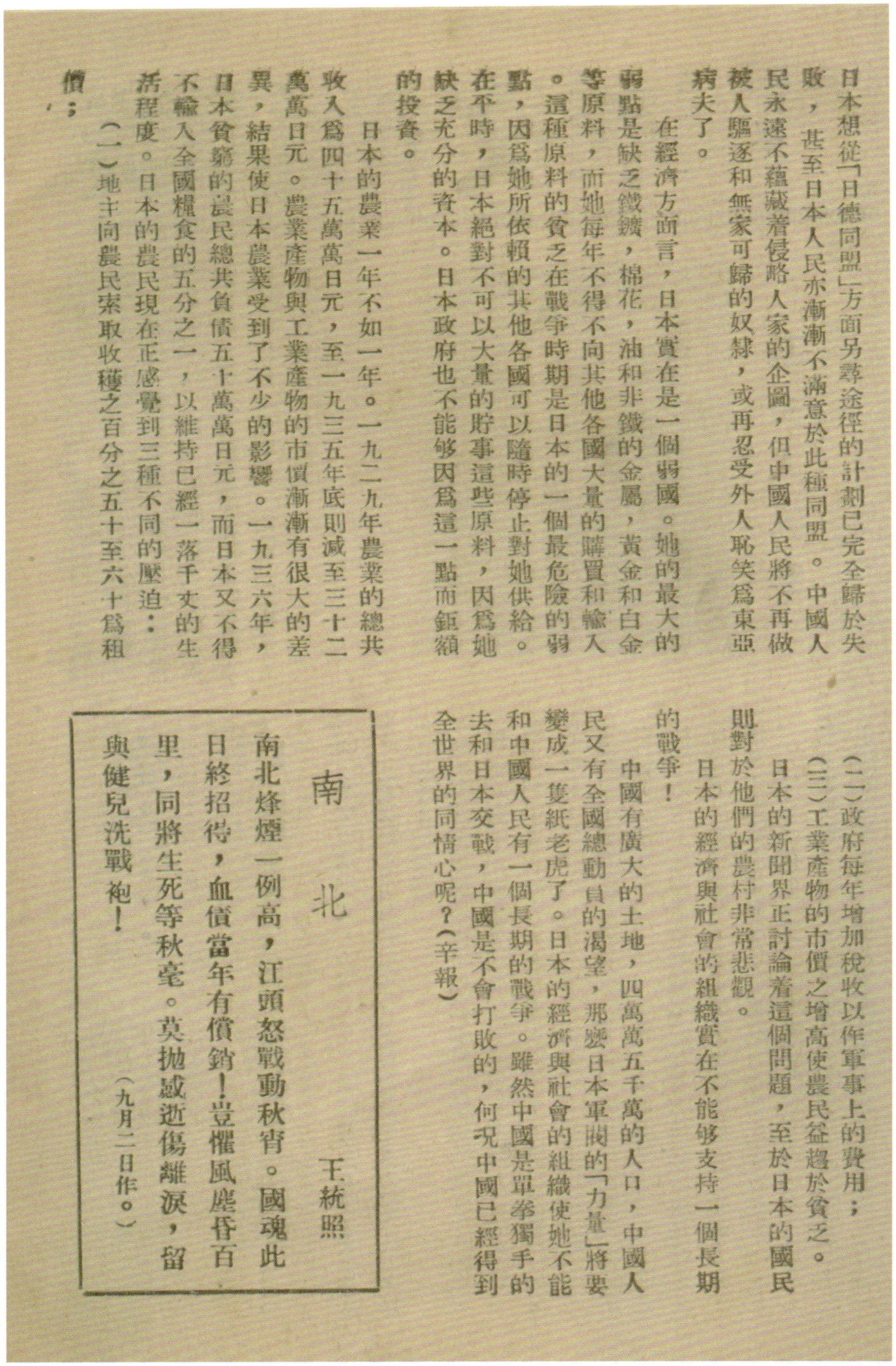

日本想從「日德同盟」方面另尋途徑的計劃已完全歸於失敗，甚至日本人民亦漸漸不滿意於此種同盟。中國人民永遠不蘊藏着侵略人家的企圖，但中國人民將不再做被人驅逐和無家可歸的奴隸，或再忍受外人恥笑爲東亞病夫了。

在經濟方面言，日本實在是一個弱國。她的最大的弱點是缺乏鐵鑛，棉花，油和非鐵的金屬，黃金和白金等原料，而她每年不得不向其他各國大量的購買和輸入。這種原料的貧乏在戰爭時期是日本的一個最危險的弱點，因爲她所依賴的其他各國可以隨時停止對她供給。在平時，日本絕對不可以大量的貯事這些原料，因爲她缺乏充分的資本。日本政府也不能够因爲這一點而鉅額的投資。

日本的農業一年不如一年。一九二九年農業的總共收入爲四十五萬萬日元，至一九三五年底則減至三十二萬萬日元。農業產物與工業產物的市價漸漸有很大的差異，結果使日本農業受到了不少的影響。一九三六年，日本貧窮的農民總共負債五十萬萬日元，而日本又不得不輸入全國糧食的五分之一，以維持已經一落千丈的生活程度。日本的農民現在正感覺到三種不同的壓迫：

(一)地主向農民索取收穫之百分之五十至六十爲租價；

(二)政府每年增加稅收以作軍事上的費用；

(三)工業產物的市價之增高使農民益趨於貧乏。

日本的新聞界正討論着這個問題，至於日本的國民則對於他們的農村非常悲觀。

日本的經濟與社會的組織實在不能够支持一個長期的戰爭！

中國有廣大的土地，四萬萬五千萬的人口，中國人民又有全國總動員的渴望，那麼日本軍閥的「力量」將要變成一隻紙老虎了。日本的經濟與社會的組織使她不能和中國人民有一個長期的戰爭。雖然中國是單拳獨手的去和日本交戰，中國是不會打敗的，何況中國已經得到全世界的同情心呢？（辛報）

南北

王統照

南北烽煙一例高，江頭怒戰動秋宵。國魂此日終招得，血債當年有償銷！豈懼風塵昏百里，同將生死等秋毫。莫拋感逝傷離淚，留與健兒洗戰袍！

（九月二日作。）

1937年9月，宋庆龄接受《怒吼周刊》记者采访，谈对中国共产党宣言及蒋介石谈话的感想，希望国共两党坚持精诚团结，一致抗日。

國母宋慶齡的談話和文章★

談話：望國共兩黨精誠互信！

本報記者日昨趨訪孫夫人宋慶齡，當蒙接見，記者即問以對中國共產黨共赴國難宣言及蔣委員長談話之感想，承答覆如下：

國共兩黨十年前在孫總理領導下，同致力於國民革命。在總理逝世兩年後，竟致分裂，這是首創國共合作的先孫總理生前所意想不到的。在目前民族危機和全國人民共同要求之下，兩黨終能言歸於好，從新攜手，爲中華民族的獨立解放共同奮鬥，中共宣言和蔣委員長談話都鄭重指出在先總理的遺教下，兩黨精誠團結的必要。我聽到這消息，悲喜交集，不禁有無限感奮。（孫夫人講到這裏表露出非常莊嚴和激昂的神色）

孫總理生前倡導三民主義，認爲民族獨立，民權自由和民生幸福是救中國於危亡的政治綱領。同時他實感覺得要實現三民主義只有對外聯合以平等待我之民族，對內喚醒民衆，組織民衆，聯合革命的政黨，共同奮鬥。所以他又手訂了三大政策。三民主義和三大政策是不可分離的。先孫總理直到臨終不獨沒有改變他的主張，並且在遺囑中深望全國同志「力求貫澈」。在這種精神下，一九二六——二七年的北伐獲得了偉大的勝利。如果以後這幾年能夠繼續貫澈先孫總理的全部主張，我敢斷言，中國國內封建勢力早已剷除乾盡，帝國主義也早已驅逐出去，而中國也早已成爲獨立自由的國家了。

但是不幸得很，一九二七年後，引起了國共兩黨的分裂，致令國家民族的眞正敵人——日本帝國主義乘隙而入。誠如蔣委員長所稱：『致使革命建國之過程中，遭受不少之阻礙，國力固因之消耗，人民亦飽受犧牲，遂令外侮日深，國家益趨危殆。』這一段沉痛的回憶，是值得國共兩黨和全國人民共同警惕的！

在這民族危機千鈞一髮的時候，國共兩黨實現和平團結一致對外，是實現孫總理彌留時「和平奮鬥救中國」重要遺囑的開始。我相信國共兩黨同志經過十年來的慘痛歷史，當此日寇殘酷侵略時，定能精誠互信，團結起來打倒日本帝國主義。

孫夫人講到最後，表示出一種深沉熱烈的神情。記者以爲時已久，旋即興辭告別。孫夫人這個談話給了記者對中國抗戰以無限光明和一定勝利的提示，因記述如上，以饗國人。

孫夫人近影

文章：中國是不可被征服的！

本文原爲英文，乃孫夫人宋慶齡所作，登載於八月號美國Forum雜誌上，茲節譯成中文以饗本報讀者

——健者譯

我深信中國不僅可以抵抗日本任何的侵略，她還可以一定要準備去收復她以往的失地。中國人民的覺悟使她得到了最大的力量。在過去的兩年，抗日運動已萬分的成熟，假如以前日本帝國主義希望利用親善的假面具來征服中國的話，那麼這種夢想到現在一定要變成烟消影滅了。日本對華侵略的一舉一動足以更加增強中國抵抗的力量。日本宰割中國的政策可以說是完全失敗了。反言之，日本侵略不過培植了中國的統一和抵抗力量，同時中國政府也斷斷不會再讓日本佔去了寸土尺地。

孫總理在世時曾主張中國在外交方面須聯合世界上以平等待我之國家。無疑地日本的侵略已引起全世界對中國的同情心和其他各國對日本帝國主義政策的不滿。

姐妹携手抗战

A cordial welcome tea party given in honor of Madame Sun.

Welcome Madame Sun

As a symbol of national solidarity, and a prophet of final victory, Madame Sun and Kung, accompanied by their sister Madame Chiang, flew from Hongkong to Chungking. During the hostilities between China and Japan in 1931, Madame Sun has established a hospital for wounded soldiers in Shanghai, with very commendable effect. At the same time, Madame Kung was very close to her husband in the matter of finance. Pictures here shown that the Generalissimo and all government officials are giving a party in honor of the two guests.

A tea party was given by the Generalissimo in the garden of his residence with himself making a speech.

Madame Sun, Kung and Chiang followed by their attendants visiting the city streets.

1940年2月，宋美龄由渝赴港，在港推动“伤兵之友”运动，宋庆龄响应宋美龄的号召，领导保卫中国同盟（简称“保盟”）参加香港“伤兵之友”运动，为救护伤兵募集捐款。图为宋庆龄保存的“伤兵之友”纪念章。

1940年3月31日，宋氏三姐妹同机从香港飞赴重庆，表示团结抗日的决心。

1940 年 4 月 3 日，宋氏三姐妹在重庆
视察第一儿童保育院。

1940 年 4 月 3 日，宋氏三姐妹与新生活运动妇女指导委员会妇女干部训练班学员在一起。

1940 年 4 月 4 日，宋氏三姐妹在儿童节一起参观中苏文化协会举办的“中苏儿童照片展览和儿童科学玩具展览”。

1940 年 4 月 5 日，宋氏三姐妹
在重庆视察公共防空洞。

1940年4月7日，宋庆龄和宋蔼龄出席宋美龄在私宅为她们举行的盛大欢迎会，蒋介石在欢迎会上与宋氏三姐妹合影。

1940 年 4 月 8 日，宋氏三姐妹赴重庆
第五陆军医院慰问伤病员。

宋氏三姐妹在重庆慰问伤兵途中
换乘舢舨渡江。

1940 年 4 月 15 日，宋庆龄出席孔祥熙、宋蔼龄在嘉陵宾馆举行的盛大招待会。

1940年4月21日，宋氏三姐妹由重庆赴成都途中，在荣昌县受到两千余名妇女儿童的欢迎。

1940 年 4 月 22 日，宋氏三姐妹在四川省内江县视察难童照顾情形。

宋氏三姐妹在视察途中休息。

1940年4月23日，宋氏三姐妹在蒋介石主持的成都中央军校毕业及开学典礼主席台上。

1940年4月25日，宋庆龄和宋美龄（左一）在成都视察中国工业合作协会成都事务所纺毛女工的工作。

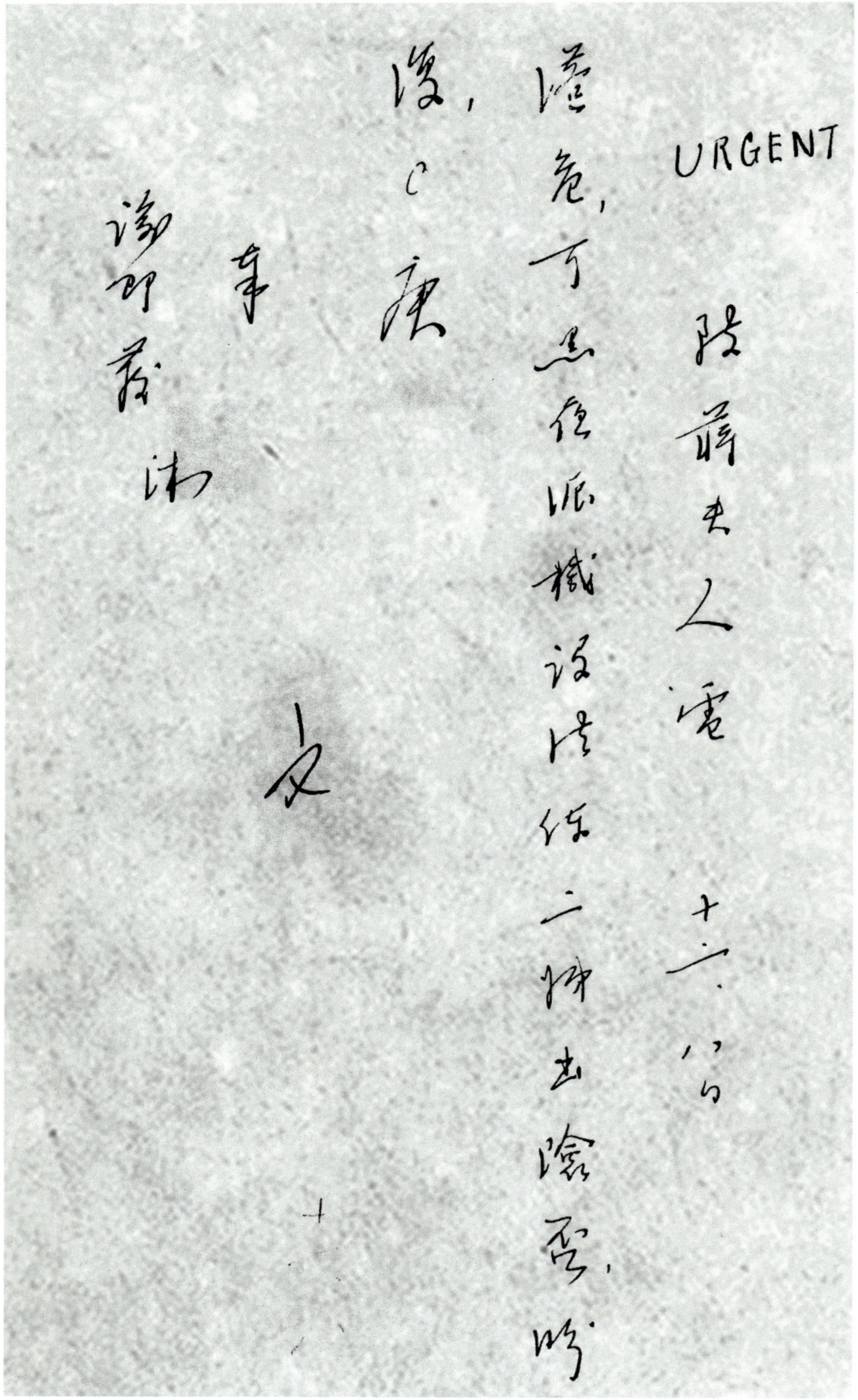

1941 年 12 月 8 日，宋子文致电宋美龄，
要求安排飞机接宋庆龄离港脱险。

1941 年 12 月 10 日凌晨 5 点，宋庆龄在香港沦陷前与宋蔼龄同乘最后一班飞机赴重庆。图为宋庆龄 1941 年与宋蔼龄在香港合影。

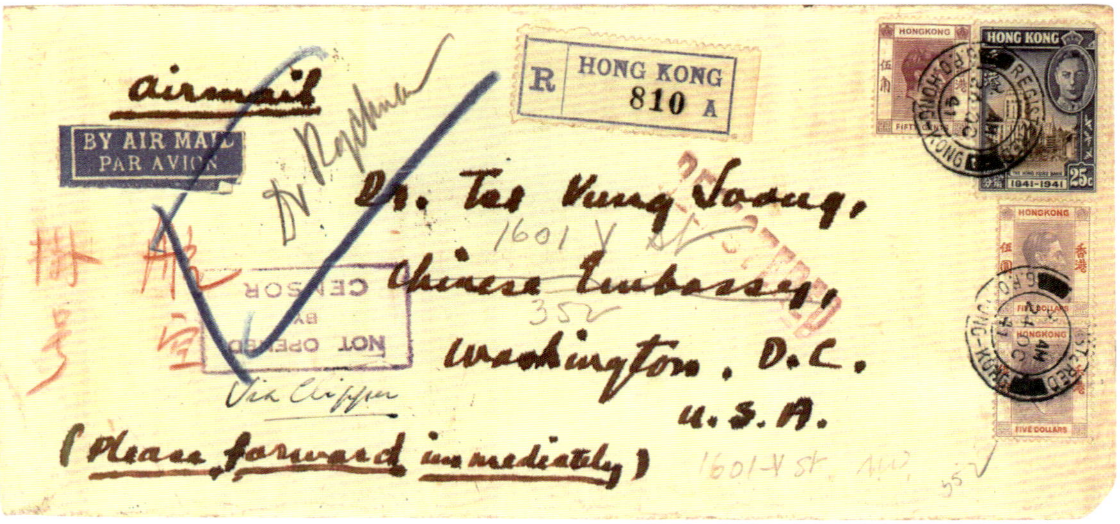

1942 年 1 月 12 日，宋庆龄在重庆致函宋子文，详细叙述在香港的历险经历并告脱险抵渝后的情况。

3

Chungking.

Jan.12,1942

Dear TV:

Despite your timely warning Iwas caught in the Jap.blitz in Kowloon.But that we managed to escape unscathed must have been no small relief to you.... I would not have been able to get out so quickly if it were not for the fact that Sister E.happened to be in HK.She and Rosamonde and Way Fong hadarrived just a few days ago,to consult her doctor and dentist. We escaped on the very last plane,after waiting from 12 PM to 5AM the next day-10th Dec- at the airport,expecting every minute to be killed by shells or bombs,as firing was going on furiously around us. Six damaged planes and two cratersat the Airport reminded us of the risk we were taking.Every one told me not to take the risk,that it would be much safer tohide in HK until escape could be made, via sampans, to the border from Aberdeen.

There was no ferry service between Kowloon and HK.Only people provided with special military passes could get on the boats.So it was not until the evening of the 8th that I managed to go over to HK,during the black-out,withthe help of P.N.Chung,of the Central Bank who risked his life to rescue me. On the evening of the 7th we heard the report that an order for general mobilization was issued.But as Kurusu was still negotiating in Washington,every one felt sure that the japs would not be coming for some months yet,anyway after the Chine New year.So we went peacefully to bed. At 7:3o the next morning,wave after wave of enemy planes flew over our immdiate district releasing their deadly missiles. Anti-aircraft guns began booming,while the air was filled with black smoke and houses were burning.People were screaming and yelling.When I looked out of my windows I saw plainly 9 Jap planes flying over my house,apparently after releasing the bombs at Kai Tak airport,only five minutes distance from our house.

Soon the hills directly behind our house were filled with refugees rich and poor, wrapped in a motley array of clothing,some even in their underwaars,while others were wrapped in blankets and comforters.These were running away from their burning homes.The terrific screaming and crying of people around me were unendurable.There is nothingso demoralizing as the feeling of impotence.I could not run out of my house for the street warden refued to let us out.We were like trapped animals.I could not stand the rocking of our flimsy building so made the amahs jump over the wall with me to our next door neighdoor,who had a basement,where we took shelter during the terrific raids.Whenever firing ceased I would go back to my flat to phone for assistance.But could not reach many of my friends,as some lines were cut off by the Phone Company. Every one screamed over the phone for me to escape over to HK.But there was no ferry and I had no military pass.Streets were blocked by barbed wire the night before when we wereasleep. What was there to do? I ran to John's flat hoping to find something for disguise but hs servants had locked up everything and disappeared. Later I found them looking like corpses,hiding behind his big limousine in the garage.I was told later that if they had to be killed and sent to heaven, they might as well arrive there in a respectable looking car...... How comforting superstitions are sometimes!

When I left John's servants I gave them 200 dollars,so they would not starve until his secretaries could do something for them.That's all the information I could pass on to John meantime.However,when I was leaving about 20 women,servants belonging to various friends of John's ran to our house for protection,stupidly imagining that our house was safer. I told them our place was marked by the enemies and they should run to the hills.

The morning after we arrived here,the Ta Kung Pao welcomed us by priting an libellous editorial accusing us of bringing tons of baggages, seven milk-fed foreign poodles and a retinue of servants.The truth was there were 23 persons on our plane,so you may well imagine how much luggagges each could bring along.I wanted to answer the editorial,which was cunningly written,giving no names,but directed at us,but was told to hold a dignified silence.Meantime rumors fly thick and fast.Sister E said that she has been accused of so many things that she doesn't care about correcting rumors now.

I could not even bring along my documents and other priceless articles,let alone my dogs and clothings.When I got here I found myself with a few old clothes,which my amah grabbed in the black-out for me. For one who writes everyday,Iwas without even a pen.This machine which I am using belongs to the CIC.I hope soon some one will be able to get me one from Rangoon or Calcutta,for withoutit I could not even pretend to be busy,when everyone around me is so busy and useful.

Thehectic times I experienced in Kowloon the first day of the blitz has made me extremely nervous.I was quite ill the first week.My hair come out by handfuls,soon I shall be bald,I fear.

Please tell John,should he inquire,that I heard over 10,000 people were killer in Kowloon,while the Nathan Road was entirely destroyed for fires were raging everywhere.The same number of casualties in HK after the third day,when the japs occupied Kowloon. It would be a miracle if most of our friends are still alive.I am afraid Tommy Tong and his family at Ping Shan in the New Territory were killed as fighting started from that region.That house where Joe lived at Kennedy Terrace went up in flames.Several of our friends lived there,including OK Yui's family.

The war capital would be a good refuge if it were not for the fact that so many fifth columnistsare still free to do their deadly work intrigue. It is only when one is far,far away that one is able to work effectively and efficaently for the country.Anyway,the bobming season will soon arrive.Even the day before 18 planes were sighted.My nerves are rather sensitive so I amy remove to the country to live,when a house has been found.

The sisters are so kind to me but you know I am rather independent and feel ashamed to live on them.As soon as my staff arrive-god only knows whether thery are alive,I shll be starting my old work again.

Please give my love to every one in the family and thank them for their messages.

Affectionately,

SCL

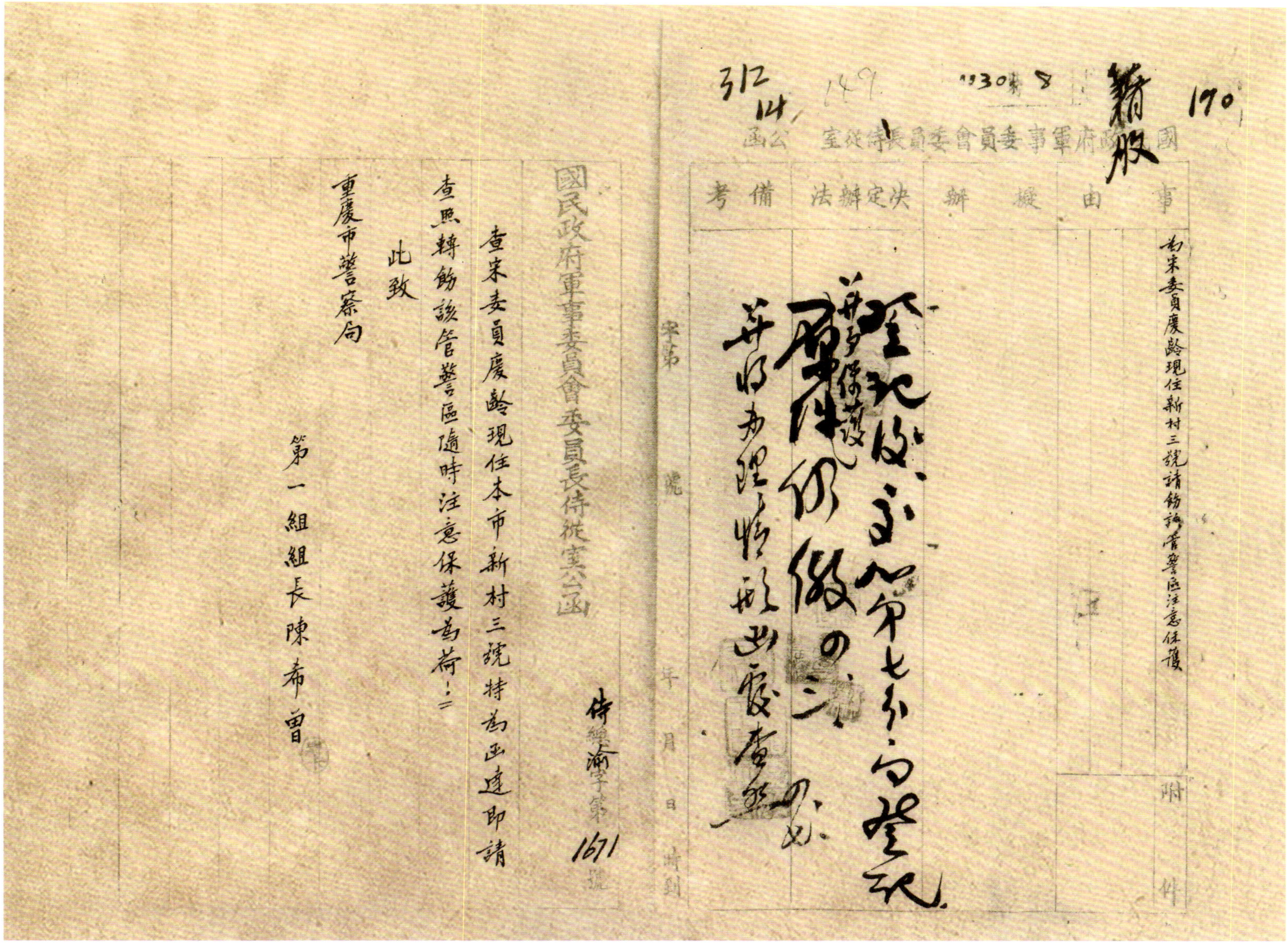

國民政府軍事委員會委員長侍從室公函

侍綜渝字第1671號

查宋委員慶齡現住本市新村三號特為函達即請

查照轉飭該管警區隨時注意保護為荷！！

此致

重慶市警察局

第一組組長陳希曾

國民政府軍事委員會委員長侍從室公函

事由：為宋委員慶齡現住新村三號請飭該管警區注意保護

蒋介石侍从室要求重庆市警察局派警保护宋庆龄的公函。

1942 年 4 月 17 日，宋氏三姐妹在孔祥熙官邸出席中美文化协会举行的向美国空军志愿队献赠海鹰图的典礼。

1942 年 8 月 4 日，宋庆龄同宋蔼龄、宋美龄等一起参加蒋介石为史迪威离华重返印缅前线举行的饯行宴会，宋庆龄在宴会上向史迪威举杯预祝胜利。

1942 年 10 月 4 日，宋庆龄（右一）出席宋美龄以美国援华联合会名誉会长名义举行的欢迎美国总统罗斯福代表威尔基的茶会。

1944 年 6 月 22 日，宋庆龄（右前）出席蒋介石、宋美龄夫妇为欢迎美国副总统华莱士而举行的晚会。

1943 年 1 月 11 日，中英、中美分别签订新约，正式宣布废除英美在华特权。1 月 25 日，宋庆龄发表感想，表示只有扫荡日寇，才能实现真实的自由平等。图为她应国民政府主席林森之约，与国民党元老于右任（前排右一）、吴稚晖（前排左一）等合影庆祝。参加合影的还有宋蔼龄（前排右二）、孔祥熙（二排中）、戴季陶（二排右三）、何应钦（二排左三）、孙科（二排右一）、宋子文（后排中）等。

附錄

國母宋慶齡·中委柳亞子·何香凝等 聯名上書蔣總裁

痛除剿共內戰之害 主張團結抗戰到底

坚持团结
反对分裂

孫夫人宋慶齡女士，中委柳亞子，及何香凝，彭澤民等，近聯名上書蔣總裁，及中央執行監察委員，茲錄其原文如左：

蔣總裁暨中央執行委員監察委員諸同志：抗戰進入第五年度，日人失敗之局已定，國際於我有利之勢已成，今年已迫近最後利勝年，我國人自當堅信而共作決心赴之，惟是日本失敗命運之決定，并非即我民族解放之最後完成，我之抗戰尙未脫離危機，仍須經歷更大之艱難困苦，則誠如總裁今年元旦所昭示。溯自我黨前年臨時大會確定抗戰建國綱領以來，明示國策，爲建國而抗戰，亦爲抗戰而建國，實即指出最後勝利之機，繫於國內種種適宜之設施與措置。如被淪陷區域之收復，被凌壓人民之解放，三民主義之實現，國家民族獨立自由和平地位之達到，均將以此爲基點！然而最近則爲討伐共軍之聲甚囂塵上，中外視聽，爲之一變，國人既惶惶深憂兄弟鬩牆之重見今日，友邦亦竊竊私議中國抗日之勢難保持，倘不幸而構成剿共之事實，豈僅過去所歷慘痛又將重演，實足使抗建已成之基礎墮於一旦，而時勢所趨，又非昔比，則我國家民族以及我黨之前途，將

對此當能念念不忘，今茲日本欲淪黨之敵人，亦正爲共產黨之敵人，敵則我黨不宜以如何消滅共產黨爲無疑義，此又一義也。今日之中國共俾共發展所長，爲我黨之他山，成抗下爲公之懷抱，亦即切符總裁昭告意旨，是則無礙我黨，有益國族，又更

且黨派問題，決非處理共產黨以外各抗日黨派之一般原則，各黨家當然之定則，而各黨各派在同一

我國在抗建時所必要。我黨領導革在，責無旁貸，今日大敵在外，內已一而不拘泥形式，在統括大體而不苟運用以對外，迫而施之於內以競生將謂我領導無方，殊非我黨諸同志成，爲保我黨領導於不隳，要在示人人以信，我總裁及中央諸同志，知必

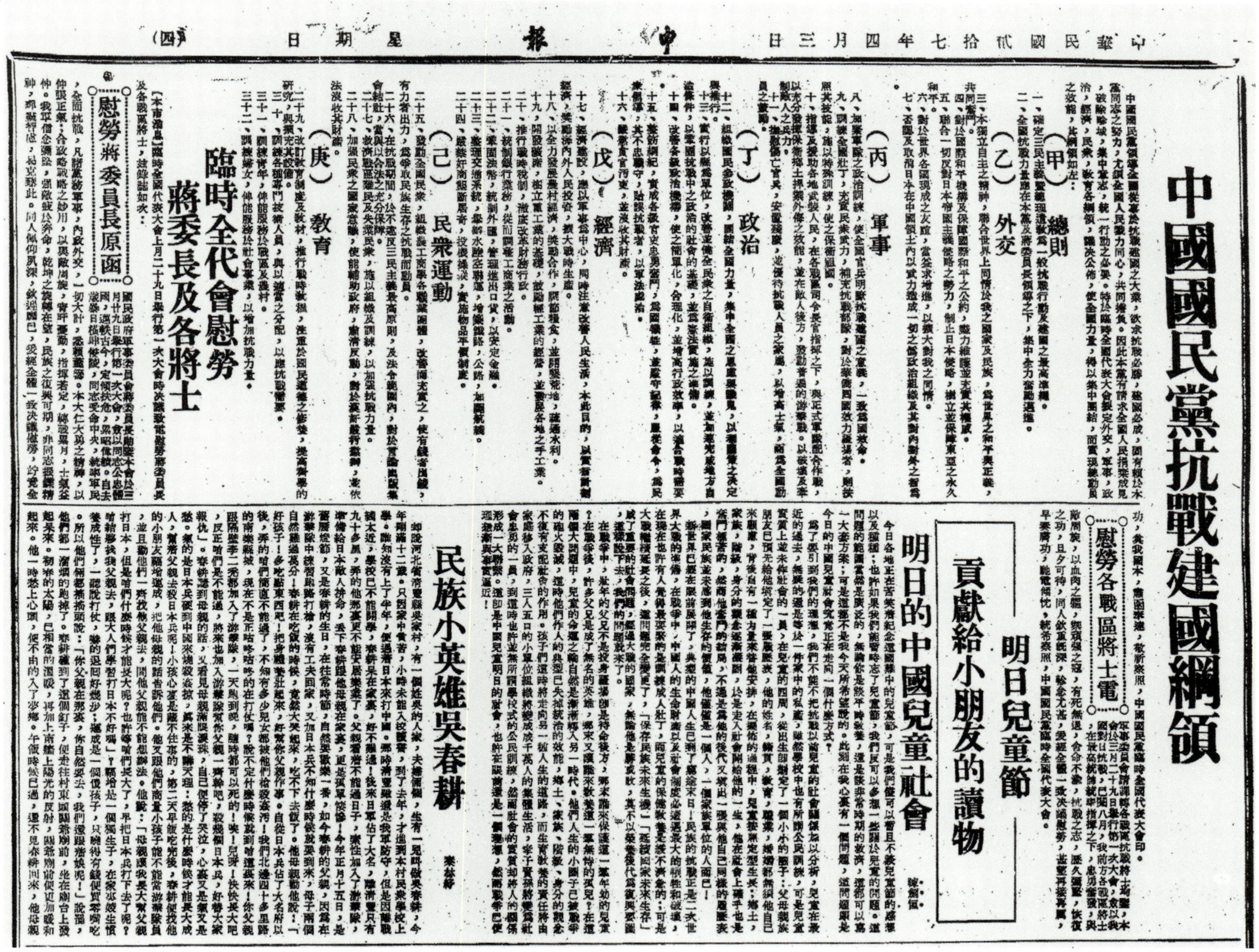
中華民國貳拾柒年四月三日 中報 星期日 （四）

中國國民黨抗戰建國綱領

（甲）總則

（乙）外交

（丙）軍事

（丁）政治

（戊）經濟

（己）民衆運動

（庚）教育

臨時全代會慰勞蔣委長及各將士

慰勞蔣委員長原函

慰勞各戰區將士電

明日兒童節

貢獻給小朋友的讀物

明日的中國兒童社會

民族小英雄吳春耕

在全民抗战的高潮中，1938 年 4 月 1 日，国民党临时全国代表大会通过《中国国民党抗战建国纲领》，强调全国抗战力量应在国民党和蒋介石的领导之下，集中全力共同抗战。

青年，我給你說，你起來，他立刻就由死中復活，隨他母親回去，請你保衞我們中國的成年人，因為你曾說過，如你願得生命，請來跟隨我，請保衞我們一切的中國人，因為你說過，我憐憫羣衆，但是在世界上，沒有比中國有更大的羣衆，主呵，唯獨你是達到真理的道路，唯獨你是求得生命的真理，耶穌救世之主，你是人人的和平，你是人人的生命，你又是人人永遠的援救，亞們。

擁護抗戰建國綱領 實行抗戰到底

宋慶齡 何香凝

宋慶齡女士現與何香凝女士聯名發表一文，題為「擁護抗戰建國綱領實行抗戰到底」，凡三千餘言，臚舉七事，勖勉國民與同志，共同努力，要點如下：一，重振黨紀，二，尊重民意，三，停止黨派門爭，四，貫澈抗戰建國目的，五，嚴防敵人一切陰謀，六，嚴懲漢奸，七，盡力為戰區及非戰區同胞解除痛苦，改善庶政。

捧讀本黨臨時代表大會之宣言，與抗戰建國綱領後，不覺感奮交集，實有不能已於言者。自抗戰以來，我黨內同志暨國內同胞，一致忠勇為民族國家，作壯烈之犧牲奮鬥，以鮮血頭顱爭我中華民族之生存，造成光榮歷史一頁。今代表大會復詳訂抗戰救國綱領，以示本黨領導抗戰之目的，至為適當與必需。除向領導代表大會之蔣中正同志致以敬意外，並為我全黨賀！

九一八至一二八後，我等即向本黨建議，必須繼續秉承　總理十三年改組精神，號召全國同胞，一致團結，積極進行禦侮救亡。盧溝橋事變前夜，五全大會時，鑒於日本帝國主義準備武裝侵略之嚴重形勢，復向全會提議迅予恢復　總理三大政策，以期確立外交，內政，民運方針，領導全國同胞，一致在爭取民族生存，保障國家主權獨立，領土完整之統一目的之下，準備對日本帝國主義進行不可倖免之抗戰。盧溝橋事變後，我等年來呼籲之主張，乃為本黨多數同志所採納，且為全國同胞所熱烈迫切之要求。

當此抗戰第二時期，獲得初步勝利之際，本黨臨時代表大會總結九月以來抗戰之經驗教訓，訂立今後抗戰建國方針。如大會宣言及大綱所昭示全黨全國者，確為保證抗戰澈底勝利之先聲，亦即為本黨今後矢志完成　總理遺志之宣誓。但能否最後完成任務與達到最終之目的，不在空言，而在力行，不僅號召，而重實質。希望全黨同志及全國同胞，一致努力為建國綱領奮鬥到底！目前軍事上初步勝利之獲得，固由於我最高軍事領袖蔣中正同志之賢明指揮所致，而同時亦有賴於前線無數前仆後繼之英勇將士，及後方無數為國犧牲之忠勇同胞，一致努力擁護神聖之民族抗戰到底。故今後繼續發揚全民抗戰之偉大力量，完成最後勝利，有賴本黨實踐宣言及綱領所示各端，及堅決執行一切決議，反對任何消極與言而不行之積習，幸本黨同志隨時檢閱執行之程度。

總理畢生以革命尚未成功為念，遺囑全黨同志仍須努力。當此民族國家之生死關頭，正是我人以　總理之遺志為己任，努力奮鬥之時，願以數事告全黨同志，幸共勉之。

一，重振黨紀，嚴厲制裁一切偷生怕死，貪污舞弊，欺民枉法之負責黨員，務使我黨恢復民衆先導之地位。二，尊重民意，實現民權，澈底取消一切有形或無形壓制民意，妨礙民權之法令。三，以民族國家利益為先，擯除一切不利民族國家之私見，停止任何方式之黨派門爭，務使全國人民一致精誠團結。四，時刻不忘當前民族國家之恥辱，勝固不驕，敗亦不餒，貫澈抗戰建國之目的，切勿中途易轍。五，嚴防敵寇陰謀，勿中其一切挑撥利誘之技倆，務使其不戰亦能滅亡中國之毒計無從實現。六，嚴厲執行褫奪從事傀儡漢奸者之公民權，沒收其全部財產，如身為黨政負責人員，猶應加以嚴峻之刑律，以振黨國綱紀。七，勿忘全國同胞在被佔區域作戰區域，因戰事影響，或遭暴敵慘殺奸淫，或過奴隸生活，或家破人

亡，或流離失所，或遭死難，種種慘痛，當銘刻吾人臘際勿忘，黨政當局，貴能犧牲少數人之安樂利祿，而以解除全國人民生活苦痛為前提。抗戰期間凡為抗戰利益不相矛盾，而能改善民生之計，如救濟難民，撫慰流亡，優卹陣亡將士家屬，及死難同胞，取消與禁止一切苛捐雜稅，及高利貸等等，當努力實行，務使全國同胞樂於追隨吾黨，抗戰到底。

抗戰建國之偉大歷史任務，端賴本黨同志及全國同胞，一德一心，精誠團結，戮力共濟，方克於成。過去十年，國內分裂，互為紛爭，或作割據，有利於敵寇之進攻。抗戰以來，統一局面逐漸形成，猶望一致努力，免遭覆轍，求我中華民族之澈底解放，方不負總理之遺教與後望焉。（民國廿七年四月十四日香港）

保甲制度的改善與民主政治的實施

——祝九九老人相伯馬老先生壽——

方豪

在第二期新陣地旬刊內透露出今年四月八日于右任，馮玉祥等又為「希世人瑞」馬相伯老先生祝壽。老先生說自己是國家「多餘」的人，勸他們不應用寶貴的精神，光陰，物力為一個「多餘」的人耗費。可是于，馮等仍主張慶祝，因為他親眼看見了中英，中法，中日，太平天國，八國聯軍，辛亥革命……等變故。可是我們以為這臥薪嘗膽，拚頭顱，灑熱血的時候，若祇為了這一點來為他老人家祝壽，是極無謂，極不該的。據我們想來，大約于，馮等很想借此勉勵國人一下，要人人以馬先生為法：愛國家，重道德。

至於筆者個人，却想勸全國上下以後列二點來祝老人大壽：

（一）保甲制度的改善

這次抗戰之所以能歷久不屈，最近更獲得東北兩戰場空前的勝利，為抗戰前途呈現出相當的巨大希望；無疑的，這一切的一切，很得力於保甲制。但近代我國保甲制的創議，實始於老人。

民國七年老人撰民國民照心鏡，已有發表；十一年前老人任上海天民報總主筆，撰發刊詞，洋洋數萬言，亦提出保甲制。二十年十一月在申報刊布泣告青年書，重申前議：『老夫認為今日最切要之救國方策，惟有仿古遺制，舉辦保甲之一法；法聯十家為一甲，十甲為一中甲，十中甲為一大甲，十大甲為一團，十團為一大團；以此推廣，先遣人丁戶口冊，法軍隊之編制，使其行動劃一，指揮迅速，聯絡嚴密，意志堅定；導以對日不合作可，導以對日經濟絕交可，導以對日作殊死戰亦無不可。』時在九一八事變後，故老人剴切陳詞，二十一年三月在天津益世報發表國難人民自救建議：『今當法華盛頓聯二三郡為一州。每州以保甲法，由鄉而邑，邑分東西南北四鄉，鄉分東西南北四區，區分十家為一甲，每鄉里甲，百家為里，千家為鄉甲，每鄉甲以登記法，為驅除不良分子及徵集勝兵者。』同年四月洛陽國難會議中老人所提「實施民治促成憲政以紓國難」一案，又附芻議，交大會公決。同年七月十二日發起中國民治促成會，宣言中又詳為說明：『試從鄉保甲組織法，十戶一保甲，不止十戶亦無妨，什戶長長之；百戶一中甲，伯戶長長之；千戶一大甲，仟戶長長之。仟戶，伯戶，皆由什戶而積成。什戶長之責，在督察左右鄰十家上下，有無匪類，奸細，煙癮，游惰之民而已。』

但現行保甲制度的不能盡善盡美，實亦無可諱言。鄉鎮保甲長在抽調壯丁，徵集國民兵征，清理積穀，組織運輸隊，籌募合作金庫，籌款優待抗日軍人家屬等事上，舞弊揩錢，層見疊出；有人因噎廢食，竟想廢除保甲制；如「動員周刊」創刊號中張西超所作「半年來抗戰失利的原因在那裏？」說：『各鄉鎮保甲制度，在本質上是對內的，適應剿匪的組織，現在要以此種舊有的政治機構來自上而下的推行戰時政策，當然要發生民衆怨恨抗戰，逃避抗戰，甚至希望敵人早些來的痛心現象。』這真夠穿鑿誤會的了！但這樣的缺乏邏輯的文字，幸祇一見；反之，希望能對保甲制加以改善的要求，却幾乎在每一個刊物中可以看到。

這兒，作者敢以「不揣冒陋」的態度來約略地討論一個較易

1938 年 4 月 14 日，宋庆龄在香港与何香凝联名发表《拥护抗战建国纲领，实行抗战到底》一文，表示拥护国民党临时代表大会所发表的“宣言”和《抗战建国纲领》。

1938 年 10 月，国民党中央宣传部代理部长周佛海在变节投靠日本后，以“内有诋毁本党之处”为由，宣布查禁宋庆龄的抗战文集《中国不亡论》。

tion and personal power, were naturally attracted by this moonshine of reform. Intentionally or unintentionally they became one after the other the tools of the reactionary elements: rotten bureaucrats, large landowners, old-fashioned militarists and wealthy compradores. Other intellectuals, though less in number, were farsighted patriots and refused to be duped by the feigned gesture of the Royal Decree. They were not attracted by parliamentary cretinism. They represent the real interest of the general urban middleclass as well as the national aspiration of the peasants and workers. All these people formed a revolutionary bloc which found its expression in the revolutionary union organized by Sun Yat-sen which later came to be known as the Kuomintang.

So long as revolutionary leaders are not in close touch with the masses of the people there can be no real revolution or at least the revolution cannot be completely achieved. For China therefore, the problem in the few years previous to 1911 was how to bring the revolutionary leaders and the revolutionary people together. This, in a rather limited way, was done through the modern army which the Manchu Court had began to organize. Many of the young officers in this newly organized army were returned military students from abroad who had strong nationalistic feelings. They were either revolutionaries themselves or very susceptible to revolutionary ideas. The army itself was at that time the only effectively organized portion of the public, consisting as it did of the urban unemployed, the handicraft people and, as a majority, the bankrupted peasants. Sun Yat-sen's followers wormed their way into the army and propagated the anti-Manchu program. The army became the base of China's first revolution but indeed it was a very limited base, and the overthrow of the Manchu Court was a purely military affair.

The Imperial abdication was the most obvious accomplishment of the 1911 Revolution. The significance of this should not be minimized. Though only in form, China became the first republic in Asia: and the ending of an absolute monarchy in a nation comprising one-fifth of mankind was a milestone in the progress of world history. But insofar as a true and full democratic rule has not yet been attained in China, so the Chinese national revolution cannot be considered complete. The Imperial abdication was not followed by a government which should carry out policies compatible to Sun Yat-sen's *San Min Chu I* or the *Three People's Principles*. The revolution was undermined and the government usurped by China's well-known military-bureaucrat and politician, Yuan Shih-kai. In less than three years this arch-reactionary, with the support of the Imperialists, especially favored by Japanese intrigues, established a militaristic rule characterized by a complete lack of civic rights, corruption and political assassinations. Yuan's regime and the militarists who ruled in the different regimes after him were little better than the Manchu Court in point of resisting outside imperialistic interference and of creating a modern democratic state.

The fundamental weakness of the Chinese revolutionaries of the 1911 period, and even during the subsequent periods, was their failure to grasp Sun Yat-sen's ideas of Chinese independence which truly represent China's aspiration. These ideas were crystallized in the *Three People's Principles*: that of nationality, that of democracy, and that of the people's livelihood. These represent the unanimous demand of the Chinese people to obtain equality, internationally, politically and socio-economically. In his mind, these three were always conceived as coherent and inseparable parts of the entire objective of national salvation. To him the three principles or the ways of obtaining the three phases of equality for the people, were closely linked and could only be carried out parallely and simultaneously. This doctrine of *San Min Chu I* was derived from his keen insight into the Chinese political and social structure. Perhaps more than anybody else he appreciated the reality that so long as the people of China are not given democratic power and economic improvement, China cannot have sufficient strength to resist foreign aggression and imperialistic interference; and vice versa, a semi-colonial China can never achieve a modern state which would give the people political equality and an improved standard of living without fighting away foreign invasion in one form or another. Only when his three people's principles are put into full operation can there be any assurance of achieving a genuine Chinese independence.

In a lecture before the Kuomintang members on August 10th, 1924, Dr. Sun pointed out the mistakes of his followers in the 1911 period. These mistakes are worth reviewing as we are still on our way towards the achievement of real Chinese independence. As early as 1904, recalled Dr. Sun, a group of revolutionaries agreed with his *Three People's Principle*, but up to 1911 they concentrated their attention on the principle of nationality, which was further narrowed down to the single idea of overthrowing the Manchu rule. In the mind of many of his followers at that time, a Chinese Emperor would not have been unacceptable after the downfall of the Manchu Court. Here Dr. Sun criticized them as not having understood the principle of democracy and therefore only having nominally adhered to his doctrine. He deplored that even among his most progressive followers, there was the general misconception that the three principles could be separately carried out one after the other. They naively hoped that once the Manchu Rule was done away with, democratic government and economic improvement would have automatically and naturally followed. These Kuomintang members had not understood the principle of democracy and much less the principle of the people's livelihood. It is then clear that whatsoever has inadequate understanding of one of these three principles, cannot be said to be a true follower of Sun Yat-sen. There is always danger that such people will with time waver in the real task of achieving the national revolution, and even become outright traitors.

As early as the time when Sun Yat-sen was still the Provisional President of China in Nanking, he outlined his idea to his followers that in order to combat outside aggression, China must be socially and economically strong. Some of these followers expressed their doubts in the discussion and Dr. Sun's reply was: "If you have doubts on this point, it would be better for you not to join the revolution." The present greatest traitor to the Chinese National Revolution—Wang Ching-wei—certainly ideologically belonged to this group of unclear and wavering elements. At that time Wang Ching-wei was sent by Yuan Shih-kai to negotiate for the ending of the Revolution. He openly said: "now we no longer need to talk about revolution; all we want is to get money from Yuan Shih-kai and put all our energy into railway building." No wonder then that in his speech just before his departure from Nanking, Dr. Sun expressed his disappointment in the shallowness of some of his comrades in the Kuomintang. Now that the disappointment in Wang Ching-wei is shared by the entire nation, how dare this national traitor continue to distort and deface Sun Yat-sen's teachings!

As Sun Yat-sen outlined the ideas of natioanl revolution for the Chinese people, the participation of the Chinese people is necessary to transform these ideas into achievements. This revolution is unfinished. Today, however, the base of the national revolution is ever so much broader than in 1911 and even than in 1926. More than ever before the Chinese people have come to realize the necessity for armed self-defense against enemies as well as traitors. More than ever before popular forces in China have been organized. If we could only go a few steps further to mobilize the whole nation, our final victory would be assured. Furthermore, equal emphasis should be laid on resistance against invasion, based upon the principle of democracy and that of raising the standards of living of the people, for these two must go hand in hand. The full realization of Sun Yat-sen's principles will indeed mean the real achievement of Chinese independence.

SOONG CHING LING
(Madame Sun Yat-sen)

TOWARDS THE ACHIEVEMENT OF CHINESE INDEPENDENCE

An article exclusively written for the Fookien Times' Dr. Sun Yat-sen Birthday Anniversary Number

By

Soong Ching Ling
(Mme. Sun Yat-sen)

Mme. Sun Bitterly Denounces Wang Ching-wei as Arch National Traitor

A Sensational Revelation of How Dr. SunYat-sen Was Sorely Disappointed When Wang Tried To Speak For Yuan Shih-kai

Editor, Fookien Times:

In response to your request I am writing a few lines to give a general idea of the historical background of the 1911 Revolution and its objectives as formulated by Sun Yat-sen. This I am doubly willing to do for these objectives are still in the process of being achieved and a clarification of this subject implies a clarification of the aims of our present national struggle.

The Manchu Court with its bureaucracy was an obstacle to the political independence of the Chinese people and therefore also to the attainment of their economic freedom. It was so utterly subservient to the Imperialistic Powers that it not only readily signed away its sovereignty at various points but was finally reduced to be a mere tax or rather tribute collecting machine, through heavy indemnities, for the Imperialistic Powers. To achieve their independence and obtain their liberty therefore, the Chinese people had to overthrow this dynastic rule which was doubly oppressive because it was a foreign regime to the Chinese and in turn was controlled by more advanced governments. Before 1911 there were already numerous attempts of revolt, the most prominent being the Taiping Movement, the Boxer Rebellion, and the Mohammedan Rising. But the first revolution in China, an organized widespread political movement with well defined aims and definite leadership as distinguished from mere rebellion, was led by a few groups of revolutionary intellectuals under the guidance of Sun Yat-sen.

By 1906 progressive Chinese intellectuals were greatly touched by the outcome of the war between Japan and Czaristic Russia. They had seen how a small island nation could defeat a huge Eurasian Empire. This created a keen and self-searching reflection which added confidence to their sense of duty for the achievement of national independence. The illiterate peasants, on the other hand, continued to feel the oppressive taxation which was in reality tribute gathering. There were no less than several thousand cases of rioting against tax collectors in this one year. In Kwangsi, Honan and Shangtung specially, these riots were most frequent, and in every case there were at least one thousand participants and in a few cases the number reached 100,000. Facing such facts, the Manchu Court was not without fear and as a sob to the progressive elements it issued a decree in 1906 promising the inauguration of a parliament and the adoption of a Constitution under the Monarchy by 1915.

This apparently clever political move—in imitation of Western history— could not of course settle the problem. It did, however, bring about a split between the Chinese progressive officials and intellectuals, for at that time many returned students from abroad had become officials. Those who were naive or who were more selfish for posi-

THE AUTHOR

1939年11月12日，菲律宾马尼拉华侨报纸《新闽日报》刊登宋庆龄应邀撰写的《真正实现中国的独立》一文，追述辛亥革命的历史背景和孙中山从事革命的目标，痛斥汪精卫之流曲解孙中山的学说，号召真正实现三民主义。

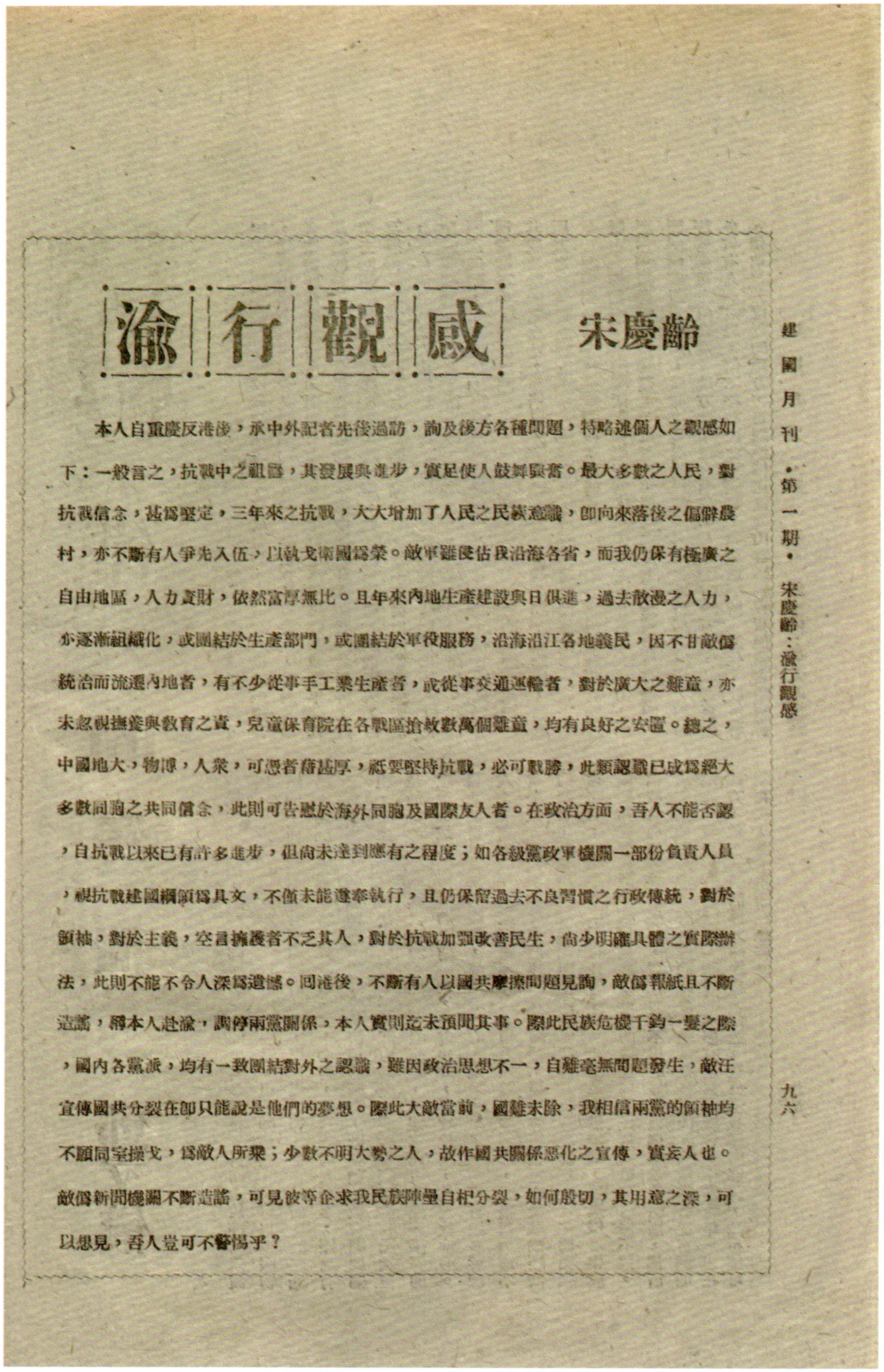

渝行觀感

宋慶齡

本人自重慶反港後，承中外記者先後過訪，詢及後方各種問題，特略述個人之觀感如下：一般言之，抗戰中之祖國，其發展與進步，實足使人鼓舞興奮。最大多數之人民，對抗戰信念，甚為堅定，三年來之抗戰，大大增加了人民之民族意識，即向來落後之偏僻農村，亦不斷有人爭先入伍，以執戈衛國為榮。敵軍雖侵佔我沿海各省，而我仍保有極廣之自由地區，人力資財，依然富厚無比。且年來內地生產建設與日俱進，過去散漫之人力，亦逐漸組織化，或團結於生產部門，或團結於軍役服務，沿海沿江各地義民，因不甘敵偽統治而流遷內地者，有不少從事手工業生產者，或從事交通運輸者，對於廣大之難童，亦未忽視撫養與教育之責，兒童保育院在各戰區搶救數萬個難童，均有良好之安置。總之，中國地大，物博，人衆，可憑者稿甚厚，祇要堅持抗戰，必可戰勝，此類認識已成為絕大多數同胞之共同信念，此則可告慰於海外同胞及國際友人者。在政治方面，吾人不能否認，自抗戰以來已有許多進步，但尚未達到應有之程度；如各級黨政軍機關一部份負責人員，視抗戰建國綱領為具文，不僅未能遵奉執行，且仍保留過去不良習慣之行政傳統，對於領袖，對於主義，空言擁護者不乏其人，對於抗戰加強改善民生，尚少明確具體之實際辦法，此則不能不令人深為遺憾。回港後，不斷有人以國共摩擦問題見詢，敵偽報紙且不斷造謠，釋本人赴渝，調停兩黨關係，本人實則迄未預聞其事。際此民族危機千鈞一髮之際，國內各黨派，均有一致團結對外之認識，雖因政治思想不一，自難毫無問題發生，敵汪宣傳國共分裂在即只能說是他們的夢想。際此大敵當前，國難未除，我相信兩黨的領袖均不願同室操戈，為敵人所乘；少數不明大勢之人，故作國共關係惡化之宣傳，實妄人也。敵偽新聞機關不斷造謠，可見彼等企求我民族陣壘自相分裂，如何殷切，其用意之深，可以想見，吾人豈可不警惕乎？

建國月刊 •第一期• 宋慶齡：渝行觀感

九六

国共合作虽已实现，但依然摩擦不断，宋庆龄1940年4月访渝之前，正是第一次反共高潮期。1940年5月20日，宋庆龄在香港发表《渝行观感》，表示国人应坚定团结抗战的意志，抗战必胜，并揭穿汪伪政府的分裂阴谋。

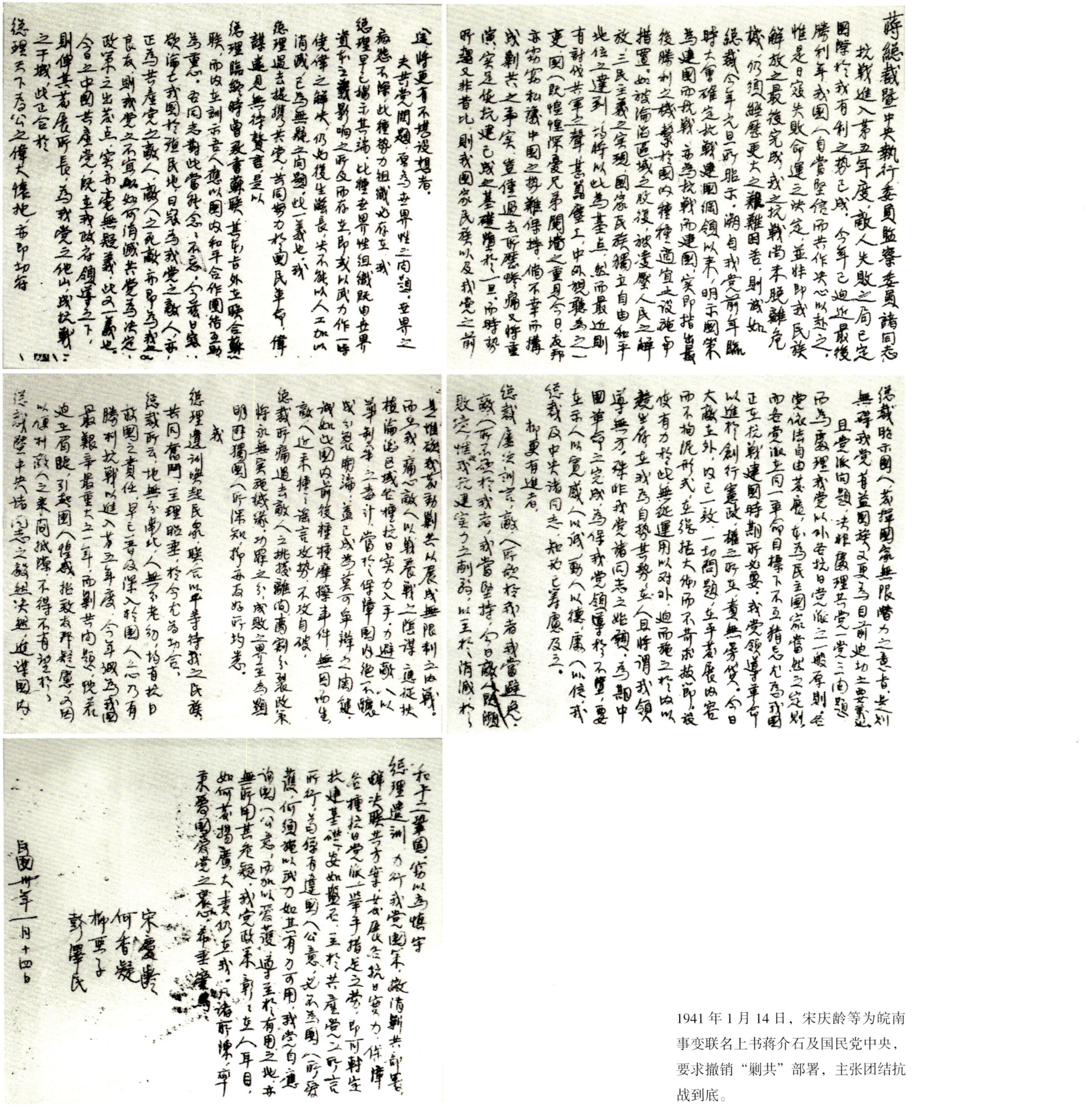

1941 年 1 月 14 日，宋庆龄等为皖南事变联名上书蒋介石及国民党中央，要求撤销“剿共”部署，主张团结抗战到底。

1941年10月，宋庆龄在纽约《亚细亚》月刊上发表文章，强调：中国抗战的关键在于“内部的团结”。图中《华商报》开天窗处被新闻检查删除的内容是宋庆龄批评中国缺乏民主的言论。

華商報　　中華民國叁拾年拾壹月拾肆日

中國需要更民主些

宋慶齡

國際的局勢是轉變得于中國有利了。德國對蘇的凶惡的進攻已把所有和中國友好的國家——英、美、蘇——放在世界大戰的一方面。現在，盡量利用着我們大家的力量和我們能够從友邦獲得的援助，我們可以使勝利更接近我們和一切民主國家。

但是目前的國際局勢雖然於我有利，却不是永遠不變的。假如和我們友好的外國政府懷疑着主張妥協和綏靖的人在我們中間可以大肆活動，懷疑着我們已經感到厭倦，準備放下武器了，那麽他們是不免要設法和日本妥協的；因爲他們只怕不這樣做，我們陣營裏的賣國賊將來會迫得他們吃虧的。要不是我們表現着自身的抵抗能力，我們目前在國際上的優先地位是不會獲得的，只要忘記了這道理就可以把優先的地位斷送掉。

中國的抗戰是遠東局勢的關鍵，而且不單是限于遠東。我們的繼續抗戰保障着住居在太平洋西岸的全人類四分之一的前途。它至今還牽制住日本，使之既不能南進侵略英美屬土，又不能北進攻蘇，從此可知它是何等的重要了。

中國抗戰的關鍵是我們內部的團結。誰都知道近數月來，我們全國的團結——世界求光明和進步的鬥爭的大基石——是在嚴重的危險中。本年初，內戰的火有着重復燃燒起來的模樣，這等於打開大門來迎接敵人。因此，我用不着辯解，爲甚麽本文專門探討着抗日民族統一戰線，它的性質和前途，它所面對的危機，以及它是否仍然存在和能否繼續存在這些問題。

我們的統一戰線，在成立以來的四年間，受着許多人的誤解，有些是惡意的，有些是眞誠的。有些自以爲高明的作家不肯領略它的簡單要素，却把引號附在它的上面或者稱它做『所謂統一戰線』，從而顯示出他們的迷惑來。有些人認爲從來沒有過這樣的東西，有些人以爲它是存在的；而某一件事情使它消滅了，還有些人認爲它現在已經臨到了最後的破裂點。因爲這些見解都廣泛地流行着，我們應當先從字義說起。

『抗日民族統一戰線』這個名目並不是偶然湊成的成語。它是精確的科學的和歷史的名稱。

『民族』這一詞所包含的意義是：它對於全國各階級、各政黨，和每一個人一視同仁，它的目的是在保持我們國家的獨立，抵抗帝國主義的侵略者。

『抗日』這一詞反映着一個事實：今天日本對於中國民族的生存，是主要的威脅；我們的民族統一戰線不能包括任何沒有對日本侵略者鬥爭的集團。

『統一戰線』這一詞的意義是，一切合作的集團必須互相援助共同對付敵人。

抗日民族統一戰線的意思并不是指凡隸屬於它的集團都不能有不同的哲學和目標。它並不是指任何一黨或集團的獨裁。在集團之間發生磨擦，或者甚至武裝衝突，並非統一戰線已不存在之謂，雖則這些衝突和磨擦無疑地對於抗戰是有害的，那些煽動這些衝突和磨擦的反動份子是在援助敵人。

最後，抗日民族統一戰線可以把它的成分改變。國賊汪精衛和其他投降日本的叛徒的脫離陣營就是這等改變之一。我們的困難日增——這些困難早就很嚴重，主要是由於充足的和合時的外國援助的缺乏——許多牟利者、政治投機者、懦夫和沒骨氣的人也許會投向敵人，或者替他們工作，暗中破壞國內的團結，發出早求和平的呼聲。

但是對於大多數中國人民，不論來自那一個階級，被人奴役——有如他們的親屬在日軍佔領區內被奴役一樣——的前途卻是絕對不能容忍的。他們將拚命作戰，以求避免這樣的命運，他們將支持抗戰藉以繼續的任何必要的國內的或國外的政策。在中國之內還有日本兵一天，抗日民族統一戰線必然將繼續存在一天；而且在以後它仍將存在，因爲建國工作需要團結決不比抗戰差些。我們希望在戰後建設的，以三民主義爲基礎的民主的中國，將給與工人、農民、工廠主、商人、學者，和專門家以同等的地位和機會。

在講及統一戰線的時候，我一直故意避免用國共關係這些觀念來表現它，因爲這爲我們抗戰前途所利賴的抗日民族統一戰線，其存在並不是一個黨派的問題，而是在抗戰與投降，在爲求達到民族目的而鬥爭與通過賣國而使抗戰崩潰二者之間，任擇其一的問題。我們統一戰線的原則是以我國的實際需要爲根據；並不是由任何一個黨派加以決定的。中國任何一個黨派或集團的試驗都是在它所承認和實際替它們工作的範圍之內。在今日的具體形勢中，國民黨和共產黨的關係佔着第一重要的地位。他們的合作是團結的基礎；它們之間任何的衝突都足以危及國家的統一。在考慮着這個問題的時候，我們劈頭感覺到下一事實：中國雖然有着兩個大的和幾個較小的政黨，可是沒有充分的表現民主的機構，准許每一個政黨各盡相當力量，在戰時的行政上，發揮代表權和影響。

（被檢四十五行）

（侶梅譯自亞細亞月刊）

對傀儡獨裁者的『敬禮』

·倫敦每日鏡報

長江下游的游擊

紐約美亞月刊　阿

由上海坐船出發，沿黃浦而出長江，此後或沿長江直上，或沿海岸北駛，舟行約十二至十五小時，就到了□□軍控制區域的門口。如果由長江北岸而入，必須越過一小段日僞地帶。當交界處僞軍哨兵因檢查「軍用品」而搜你的行李時，必向你警告，過此他們不能「保護」你了。此後你就倚賴□□軍保護，他們的嚮導和兵士不久會同你在田野間碰頭，歡迎你到他們那邊去。如果沿海岸而行的話，你可以直接達到□□軍區域，見不到日僞軍，也不會被日僞軍發現。在許多地點，□□軍的部隊和游擊隊距上海極近，有些簡直就在市郊。不過爲行旅便利計，應採上述沿江而行這條較長的路線。只要一次越過僞軍哨兵線之後，北行所經之地，完全在□□軍控制之下，惟一的阻隔，乃日軍掌握中的幾條公路，俟夜間日軍躲入哨棚時，即可安然越過。

□□軍活動區域——即日人自稱整個在其佔領之下者——包有江蘇鄉野的全部，安徽的大部，河南的一部，湖北的一半地方。在這四省內，□□軍部隊和游擊隊，益以龐大有組織的武裝農民，同日僞軍作戰的地方共有一百四十七縣，人口在六千三百萬以上。今日已收復的地方。在□□軍指導下由本國人節制管理的民衆，不下二千五百萬人，構成長江下游日軍交通線內一個強大

原，太原若定，則北方大戰，本來應當採用這些特點，突然出現的堅決的打擊，當

時代的人物

(上)孫夫人宋慶齡女士　(above) Madame Sun Yat-sen.

有人歡喜把宋慶齡女士與列寧夫人相比，實際上兩個人的情形顯有分別；列寧夫人自從列寧去世以後，早已失去了她在政治上的地位，她幾次受過警告，而她的努力，卒不能免老共產黨人徐維諾夫、加孟納夫等的判處死刑；反之，孫夫人，她的熱烈的愛國精神，她的追求眞理的不懈的努力，尤其是她光輝的理想主義，使她永遠受一般國民的愛戴，使她成爲公認的新中國領袖之一。

她原籍廣東，生於上海，早年便赴美國留學，入威斯倫女子大學，得學士學位，返國後曾任孫總理祕書，民國三年與孫總理結婚於日本。從此以後，女士便以同志及賢內助的身份，襄佐總理，努力革命，成爲民族革命運動中一個重要人物。她信守着三民主義的立場，二十多年來如一日。抗戰開始以後，她以最大的熱心，進行各種救國的工作，她的建樹也許不像在前線浴血苦戰的將士那樣煊赫，但報國的心理，以及爲國家的生存而奮鬬的獻身精神，卻是同一無二，異途而同歸。

1939年，大型抗战摄影画报《东方画刊》赞颂宋庆龄为国家的生存而奋斗的爱国精神。

1944年元旦，国民政府授予宋庆龄一等卿云勋章。

保卫中国同盟不是中立的，
它帮助中国各地的斗争，
虽然它的作用是纯救济性的，
可是它只应用在救济能加强中国人民
斗争力量的地方。

——《保卫中国同盟年报》
一九三八年至一九三九年

争取国际援助
支持中国共产党敌后抗战

抗日战争全面爆发后，宋庆龄出于『为了中国今天的战斗，也是为了明天的重建』的深远考虑，于一九三八年六月在香港发起组织保卫中国同盟。通过保盟，宋庆龄向国际社会阐明世界和平与中国抗战的关系，指出中国人民抗日战争是世界反法西斯战争的重要组成部分，支持中国抗战就是帮助他们自己，呼吁世界爱好和平的国家和人民积极行动起来援助中国；在向全世界客观报道中国抗战真实情况的同时，努力凝聚国际援助力量，在国际间架起了一座援助中国抗战的特殊桥梁。中国共产党是中国抗战的中流砥柱，宋庆龄领导保盟将争取到的医药和医疗器械等战时紧缺物资及资金源源不断地输送到中国共产党领导的敌后抗日根据地等最迫切需要的地方，为中国人民抗日战争暨世界反法西斯战争的最后胜利作出了重大贡献。

创建保卫中国同盟

MADAME Sun Yat-sen left Shanghai for Hongkong on Thursday morning on board the German liner ss. Scharnhorst, the "Social Morning Post" learns from well informed circles. Her trip is believed to be connected with a certain important conference shortly to be held in Canton. Accompanying Madame Sun was her elder sister, Madame H. H. Kung, and the wife of a member of the Legislative Yuan, Madame Lin Po-sheng.

《社会早报》从知情人士处获悉，孙逸仙夫人于周四清晨登上德国客轮沙恩霍斯特号，从上海启程前往香港。此次行程据信与即将在广州举行的一项重要会议有关。陪同孙夫人同船前往的还有姐姐孔祥熙夫人以及立法院委员林柏生的夫人。

1937 年 11 月 12 日上海华界沦陷后，宋庆龄在新西兰友人路易・艾黎的掩护下，于 12 月 23 日离开上海转移香港。图为《字林西报》1937 年 12 月 25 日的报道。

1938 年 6 月 14 日，宋庆龄在香港正式成立保卫中国同盟。图为 1938 年冬宋庆龄与部分保盟中央委员合影。左起：爱泼斯坦、邓文钊、廖梦醒、宋庆龄、司徒永觉夫人、诺曼·法朗士、廖承志。

THE CHINA DEFENCE LEAGUE

The China Defence League has its Central Committee in Hong Kong.

The objects of the League are twofold. First, to stimulate all lovers of peace and democracy throughout the world to still greater efforts in the provision of medical and other relief to China in her present struggle against Japanese aggression. Secondly, to enhance the effect of such efforts by centralization and co-ordination.

It is felt that foreign friends of China are still inadequately provided with facts about the Far Eastern situation and are thus hampered in their task of enlisting sympathy and support for China. It is also only too apparent that such support as has been raised in the past has frequently failed to be distributed here in China either in accordance with the greatest need, or with the wishes of its contributors.

To fill these two gaps: lack of facts for propaganda, and lack of co-ordination and supervision in the distribution of funds and supplies raised, is the aim of the China Defence League.

All organizations willing to co-operate with the League with a view to thus intensifying, and increasing the effectiveness of foreign aid to China, are invited to use the Central Committee in Hong Kong (a) as a liaison between themselves and the elements in China to which they wish to render assistance; (b) as a source of advice and information.

Organizations already existing under another name, both those which exist solely to help China, and those for which assistance to China is one of several activities, are invited either to reorganize in any way they see fit as national branches of the China Defence League, or to become affiliated members of the League. In either case the Central Committee in Hong Kong will be in the position of their agents on the spot in China through whom they may more effectively carry out their objectives.

In countries where such organizations do not already exist, it is proposed that national branches of the China Defence League be set up. But it is emphasised that neither in the case of affiliated organizations nor of League branches is any interference with their autonomy proposed. The function of the Central Committee is to co-ordinate the activities, and help carry out the common objectives, of the various organizations, and not to control them. The difference between an affiliated organization and a League branch is one of name only. Both are equally independent.

In its capacity as a source of information for propagandists for China, the Central Committee issues a fortnightly news-letter to be sent to all affiliated organizations and League branches. It also provides on request information and material on special aspects of the Far Eastern situation.

But the primary function of the Central Committee is to act as a liaison between the needs of the Chinese people and the supplies, whether of cash or materials, contributed to their relief by foreign affiliated organizations or League branches. The Central Committee informs these foreign organizations what is wanted, and sees that the funds or supplies raised are distributed according to the greatest need, or according to the wishes of the organizations that have raised them.

Organizations wishing to avail themselves of the means to increased effectiveness offered them by membership of the League are asked to communicate with the Secretary, Central Committee of the China Defence League, c/o The Hongkong and Shanghai Bank, Hong Kong. No dues are payable. The services provided by the Central Committee are free.

T. V. SOONG *(President)*.
Madame SUN YAT-SEN *(Chairman)*.
HILDA SELWYN-CLARKE *(Secretary)*.
N. H. FRANCE *(Treasurer)*.
I. EPSTEIN *(Publicity)*.

1938 年 6 月，宋庆龄等署名发表《保卫中国同盟成立宣言》，阐明保盟的性质和任务，争取国际援助。

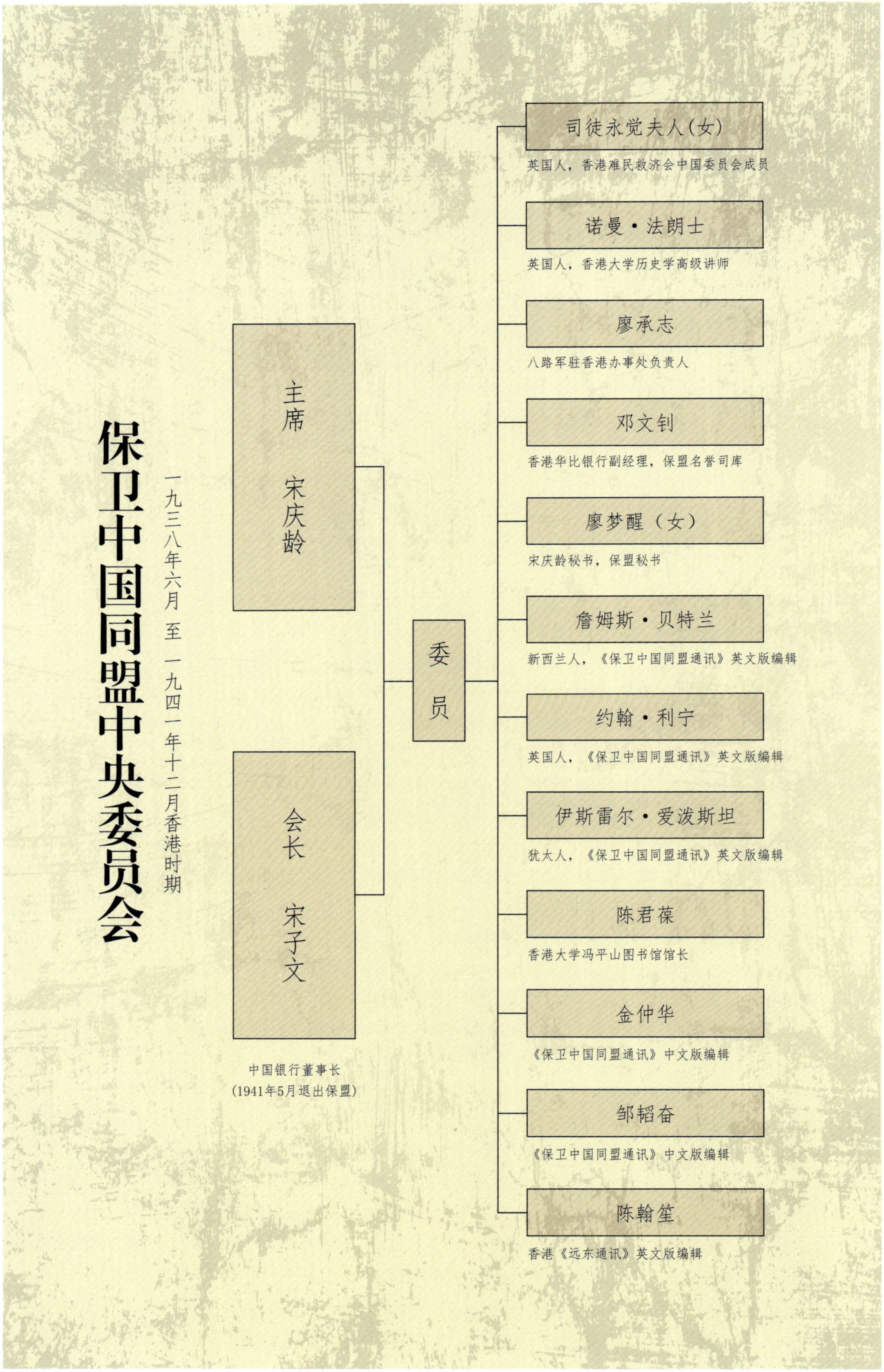

保卫中国同盟第一届中央委员会机构图。

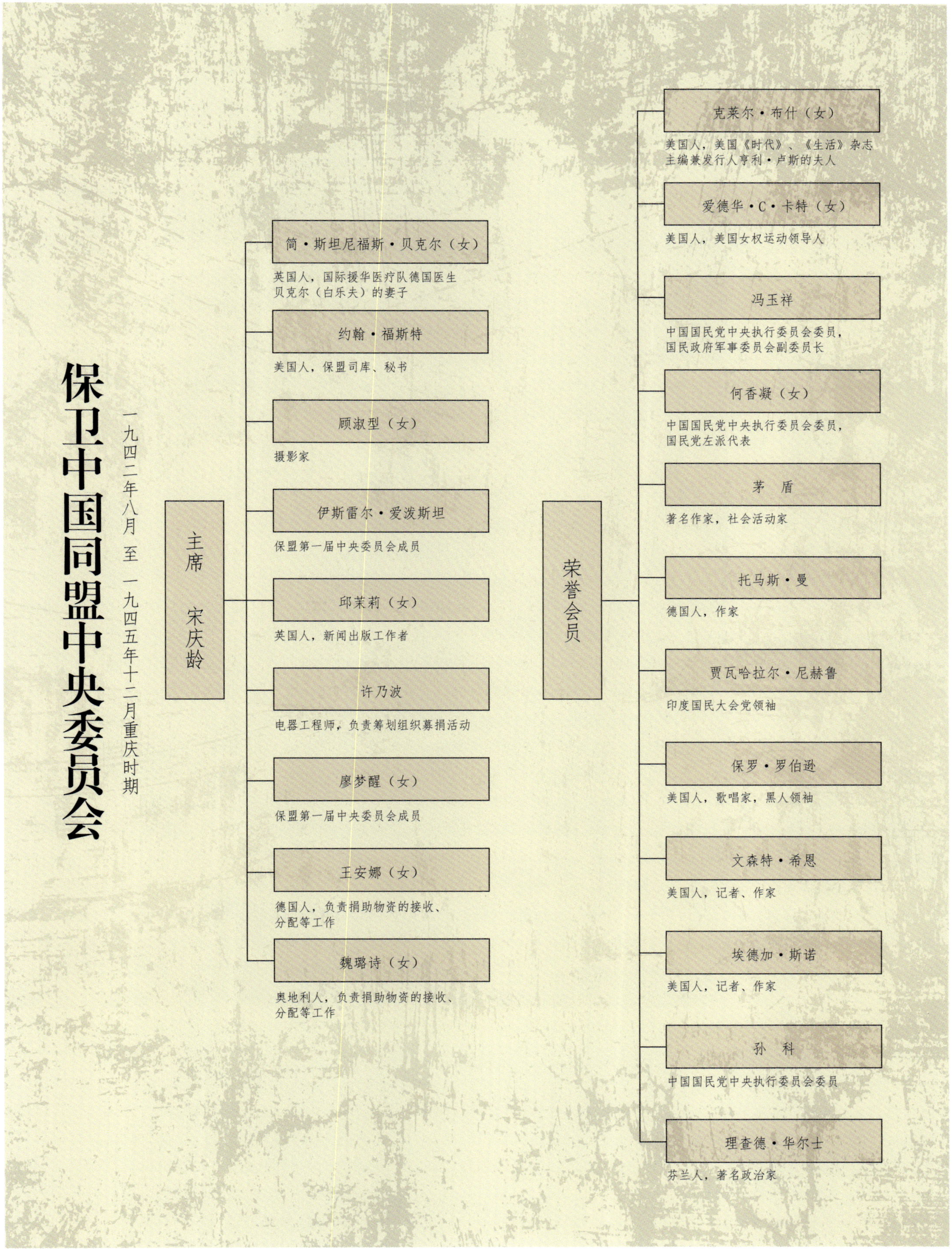

1942年8月，宋庆龄在重庆重组保卫中国同盟中央委员会。图为保盟第二届中央委员会机构图。

保卫中国同盟在香港的办公地点——香港西摩道21号底层。

1942年保卫中国同盟在重庆恢复工作后，办公地点即设于两路口新村3号宋庆龄寓所内。图为该寓所今貌。

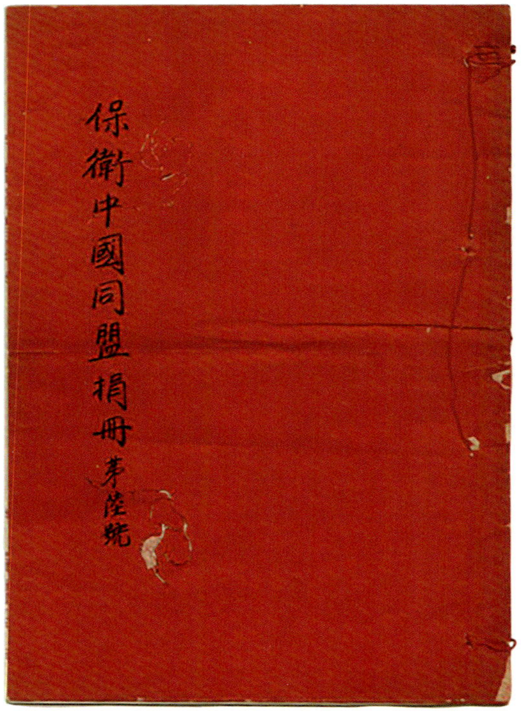

保卫中国同盟在香港募捐时使用的捐册。

1939 年，保卫中国同盟在香港举行义卖品展览会。

1939 年春，宋庆龄在香港参观以抗战为主题的现代漫画展览会预展时，与画家丁聪（左）、陈烟桥（右）合影。

1939 年，保卫中国同盟在菲律宾举办
中国抗战漫画展览。

1939 年 6 月 10 日，宋庆龄在香港妇女慰劳会为筹款救济伤兵难民举办的小足球义赛上颁奖。

1941年，美国著名黑人歌唱家保罗·罗伯逊（中）参加保卫中国同盟艺术团在美国的募捐义演，与中国艺术家合影。

报道中国抗战
真实情况

DEFENCE
NEWSLETTER
CHINA DEFENCE LEAGUE
A MOBILE HOSPITAL FOR CHINA'S WOUNDE
A WELCOME GIFT FROM ENGLAND
TWENTY THOUSAND
"FRIENDS OF THE WOUNDED" MO
CONTRIBUTIONS THROUGH THE CHINA DEF
保衛中國同盟
給保衛中國同盟的一封信

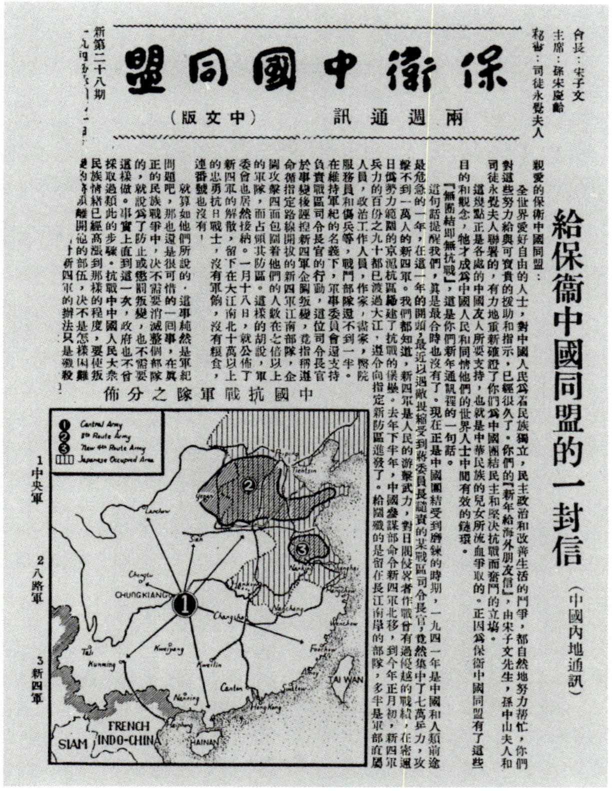
新第二十八期

會長：宋子文
主席：孫宋慶齡
秘書：司徒永覺夫人

保衛中國同盟

兩週通訊 （中文版）

給保衞中國同盟的一封信

（中國內地通訊）

中國抗戰軍隊之分佈

No. 24. New Series. December 1, 1940.

CHINA DEFENCE LEAGUE
NEWSLETTER

Issued by the Central Committee of the China Defence League

President: T. V. Soong
Chairman: Mme. Sun Yat-sen
Hon. Secretary: Hilda Selwyn-Clarke
Hon. Treasurers: N. H. France, M. C. Tang
Publications: James Bertram
Office: 21 Seymour Road, Hong Kong

SPECIAL NEW YEAR NUMBER

A Message from
Mme. SUN YAT-SEN

CHRISTMAS is a time for rejoicing in most Western countries: a time for family reunions and the presentation of gifts. It will be hard for many people to celebrate this December, and many family reunions will be incomplete.

But this year as in other years, gifts will be bought and a great deal of money will be spent thoughtlessly—especially in countries war has not yet touched.

Here in China, for three and a half years our people have been fighting a protracted battle that is really your battle too. The struggle will go on for many months to come. And whatever the New Year has in store for us, there will be no surrender from our soldiers and partisan fighters along their 2,000-mile front.

Will you remember China's great needs at Christmas time? The need of our partisans in the north for winter blankets? Of our wounded, for medical care? Of our refugees and war orphans, for warm clothing and nourishing food and the means for productive work?

The China Defence League will gladly receive your contributions, and forward them either in accordance with your wishes, or wherever the need is greatest.

Soong Ching Ling

This Year, Send Your Christmas Gift to China!

保盟定期出版《保卫中国同盟通讯》英文版、中文版和《保卫中国同盟年报》等刊物，向世界报道中国抗战的真实情况，并报告保盟的援助工作情况。

Madame Sun Appeals for Aid to Partisan Fighters

Editor's Note—Following is the text of an address delivered by Madam Sun Yat-sen, widow of the founder of the Chinese Republic, before a gathering of women in Hongkong on March 8, International Women's Day. Some 300 foreign women attended the meeting, which was presided over by the wife of the Colonial Secretary. The wife of the German consul was also among those present. The Hongkong press published not a word of the address.

I bring you greetings from the heroic Chinese defenders of justice and democracy—the men and women at the front who by their indomitable courage and spirit of selflessness have won the admiration, and the right to the support, of all right-thinking people. They rejoice with me that on this great day, commemorating the interantional women's movement against force and oppression, women of different races in Hongkong have gathered for the first time to express their solidarity with us and to identify themselves with a cause which is indisputably the cause of every democratic citizen, of whatever nationality.

We are living in a most critical epoch in the history of mankind. Our present-day world is witnessing the life and death struggle of two irreconcilable forces, of the forces of peace and democracy against the forces of war and fascism. In China, as in Spain, this struggle has already assumed the form of open war. The Japanese fascists* have launched a savage attack to destroy our national independence, and with it the whole structure of our material and cutural life, the heritage of thousands of years of the labor of our people. Our cities, towns and villages have been devastated. The bodies of our best sons and daugherts have been broken on the wheel of war. Our women have been violated, our children maimed and invalided for life. Tens of thousands of our people have been driven mad by the bombings and other atrocities of these fascist beasts. Tens of millions have been rendered homeless, destitute and starving.

Struggle for Peace

For over a year and half now, our Chinese people have fought this horror of fascist aggression. And it is no fiugre of speech to say that during this time they have also fought the menace of war that hangs over the whole world, that they have also fought for *your* peace. We have all seen how the arrogance of the fascist powers of Europe has grown since they have been allowed to triumph in Czechoslovakia and encouraged to proceed undisturbed with the murder of the heroic people of Spain. Nearer to us here, we have seen the increased attacks on the British and American positions in the Pacific that have followed every success of Japanese arms in China. If China had capitulated, if she had lent herself without a struggle to be a material base and reservoir of manpower for the military machine of Japanese fascism, do you think we would be able now to sit quietly here in Hongkong?

China, the most peace-loving, non-military nation on earth, when faced with the choice between slavery and struggle, chose struggle. Because this struggle most truly represents the interests of all groups of our population, our Chinese people have not allowed themselves to be conquered in a single town or village occupied by the Japanese. Millions have preferred to leave their homes, facing privation and sacrifice rather than remain under the Japanese yoke. Greater millions have stayed and are carrying on the fight. At this moment, the largest part of the Japanese forces in China is not engaging our national army at the front, but is fighting unsuccessfully to suppress the peoples' army of hundreds of thousands of partisans which has grown up in the so-called occupied territories.

Nation's Unity Strengthened

The unity in the aims of all classes of our people is expressed in our national anti-Japanese united front, the consolidation of our 450,000,000 people into one united power which is the surest guarantee of our final victory in the protracted war of resistance against Japanese imperialism. This unity is the chief obstacle that our enemy has to face, and the Tokyo militarists know it. Time and again they and their agents have tried to weaken our resistance not only by naked and ruthless terror against defenceless civilians, but also by cunning offers of "compromise" whose real aim is the subjugation of our beloved country. They have tried to split us by creating new dissentions among us and by trying to revive those which existed in the past by provoking differences between the Kuomintang and Communist parties. But they have succeeded only in buying over a few historically known double-dealers and defeatists, and these traitors had only to show their hand to be categorically expelled from the ranks of our party and government. Instead of splitting us, as they hoped, their self-exposure has had the result of strengthening our ranks and clearing the muddy atmosphere which for a time confused our friends and well-wishers and undermined their confidence in the resolute determination of our government to fight on until the final victory is won.

I assure you most solemnly that we will continue to fight until we have achieved the liberation of our soil and people and have driven the fascist invader off the continent. We will hold our section of the front of struggle for peace and democracy throughout the world.

Women and War

What is our place in this struggle, yours and mine, as women of all countries? The fight against war and fascism and the fight for the rights of women are one and inseparable. Throughout the ages, war has brought women endless suffering and pain. Fascism, the bully's doctrine of the war of the strong against the weak,

Northwest Guerrilla Raid

Woodcut by young Chinese artist, Liang Yung-tai, reproduced from Shanghai *Young Companion* for March. The title of the drawing is "Iron Cavalry in Action."

1939 年 3 月 8 日，宋庆龄在香港三八国际妇女节集会上发表演说，呼吁援助游击队战士。

WAR ORPHANS

AN APPEAL BY MME. SUN YAT-SEN

March 28, 1939.

Dear Friends,

There are millions of war orphans in China, the children of our fighters who have given their lives for the independence of our country and the freedom of our people, the children of mothers and fathers who have been killed by bombs in our cities, the children of refugees who, driven from their homes by the invader, have died of disease or starvation before they could find a new home.

To these are added other millions whose parents are still living but are unable to care for them, the little sons and daughters of the men and women at the front, and of countless uprooted, destitute and starving victims of Japanese imperialism.

The army of children left homeless and upprotected by the war claims more than our sympathy, more than our charity. It represents a whole generation of our future citizens—a whole generation of men and women who will be called upon to build a new China after the achievement of the victory for which their parents are fighting, suffering, and dying.

While mindful of the great work being done by the National Association for the Relief of War Orphans, the China Defence League has been impelled by the magnitude of the need to launch its own campaign for war orphans—to establish orphanages in regions where they do not so far exist.

One such orphanage has now been founded at Sanyuan in Shensi. This orphanage cares for 500 children, whom it provides with medical care, nourishment for growth, clothing, shelter, and general and vocational education which will make them useful citizens of the future China, fit to take up the tasks which they will be called upon to carry out.

27

Other orphanages are planned in Kwangsi and in Szechwan. Still others could be started wherever there is need—wherever the fight for a free China is being carried on and our children can be preserved for a future as free men and women.

To carry on this work, we need only money. Workers are available to run the orphanages, to teach and care for the children. The equivalent of two American dollars, or of eight shillings, will pay all the expenses incidental to the upkeep of a child for one month—including food, clothing, medicines, and cost of personnel.

The children of our fighting people must not become a "lost generation." They must be saved from a hungry death, and from the physical and mental degeneration which will be the consequence of neglect.

Save our war orphans. Show your sympathy for China to-day by helping to preserve the vital forces of the China of to-morrow. I am sure that you will do this.

Yours sincerely,

SOONG CHING-LING,
(MME. SUN YAT-SEN).

REPORT ON THE CHINA DEFENCE LEAGUE ORPHANAGE

The care of war orphans and unprotected children is one of the most important present-day relief problems in China. An idea of its magnitude may be gained from the following list of the types of children being cared for in the existing homes.

1. Orphans of soldiers who have been killed at the front;

2. Children whose parents have been killed, and whose villages have been burned down, leaving them homeless and entirely destitute;

28

1939 年 3 月 28 日，宋庆龄在香港为战灾儿童服务运动开幕式上，发表题为《救济战灾儿童》的演说，向世界发出呼吁：“救救我们的战灾孤儿！”

刊登宋庆龄《救济战灾儿童》一文的《保卫中国同盟年报：1938—1939》插图。

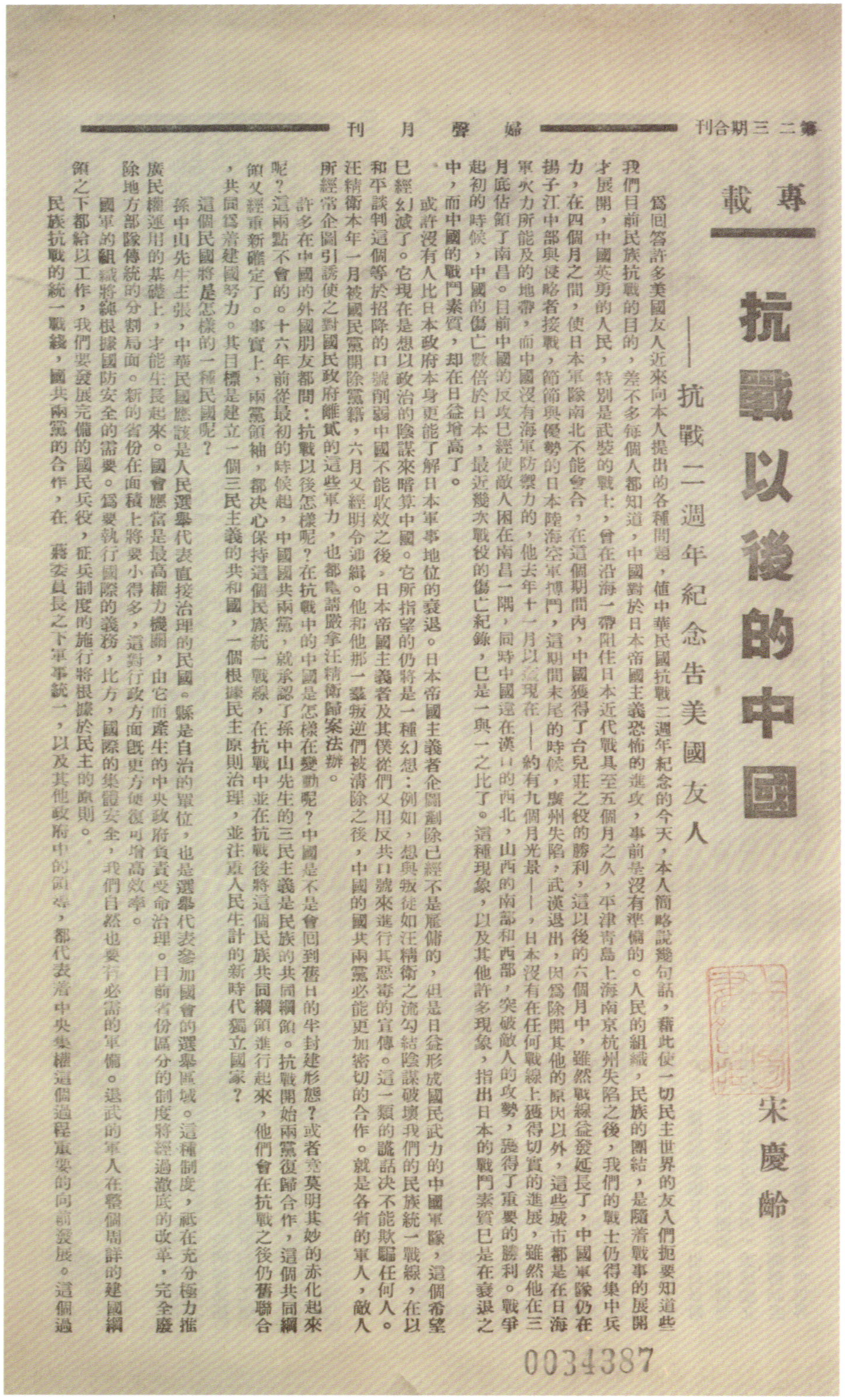

專載

抗戰以後的中國

——抗戰二週年紀念告美國友人

宋慶齡

爲回答許多美國友人近來向本人提出的各種問題，値中華民國抗戰二週年紀念的今天，本人簡略說幾句話，藉此使一切民主世界的友人們扼要知道些我們目前民族抗戰的目的，差不多每個人都知道，中國對於日本帝國主義恐怖的進攻，事前是沒有準備的。人民的組織，民族的團結，是隨着戰事的展開才展開，中國英勇的人民，特別是武裝的戰士，曾在沿海一帶阻住日本近代戰具至五個月之久，平津青島上海南京杭州失陷之後，我們的戰士仍得集中兵力，在四個月之間，使日本軍隊南北不能會合，在這個期間內，中國獲得了台兒莊之役的勝利，這以後的六個月中，雖然戰線益發延長了，中國軍隊仍在揚子江中部與侵略者接戰，節節與優勢的日本陸海空軍搏鬥，這期間末尾的時候，廣州失陷，武漢退出，因爲除開其他的原因以外，這些城市都是在日海軍火力所能及的地帶，而中國沒有海軍防禦力的，他去年十一月以迄現在——約有九個月光景——，日本沒有在任何戰線上獲得切實的進展，雖然他在三月底佔領了南昌。目前中國的反攻已經使敵人困在南昌一隅，同時中國還在漢口的西北，山西的南部和西部，突破敵人的攻勢，獲得了重要的勝利。戰爭起初的時候，中國的傷亡數倍於日本，最近幾次戰役的傷亡紀錄，已是一與一之比了。這種現象，以及其他許多現象，指出日本的戰鬥素質已是在衰退之中，而中國的戰鬥素質，却在日益增高了。

或許沒有人比日本政府本身更能了解日本軍事地位的衰退。日本帝國主義者企圖剷除已經不是雇傭的，但是日益形成國民武力的中國軍隊，這個希望已經幻滅了。它現在是想以政治的陰謀來暗算中國。它所指望的仍將是一種幻想：例如，想與叛徒如汪精衛之流勾結陰謀破壞我們的民族統一戰線，在以和平談判這個等於招降的口號削弱中國不能收效之後，日本帝國主義者及其僕從們又用反共口號來進行其惡毒的宣傳。這一類的謊話決不能欺騙任何人。汪精衛本年一月被國民黨開除黨籍，六月又經明令通緝。他和他那一羣叛逆們被清除之後，中國的國共兩黨必能更加密切的合作。就是各省的軍人，敵人所經常企圖引誘使之對國民政府離貳的這些軍力，也都電請嚴拿汪精衛歸案法辦。

許多在中國的外國朋友都問：抗戰以後怎樣呢？在抗戰中的中國是怎樣在變動呢？中國是不是會回到舊日的半封建形態？或者竟莫明其妙的赤化起來呢？這兩點不會的。十六年前從最初的時候起，中國國共兩黨，就承認了孫中山先生的三民主義是民族的共同綱領。抗戰開始兩黨復歸合作，這個共同綱領又經重新確定了。事實上，兩黨領袖，都決心保持這個民族統一戰線，在抗戰中並在抗戰後將這個民族共同綱領進行起來，他們會在抗戰之後仍舊聯合，共同爲着建國努力。其目標是建立一個三民主義的共和國，一個根據民主原則治理，並注重人民生計的新時代獨立國家？

這個民國將是怎樣的一種民國呢？

孫中山先生主張，中華民國應該是人民選舉代表直接治理的民國。縣是自治的單位，也是選舉代表參加國會的選舉區域。這種制度，祇在充分極力推廣民權運用的基礎上，才能生長起來。國會應當是最高權力機關，由它而產生的中央政府負責受命治理。目前省份區分的制度將經過澈底的改革，完全廢除地方部隊傳統的分割局面。新的省份在面積上將要小得多，這對行政方面既更方便復可增高效率。

國軍的組織將純根據國防安全的需要。爲要執行國際的義務，比方，國際的集體安全，我們自然也要有必需的軍備。退武的軍人在整個周詳的建國綱領之下都給以工作，我們要發展完備的國民兵役，征兵制度的施行將根據於民主的原則。

民族抗戰的統一戰線，國共兩黨的合作，在　蔣委員長之下軍事統一，以及其他政府中的領導，都代表着中央集權這個過程重要的向前發展。這個過

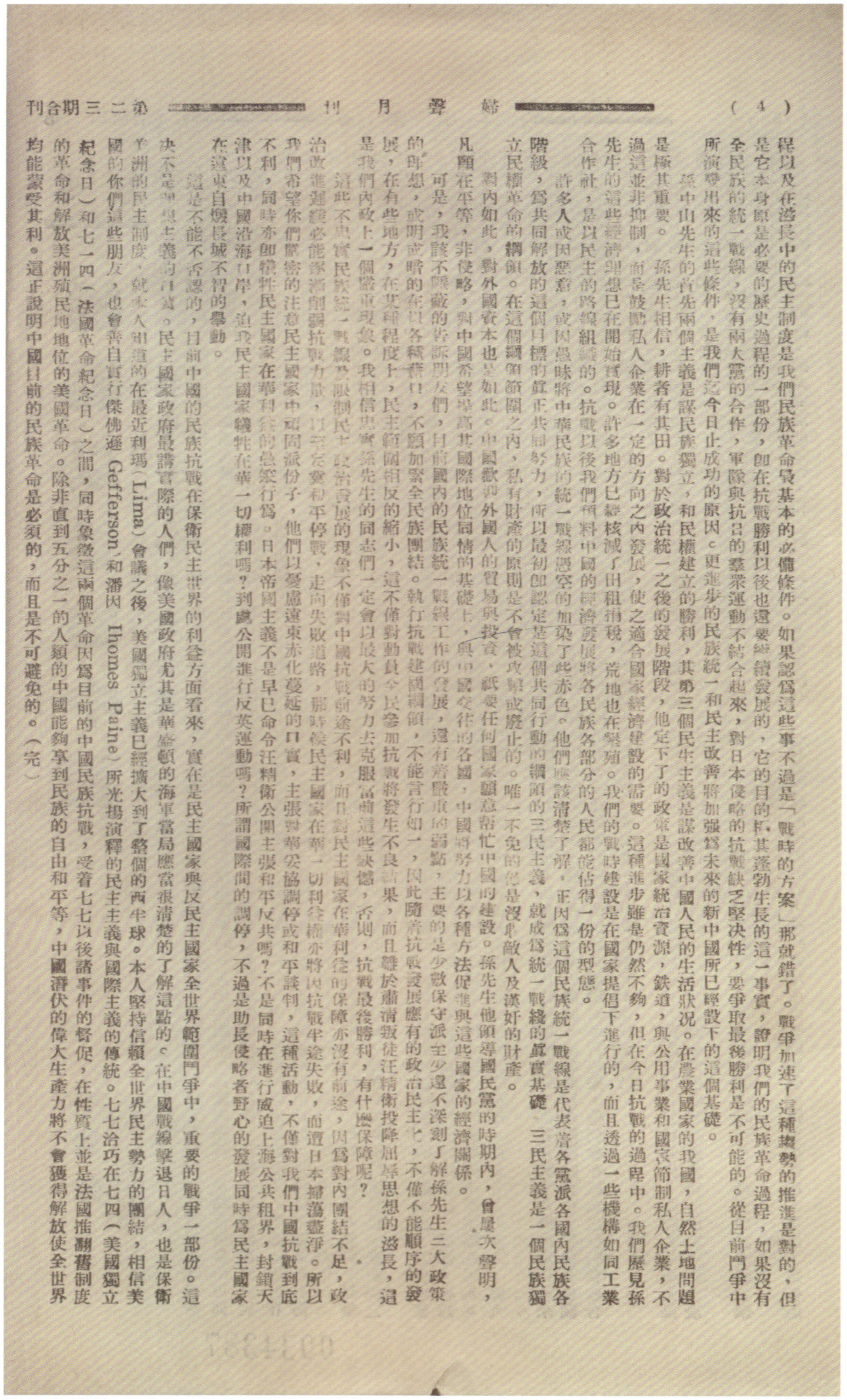

程以及在滋長中的民主制度是我們民族革命最基本的必備條件。如果認爲這些事不過是「戰時的方案」那就錯了。戰爭加速了這種趨勢的推進是對的，但是它本身原是必要的歷史過程的一部份，卽在抗戰勝利以後也還要繼續發展的，它的目的在其蓬勃生長的這一事實，證明我們的民族革命過程，如果沒有全民族的統一戰線，沒有兩大黨的合作，軍隊與抗日的羣衆運動不結合起來，對日本侵略的抗戰缺乏堅決性，要爭取最後勝利是不可能的。從目前鬥爭中所演變出來的這些條件，是我們迄今日止成功的原因。更進步的民族統一和民主改善將加强爲未來的新中國所已經設下的這個基礎。

孫中山先生的首先兩個主義是謀民族獨立，和民權建立的勝利，其第三個民生主義是謀改善中國人民的生活狀況。在農業國家的我國，自然土地問題是極其重要。孫先生相信，耕者有其田。對於政治統一之後的發展階段，他定下了的政策是國家統治資源，鉄道，與公用事業和國家節制私人企業，不過這並非抑制，而是鼓勵私人企業在一定的方向之內發展，使之適合國家經濟建設的需要。這種進步雖是仍然不夠，但在今日抗戰的過程中。我們歷見孫先生的這些經濟理想已在開始實現。許多地方已經核減了田租捐稅，荒地也在墾殖。我們的戰時建設是在國家提倡下進行的，而且透過一些機構如同工業合作社，是以民主的路線組織的。抗戰以後我們預料中國的經濟發展將各民族各部分的人民都能佔得一份的型態。

許多人或因惡意，或因愚昧將中華民族的統一戰線憑空的加染了些赤色。他們應該清楚了解，正因爲這個民族統一戰線是代表着各黨派各國內民族各階級，爲共同解放的這個目標的眞正共同努力，所以最初卽認定是這個共同行動的綱領的三民主義，就成爲統一戰綫的眞實基礎。三民主義是一個民族獨立民權革命的綱領。在這個綱領範圍之內，私有財產的原則是不會被攻擊或廢止的。唯一不免的但是沒收敵人及漢奸的財產。

對內如此，對外國資本也是如此。中國歡迎外國人的貿易與投資，祇要任何國家願意幫忙中國的建設。孫先生他領導國民黨的時期內，曾屢次聲明，凡願在平等，非侵略，與中國希望提高其國際地位同情的基礎上，與中國交往的各國，中國將努力以各種方法促進與這些國家的經濟關係。

可是，我該不隱蔽的告訴朋友們，目前國內的民族統一戰線工作的發展，還有着嚴重的弱點，主要的是少數保守派至少還不深刻了解孫先生三大政策的理想，或明或暗的在以各種藉口，不願加緊全民族團結。執行抗戰建國綱領，不能言行如一，因此隨着抗戰發展應有的政治民主化，不僅不能順序的發展，在有些地方，在某種程度上，民主傾向相反的縮小，這不僅對動員全民參加抗戰將發生不良結果，而且雖於肅清叛徒汪精衛投降屈辱思想的滋長，這是我們內政上一個嚴重現象。我相信忠實孫先生的同志們一定會以最大的努力去克服這些缺憾，否則，抗戰最後勝利，有什麼保障呢？

這些不忠實民族統一戰線及限制民主政治發展的現象不僅對中國抗戰前途不利，而且對民主國家在華利益的保障亦沒有前途，因爲對內團結不足，政治改進遲緩必能逐漸削弱抗戰力量，引至妥協和平停戰，走向失敗道路，那時候民主國家在華一切利益權亦將因抗戰半途失敗，而遭日本掃蕩盡淨。所以我們希望你們嚴密的注意民主國家中頑固派份子，他們以憂慮遠東赤化蔓延的口實，主張對華妥協調停或和平談判，這種活動，不僅對我們中國抗戰到底不利，同時亦卽犧牲民主國家在華利益的愚笨行爲。日本帝國主義不是早已命令汪精衛公開主張和平反共嗎？不是同時在進行威迫上海公共租界，封鎖天津以及中國沿海口岸，迫我民主國家犧牲在華一切權利嗎？到處公開進行反英運動嗎？所謂國際間的調停，不過是助長侵略者野心的發展同時爲民主國家在遠東自掘長城不智的舉動。

這是不能不否認的，目前中國的民族抗戰在保衛民主世界的利益方面看來，實在是民主國家與反民主國家全世界範圍鬥爭中，重要的戰爭一部份。這決不是單與主義的口號。民主國家政府最講實際的人們，像美國政府尤其是華盛頓的海軍當局應當很清楚的了解這點的。在中國戰線擊退日人，也是保衛美洲的民主制度，就本人知道的在最近利瑪（Lima）會議之後，美國獨立主義已經擴大到了整個的西半球。本人堅持信賴全世界民主勢力的團結，相信美國的你們這些朋友，也會善自實行傑佛遜（Gefferson）和潘因（Ihomes Paine）所光揚演釋的民主主義與國際主義的傳統。七七洽巧在七四（美國獨立紀念日）和七一四（法國革命紀念日）之間，同時象徵這兩個革命因爲目前的中國民族抗戰，受着七七以後諸事件的督促，在性質上並是法國推翻舊制度的革命和解放美洲殖民地地位的美國革命。除非直到五分之一的人類的中國能夠享到民族的自由和平等，中國潛伏的偉大生產力將不會獲得解放使全世界均能蒙受其利。這正說明中國目前的民族革命是必須的，而且是不可避免的。（完）

1939 年 7 月 7 日，宋庆龄在中国全面抗战爆发两周年之际发表告美国友人书，回顾中国在抗战两年中的形势，展望中国在抗战胜利以后的变化，支持抗日民族统一战线，强调中国抗战对维护世界和平的重要意义。

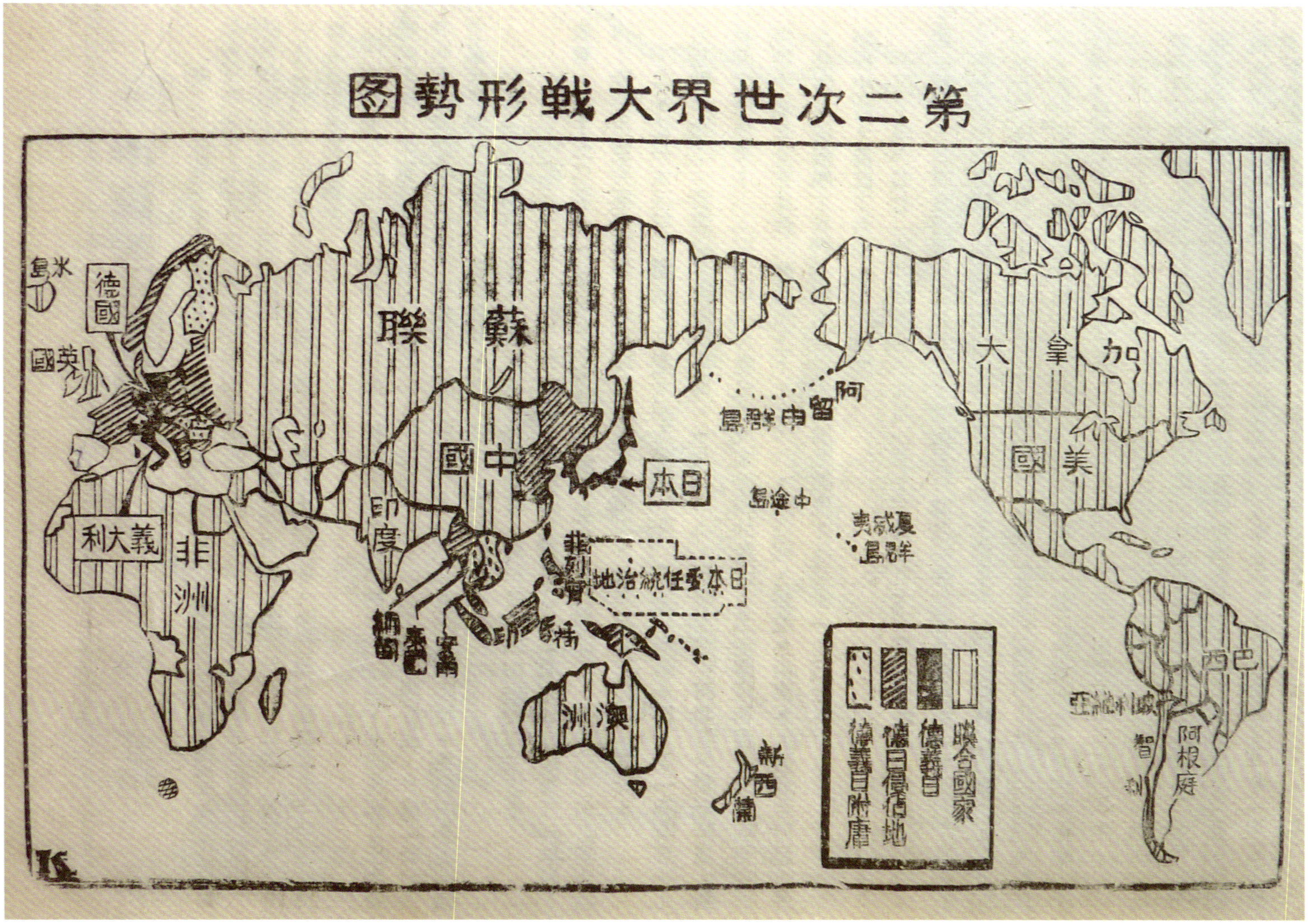

1939 年 9 月 1 日，德国入侵波兰，英国和法国随即对德宣战，第二次世界大战全面爆发。图为 1943 年金氏兄妹（金仲华、金端苓）绘制出版的《第二次世界大战形势图》。

No. 9. New Series. *October 20, 1939*

CHINA DEFENCE LEAGUE NEWSLETTER

Issued by the Central Committee of the China Defence League
President: T. V. Soong *Chairman:* Mme. Sun Yat-sen
Hon. Secretary: Hilda Selwyn-Clarke; *Hon. Treasurer:* N. H. France; *Publicity:* I. Epstein.
Address: 21, Seymour Road, Hong Kong. Cables: Chidefence.

Production and Resistance Ting Chung

MME. SUN YAT-SEN'S LETTER TO FOREIGN ORGANIZATIONS

October, 1939.

Dear Friends,

We have not heard from you since the outbreak of war in Europe, and we are anxious to know what effect this is likely to have upon your work for China, which has helped us so much in past months.

The China Defence League was formed more than a year ago as an active organisation to help the Chinese people in their struggle against Japanese aggression, and through its special knowledge of the conditions of China's war of resistance, it has been able to give valuable assistance to China's fighters and war victims at points where that aid was most sorely needed. In this work of medical and civilian relief, we have been entirely dependent upon contributions from such friends of China as yourselves.

Now that the tide of Fascist aggression has spread to Europe, our Committee would like to reaffirm their solidarity with the world-wide struggle for national independence, democratic freedom, and world peace. For more than two years, the Chinese people have been the vanguard in that struggle. The whole world knows the story of their sufferings; the whole world knows their determination never to submit or yield.

The Far Eastern front remains a key area in the struggle against Fascist aggression, and it may yet prove to be the decisive one. The Chinese people will not lay down their arms until the last Japanese invader has been driven back across the Yellow Sea. A Free China is the only guarantee of peace in the Far East. A Free China would be the first and greatest step towards peace and freedom throughout the world!

Yet recent developments have been such that it seems likely that China in the near future may have to bear the brunt of a new and more ruthless Japanese offensive. And there is a real danger that some of our friends abroad, in the stress and excitement of these perilous days, may lose sight of China's greatest need. That is why we appeal to you earnestly now—*not to relax your past efforts in China's behalf, but to continue and even to extend them!*

(over)

Printed by South China Morning Post, Limited for the Proprietor, Tang Man Chiu, Hong Kong

May we remind you of the handicaps under which the Chinese armies are fighting today? They have as yet only the beginnings of an adequate Medical Service, they are ravaged by disease that is often a deadlier enemy than Japanese bombs. Many of the soldiers at the front even suffer from malnutrition.

In any European war, it is the armies which are given the first consideration; and the troops at the front are often better provided for than the civilian population. Essential services such as food, medical attention, supplies and equipment are provided through a modern Army Medical Corps. Conditions in China, as you know, are very different.

When Japan launched her invasion in 1937, the Chinese Army Medical Corps was feudal in its organisation, methods and equipment. What improvements have been made have been largely due to the support of friendly bodies such as yours. Yet even at this moment, only 15 per cent of the doctors and nurses working with the Chinese armies are fully qualified. Surely it is here in China, where the bare essentials for saving life (and not just "comforts for the troops"!) are so urgently needed, that your own contribution can be most effective.

What does China need? Drugs—in immense quantities—to fight malaria, cholera, typhoid, dysentery, and relapsing fever. *Hospital equipment* of every kind to improve the medical services. *Dressings, bandages,* and *first aid supplies. Blankets* for the protection of the wounded during this coming winter. *Tinned milk* and concentrated foodstuffs for the sick and wounded, for China's orphans of her two year's war. *Funds*—all the more valuable now, since the favourable exchange with the Chinese dollar—for the extension and support of all these services.

The China Defence League will continue to receive and acknowledge all such contributions and supplies, and to forward them where the need is greatest; or wherever the donors may wish them to be used.

So we appeal to you now

TO CARRY ON THE WORK FOR CHINA THAT YOU HAVE SO SPLENDIDLY BEGUN!
TO RECOGNISE THAT CHINA'S STRUGGLE IS THE SAME STRUGGLE AS YOUR OWN; BUT THAT CHINA'S NEED IS GREATER!

TO REMEMBER THAT CHINA HAS ALREADY SUFFERED THE DEVASTATION OF OVER TWO YEARS OF WAR!

TO REMEMBER THAT WE ASK YOUR HELP FOR THE SAVING OF LIFE, NOT THE TAKING OF IT!

Yours, in the cause of Democratic Freedom and World Peace!

SOONG CHING LING,
Chairman,
For the Central Committee of the
China Defence League.

FIELD REPORTS

INTERIM REPORT ON THE INTERNATIONAL PEACE HOSPITAL.

By JAMES BERTRAM

Three months ago I set out from Hongkong, on behalf of the China Defence League, on a tour of investigation that took me clear across China to the now really remote and inaccessible Northwest. Unfortunately, no sooner had I reached my goal than the rumours of another war cut short my journey, which I hope to be able to describe in a later number of this newsletter. Meantime—I am glad to be able to bring back at least an interim report on the work of the International Peace Hospital at Wutaishan.

News of the Hospital and of its director, Dr. Norman Bethune, has been very hard to come by in recent months; and it had been one part of my plan to cross the Japanese lines and make my way through the Shansi hills to the mountainous Wutai district, where for nearly eighteen months Dr. Bethune has been carrying on with the task of organising a medical service for the heroic Chinese fighters of this vital partisan zone. The European war knocked that plan on the head; although by the time I reached the Northwest I had already heard a good deal indirectly about the "Canadian doctor" and the splendid work he has been doing throughout these last difficult months.

Fortunately, before I left I was able to get some direct first-hand reports to add to these. My informant was a trained nurse who has been working since the outbreak of the war in the same partisan area; and her vivid description of the appalling conditions under which Dr. Bethune and his little group of Chinese assistants have carried on, her own personal tribute to the courage

(over)

1939年10月20日，第9期《保卫中国同盟通讯》刊登宋庆龄给海外机构的信，呼吁外国援华机构在欧洲战争爆发后，继续给予中国抗战以更多的援助。

Mme. Sun Yat-sen with the ambulance presented by Sir John Thornycroft.

HELP CHINA—HELP YOURSELVES

A Letter to Friends Abroad

Dr. T. V. Soong.

Dear Friends,

When you receive this report, the struggle of the Chinese people against the aggression of Japanese militarism will be almost three years old. The fifth part of mankind that Japan, with her superior military power, boasted that she would conquer within three months has fought back for as many years—and is continuing to fight with full confidence in victory. The future history of the peoples of the Pacific, and of the whole world, will be different, and brighter, because our 450,000,000 people, instead of becoming the helots of an all-conquering slave empire, have taken up arms for their own freedom and for yours.

Everyone knows that China is a poor country, that her resources have not yet been developed to a point where they can satisfy the needs of her people, not only in war but in peace. The fact that we had begun to draw more deeply on the hidden riches of our land frightened the imperialists from across the sea who coveted this wealth for themselves. That is why they attacked early, while China was still poor. This poverty sends our soldiers into battle inadequately armed, inadequately clothed, even inadequately fed. It kills thousands of our wounded, dooms thousands of our war orphans, sends millions of refugees wandering homeless through the land. It has thrown innumerable helpless men, women and children on the resources of our country.

Our people and government have faced squarely and heroically not only the problems of armed resistance, but also the problems of wartime reconstruction, rehabilitation and relief.

5

They have built medical services for the maimed, industrial co-operatives for the homeless, schools for students driven from their universities, orphanages for the war's myriad waifs. And thousands of China's friends throughout the world, peace-loving and liberty-loving men and women everywhere who realise that what is happening in China is the concern and responsibility of everyone, understand that the only way to give real, lasting, constructive and democratic relief is not to dispense donations through outside agencies but to help the efforts of the Chinese people to help themselves.

The China Defence League was created two years ago to help such friends to keep abreast of China's fight and China's needs and to give their aid where it is most urgently required. Since that time it has issued numerous reports, distributed hundreds of thousands of dollars in contributions, organized the International Peace Hospital Scheme and given its support to the Chinese Industrial Co-operatives, the Medical Relief Corps of the Chinese Red Cross, the New Fourth Army Medical Service, Border Orphanages, Anti-Japanese University and a number of other projects all of which are described fully in this pamphlet.

That the war in China has now lasted for three years, and that another war is now raging in Europe, means that the fortunes of this great struggle are no longer chronicled under large headings on the front pages of the world's newspapers. But three years of war in the Far East also mean something else—they mean that the crying need of the Chinese people has increased, that what has been built up at the cost of so much sacrifice must be maintained, that relief funds and relief supplies are running low.

Our people strive on uncomplainingly because they know that only a long struggle, carried on until the last invader is driven from the country, will win them freedom and a better future. We call upon you to shoulder with equal determination your responsibility to do everything in your power to relieve their suffering—to work steadily, unremittingly and without any lessening of effort until our victory, and yours, is won.

T. V. Soong, President

Soong Ching Ling, Chairman

April 15, 1940.

6

REPORT ON THE WORK OF THE CENTRAL COMMITTEE

The work of the Central Committee of the China Defence League is to act as a center for reports on current relief needs, to issue appeals for those considered most urgent, to maintain contact with organizations and individuals working for China in foreign countries, to receive contributions of money and supplies and arrange for their rapid delivery as earmarked or in accordance with its estimation of where the greatest need exists.

During the period between May 15, 1939 and March 15, 1940, the Central Committee held 22 fortnightly meetings at which requests from the interior for ambulances, drugs, instruments and financial support were carefully considered in relation to the available supplies of money and materials donated for specific purposes or entrusted to the League for allotment at its discretion.

Many thousands of dollars were devoted to the purchase of medical supplies in Hong Kong through the Foreign Auxiliary of the National Red Cross Society of China which obtains drugs and instruments direct from England and releases them at cost price, eliminating the normally large middleman's profit. Substantial savings were also effected by importing bandage cloth, gauze and medical cotton from India and narcotic drugs and quinine at wholesale prices from Java, with friendly organizations and individuals on the spot acting as the League's agents in each case. All supplies have been despatched via Haiphong and Kunming to Kweiyang and the Northwest, to the Lower Yangtze valley through the Chekiang ports, and along a number of other routes.

Special requirements in surgical instruments and equipment have been met by direct purchase from England. In February, for instance a sum of £540 was voted to pay for 9 sets of surgical instruments for the four International Peace Hospital Centers, two sets for the team which is replacing the late Dr. Norman Bethune at Wutaishan, two sets for the Border Region Hospital at Yenan, two for the hospitals in South Shansi and three for

7

《保卫中国同盟年报：1939—1940》刊登宋庆龄与宋子文联名给海外朋友的公开信，呼吁帮助中国抗战，坚持到胜利为止。

T. V. Soong Withdraws from China Defence League

Dr. T. V. Soong, well-known Chinese banker and financier, who has announced his resignation from the China Defence League.

On May 30, just after the last number of this Newsletter had gone to press, Mrs. Selwyn-Clarke received the following telegram from Dr. T. V. Soong, in Washington, D.C. On the same day the telegram had been released for publication to the *Central News* agency in Washington.

In accordance with the wish of Dr. Soong, we reproduce his message below, together with a brief statement made to the Press in Hong Kong by Mme. Sun Yat-sen on June 1.

T. V. Soong's Telegram

WHEN I ACCEPTED THE PRESIDENCY OF THE CHINA DEFENCE LEAGUE IT WAS WITH THE UNDERSTANDING THAT THE LEAGUE WOULD DEVOTE ITSELF TO SECURING MATERIAL ASSISTANCE FROM FRIENDS AT HOME AND ABROAD FOR THE FIGHTING FORCES OF CHINA AND FOR THE CIVILIAN VICTIMS OF JAPANESE AGGRESSION.

I FEEL THE LEAGUE SHOULD NOT BECOME AN INSTRUMENT OF INTERNAL POLITICAL PARTISANSHIP, AND SINCE WITHOUT IN ANY WAY CONSULTING ME THE LEAGUE HAS BEEN PUBLISHING RECENTLY STATEMENTS OF SUCH A NATURE IN ITS OFFICIAL NEWSLETTERS, I REGRET THAT I MUST WITHDRAW FROM THE LEAGUE AND WOULD ASK YOU PLEASE TO PUBLISH THE TEXT OF THIS TELEGRAM.

T. V. SOONG.

Comment by Mme. Sun Yat-sen

"As Chairman of the China Defence League, I can only say that I am very sorry indeed that Dr. Soong has felt it necessary to take this step. I am sure there can be no fundamental difference between us, as Dr. Soong has always supported Chinese unity, democracy, and continued resistance, which are the chief aims of the League.

"Any talk of partisanship can be very misleading at a time like this.

There are only two real policies in China to-day: resistance to Japanese imperialism by every means in our power, or appeasement, capitulation and surrender.

"The China Defence League stands whole-heartedly behind the first of these policies, and if in this we are 'partisan,' then I am sure Dr. Soong is partisan too, and we sincerely hope he will remain so.

"In our League Newsletter we have published certain facts, and expressed certain points of view, because we felt it was necessary for China's friends abroad to know these facts and these views. We believe in democracy and the free statement of opinion, and we are quite content to let our friends abroad form their own judgment from the facts.

Where we have never wavered is in our support for Chinese unity, and our opposition to anything that threatens unity in China.

"The League will certainly publish Dr. Soong's telegram, as he requests. We are very glad indeed to have had him with us as President for three years, and we are sorry he is leaving us now."

Friends of the Chinese Wounded in the P.I.

Mrs. Francis B. Sayre, wife of the U.S. High Commissioner for the Philippines, visits a Red Cross Workroom for China Supplies in Baguio. With her are Mrs. Saleeby, and (standing) Mrs. E. E. Crouter and a young Chinese organiser.

Though considerations of home defence may interfere with Red Cross supplies for China from the P.I. in the future, China is grateful for the help already given so generously. Baguio alone, in the past year, has raised over 5,000 Pesos for Chinese Industrial Cooperatives and productive relief in China—an effort which was recently acknowledged in a letter from Mme. Chiang Kai-shek.

— 4 —

1941年5月30日，宋子文宣布退出保卫中国同盟。6月1日，宋庆龄发表评论，对宋子文退出保盟表示遗憾，批评其所谓“党派性”的错误观点。

RELIEF WORK AND POLITICS

A Reply to Mr. T. V. Soong

The resignation of Mr. T. V. Soong from the China Defence League, after an association of three years, is a matter of some concern to this Committee and to many friends of China abroad. The timing and manner of Mr. Soong's withdrawal are of his own choosing, and leave us no alternative but to accept his resignation with very real regret. In the reasons he has given for his withdrawal, however, Mr. Soong has made some very definite charges against the nature and policy of our organisation. To these charges, we wish now to reply.

"Political Partisanship"

In the telegram announcing his resignation, Mr. Soong reaffirmed his support for the chief function of the League—the "securing of material assistance from friends at home and abroad for the fighting forces of China and for the civilian victims of Japanese aggression". This is relief work; and the China Defence League remains, of course, primarily a relief organisation. But relief work, Mr. Soong seems to suggest, should have no concern at all with politics. Taking exception to some political comment which had appeared in recent League publications, he apparently decided that we had now become merely an "instrument of internal political partisanship". On these grounds, he resigned.

Mr. Soong has been absent from China for a considerable period; and it seems possible to us that he does not fully realise the extent to which political developments directly affect relief work in China. What we should like to make clear in this statement—less for the benefit of Mr. Soong, who has made up his mind already, than for the benefit of others who may be misled by his telegram—is the relation between our relief work in China, and the political position we have been obliged to take up in regard to it.

Relief Work based on United Front

That we have a political position in regard to China we freely admit: our position is that of the Anti-Japanese United Front. That this is a position of "internal political partisanship", we as emphatically deny.

We support the United Front in China for two reasons. First, because our relief work is based upon the United Front, and on the right of all areas in Free China to equal relief treatment. Second, because we believe that the United Front and the co-operation of all Anti-Japanese forces is the only guarantee of continued and effective Chinese resistance to Japanese aggression.

In our "New Year Statement" of January 1, 1941, we outlined very clearly the aims and functions of the China Defence League. The League, we said, is "a democratic, non-partisan relief organisation, pledged to two primary objects:

> "To keep friends abroad informed of the development of China's struggle, and of the greatest needs of China's wounded, orphans and refugees;
>
> "To collect and distribute funds and supplies, strictly for medical, relief, and educational purposes, in aid of the fighting forces and civilians of China wherever their need is greatest."

At the same time, we drew attention to certain dangers which threatened the United Front in China; and defined our own attitude in unmistakeable terms:

> "The China Defence League clearly takes its stand for Chinese Unity, Democracy, and Continued Resistance. Without Democracy there can be no Unity; without Unity there can be no Resistance."

We were confident that these principles were shared by all our helpers and co-workers. We know that at this time they were fully shared by Mr. T. V. Soong.

Threat to Chinese Unity

What has happened inside China since this New Year Statement was issued? There is a good deal of evidence to prove that the very dangers we warned against have come much nearer.

All those who hope to gain some advantage from the undermining of Chinese resistance, have redoubled their efforts over the last six months. Who are these people? They are the friends of Japan **inside China**: the pro-Japanese political cliques, the agents of the Axis and their fascist-minded, reactionary Chinese associates; the "defeatists" and "capitulationists". With them must be classed those curious Chinese "patriots" who see more honour and profit in fighting their own countrymen than in resisting the invaders of their country. These, we suggest, are the real enemies of the Chinese people, whether they work openly like Wang Ching-wei and his fellow-puppets, or whether they work behind the scenes of government in China's national and provincial capitals. And though a small minority, they are not without influence.

What are their methods? They are the methods of Fifth Columnists in any land. By intrigue and sabotage, by the suppression of popular movements and the deliberate fomenting of internal discord, these people work tirelessly to achieve one major objective: **the destruction of China's United Front.** Most spectacular success they can claim to date was the Anhwei clash of January last, when armed conflict between Central Government forces and units of the New Fourth Army brought China to the brink of civil war. At this time, only the steady patience of Generalissimo Chiang Kai-shek, the coolness of the responsible leaders of the two chief political parties in China, and the short-sighted

— 5 —

actions of the Japanese militarists themselves, averted an internal breakdown which might have spelt disaster for China.

Wounds and Hunger are not Partisan

How does all this affect the relief work of the League? In many obvious ways. During the Anhwei Clash, for example, we had cause to regret not merely the strange and savage spectacle of Chinese fighting against Chinese. We had also to regret the destruction of one part of the Medical Service Corps of the New Fourth Army—a service which was a model of its kind among the guerrilla armies of China, and which had largely been built up and maintained by contributions and supplies through the China Defence League.

We claim that the relief work of the League has been definitely non-partisan in character. This claim we can support by our records. Our relief policy has been based upon a literal interpretation of the phrase "helping where the need is greatest". We have made contributions over the last three years to medical services, constructive relief, and educational work in many parts of China. We have throughout supported the Chinese Red Cross, especially its Medical Training Centres directed by Dr. Robert Lim. We have contributed to the Chinese Industrial Co-operatives, which operate in sixteen Chinese provinces. We have at all times welcomed reports and applications for funds from relief workers in the field.

But we have maintained throughout, as an independent relief organisation, the right to grant to civilian sufferers or wounded soldiers of any army in any area of Free China **equal treatment and equal relief facilities** with the remainder of their suffering countrymen.

Aid for the Guerrillas

Because we knew that, of all areas in China, the guerrilla war-zones were most poorly provided with funds and medical supplies; and because we believe that guerrilla warfare and the mobilisation of the Chinese people in frontline areas are vital factors in Chinese resistance, we have made in the past a special effort to aid wounded soldiers and war victims in the guerrilla areas of Northern and Central China. This was not just an idea of our own; for it was already clear that many friends of China abroad wished their contributions to be used in these areas. The China Defence League came into being as a forwarding organisation; as such, it was bound to carry out, so far as it could, the wishes of those contributors who had already earmarked their funds and supplies for medical aid among the guerrillas. The League, we may point out, remains the *only* relief organisation filling this role. At the same time, of course, we are ready to forward contributions to any other areas of China, if that is the wish of the donor. But we have throughout been particularly conscious of the needs of China's guerrilla armies.

So we helped to organise and support the International Peace Hospitals, with four centres located in guerrilla areas; the Borderland Orphanage in North Shensi; the Medical Service of the New Fourth Army. We appealed for blankets and gloves and comforts for partisan fighters in the bare hills of North China because we knew that on none of China's warfronts were these things more urgently needed. We asked for drugs and vitamin extracts and funds to care for undernourished children living in loess caves in the Border Region of the Northwest, because we knew that nowhere in China were war orphans compelled to live on narrower diet. We asked for these funds and these supplies, and they were freely given by Chinese and foreign friends who know what guerrilla resistance has meant for China, and for the greater cause of freedom that China helps to keep alive.

Our Special Task

We are not a large organisation, and we have not at our disposal those greater sums for China Relief work that are dispensed by other committees in a broad and generous effort to cope with China's needs. But we feel that if we have accomplished anything of outstanding value in our three years' effort, it is in the establishment and upkeep of the International Peace Hospitals, whose pioneer work among the Chinese guerrillas has brought the first modern medical aid to these most neglected of China's defenders. This is one part of relief work in China that **only the China Defence League is doing:** without our effort, it would remain an utterly neglected field.

To maintain and support these Hospitals is a duty their first Director, Dr. Norman Bethune, the great Canadian surgeon who gave his life for China, has laid upon us. With the faithful support, amongst others, of the Committee for Medical Aid for China, Victoria, B.C., the China Campaign Committee in London, the China Aid Council in New York; and with those hundreds of small contributions which perhaps mean most of all, because they come from those who can least afford them, the China Defence League is pledged not merely to maintain these institutions, but to fight for their preservation against sabotage, interference, and attack.

"Political Blockade"

Very early in the course of our efforts on behalf of the International Peace Hospitals, we had reason to know what political interference to relief work in China may mean. During the past year, we might have listed a long series of incidents by which I.P.H. supplies were prevented from reaching their destination.

On several occasions, truckloads of medical supplies contributed by friends abroad for the guerrilla areas were rifled or seized on the highway by the Special Service Corps of the Chinese Gendarmerie, acting under instructions from some of the reactionary officials whose role we have discussed above. Desiring nothing more than unity and closer co-operation between all anti-Japanese groups in China, we were reluctant to draw public attention to the state of things indicated by such incidents. We know they were not typical of the feeling of the rank-and-file of any Chinese corps; we do not believe they would have been countenanced by the Generalissimo. But we could scarcely withhold some account of them from our own friends and contributors.

— 6 —

This, then, was the origin of the "statements of a political nature" in our Newsletter which seem to have embarrassed our former President. The League Newsletter was originally planned as a bulletin on our relief work, circulated among friends abroad to let them know how their money and supplies were being used. When the political situation in China began to interfere more and more with the carrying out of that relief work, we began to publish some comment on what seemed to us to be the real cause of our difficulties. That this comment should contain criticism of minority obstructionist elements in China was inevitable. Let us give a single example of what we mean.

Supplies for the I.P.H.

On November 15 of last year, we announced in our Newsletter that a convoy including 6 tons of medical supplies for the I.P.H., accumulated over many months and representing at least a year's supply of essential drugs for hospital work, besides valuable surgical equipment and research apparatus unprocurable in the guerrilla zones, had left Kweiyang and Chungking in International Red Cross trucks under the charge of Messrs. Barger and Wright, two members of a British Relief Unit in China. Mr. Barger had already obtained permission direct from the Generalissimo to deliver these I.P.H. supplies, and make a general tour of inspection of hospitals and medical services in the North China guerrilla areas.

Since that first announcement appeared more than six months ago, we have published no further word of Mr. Barger and Mr Wright; nor is there room here now to trace in full their troubled odyssey. But we may state the simple facts. Arriving in Sian, the leaders of the convoy found that the atmosphere of the Shensi provincial capital, dominated by elements unfriendly to the guerilla armies who were in fact the best defence of Sian and of Shensi, was hostile to their further passage. The Sian authorities refused permits for the transport of medical supplies to the north. Hoping for an improvement of the situation, they travelled to other fronts in Honan and Shansi, distributed other medical supplies, and returned to Sian at the end of April. Late in May they telegraphed to Hong Kong that they were still "confidently expecting" the promised permits. Only last week, finding that political opposition was insurmountable, they were obliged to abandon the attempt to deliver their I.P.H. supplies, and make arrangements to return with one part of their voluntary mission unaccomplished.

Thus, despite the sanction of the Generalissimo himself, medical supplies entirely contributed by Chinese and foreign friends, transported at the expense of a relief organisation by British Red Cross workers whose sole interest was that of humanitarian relief, were prevented by Chinese officials from reaching Chinese troops and war victims in grave need of medical aid. This, we venture to suggest, is not a very reassuring situation.

In an interview given in Chungking on June 13, Mr. Barger observed that he and his companion "were shocked to find that of the large amount of supplies now being brought into China by the Foreign Red Cross Societies and relief funds, none was reaching the front in the important war regions which they visited." It is sufficient for our purpose here, if we can establish the point that the chief reason for this was a political reason.

Mr. T. V. Soong on the Blockade

That Mr. T. V. Soong was not unaware of the existence of this blockade of the guerrilla armies in the North, would appear from an interview he gave to an American newspaperman shortly after the New Fourth Army clash. Mr. Soong made this comment upon the fighters of the 18th Group Army: "They are very courageous, but they lack the proper arms. They get none from the Russians. **And the Government has no interest in keeping them too well armed."**

This Committee welcomes Mr. Soong's frankness. It would like to add the comment, not irrelevant to the position taken up by the C.D.L. in regard to its work, that one section of the Government apparently is determined that the guerrillas should not have any medical supplies at all.

Where do we stand?

Because of our responsibility to those contributing committees who entrust to us their funds and their supplies, we must protest against this discrimination, and underline the threat to China's unity of which it is a symptom. What, then, is to be the policy of the China Defence League?

We shall try to carry on with our relief work, and to see to it that medical and relief organisations which we have helped to establish in China, especially those in the guerrilla areas, shall not perish for lack of support. We are sure that if the opposition of a small minority is overcome, we can continue this work successfully; and we ask for the increased support of our friends abroad to help to make this possible.

We shall continue to urge—as we have always urged, in any statement or publication by this Committee—a return to the United Front in China, a re-consolidation of Chinese unity, and an abandonment of these tragic internal disputes which merely sap the strength of China and play into the hands of her enemies. In this, we deny that we speak for any one group or political party in China. We believe that we speak—if it is not a presumptuous claim for one small committee to make—in the name of the great majority of the Chinese people, in the name of all those friends of China who do not discriminate between the wounds that are made in Chinese flesh by Japanese bullets.

Finally, we shall continue to urge a more democratic system of Government in China today, because we believe that it is only along democratic lines, through greater freedoms and by a fuller participation of the Chinese people in their own government, that the internal situation can be improved and China remain united in the face of a danger which does not threaten China alone.

Central Committee,
CHINA DEFENCE LEAGUE

Hong Kong,
June 15, 1941.

— 7 —

1941年6月15日，保卫中国同盟中央委员会发表《救济工作和政治——答宋子文先生》一文，对宋子文所谓“救济工作完全不应涉及政治”、保盟具有“党派性”的指责作出答复。

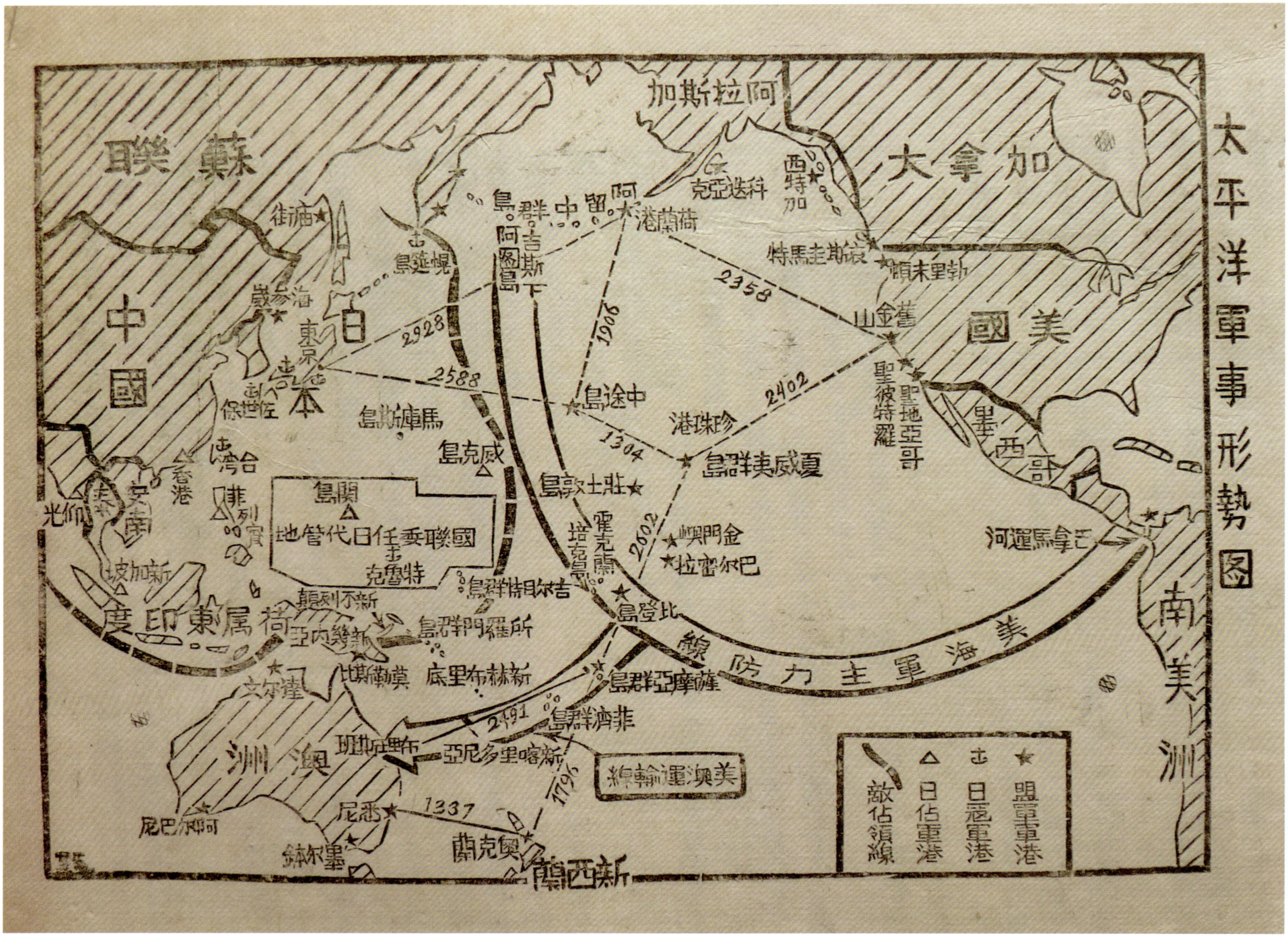

1941 年 12 月 8 日，日本轰炸美国在太平洋上的海军基地珍珠港，美国和英国对日宣战，太平洋战争爆发。远东的中日战争和欧洲的战争合并为一，中国抗战的重要性由此得到了世界的承认。图为 1943 年金氏兄妹（金仲华、金端苓）绘制出版的《太平洋军事形势图》。

美国 1942 年 7 月 7 日发行的纪念中国抗日战争五周年的首日封。

1943 年的《保卫中国同盟年报》刊登宋庆龄给海外朋友的第三封公开信，呼吁：“帮助中国人民，使他们能帮助他们自己——并帮助你们。”

MME. SUN YAT-SEN

4

LETTER TO FRIENDS ABROAD

Chungking, China
September, 1943

Dear friends,

This is the third time that I have addressed you in introducing a general report of the China Defence League. I thank you for aid you have already given and appeal for your continued support of the Chinese people in their struggle.

The first time, five years ago, I asked you to help China because she was "one of the battlefields on which the great struggle of the peoples of the world against Fascist aggression and darkness has already taken the shape of open war." I then added that it was "because the Chinese people, like those of Spain, refuse to be conquered, that even the capitulation of Munich has not enabled the Fascist wave to engulf the world."

Neither you nor I could have known at that time that the people of Spain would go down fighting gloriously in the face of not only the overwhelming attacks by the enemies of all mankind, but also the incredible blindness of the Western democracies. We could not foresee that the nightmare of a Fascist victory would all but materialize, that because the world could not unite to prevent this war it would be forced to fight it on the enemy's terms; that terribly late—but not too late—the anti-Axis powers would come together and finally achieve the turning of the tide.

Today in sight of military defeat of the Fascist powers, it is more necessary than ever before that we should preserve and strengthen the unity won at such cost, that we safeguard and extend democracy, and that all peoples work together untiringly for the common interest of the common man everywhere.

The armies of China on the anti-Japanese fronts and the people's forces that, by struggle and the practice of democracy, have welded isolated guerrilla centers into strong anti-Japanese bases in the enemy's rear, still stand as the vanguard of the war against Fascism in the Far East. Now they no longer stand alone—they are fighting side by side with millions of soldiers of all nations. That is good. That is what they always believed would happen.

The best of our fighters do not expect to rest on past efforts. All they ask is that the battle be fought with maximum effect on

5

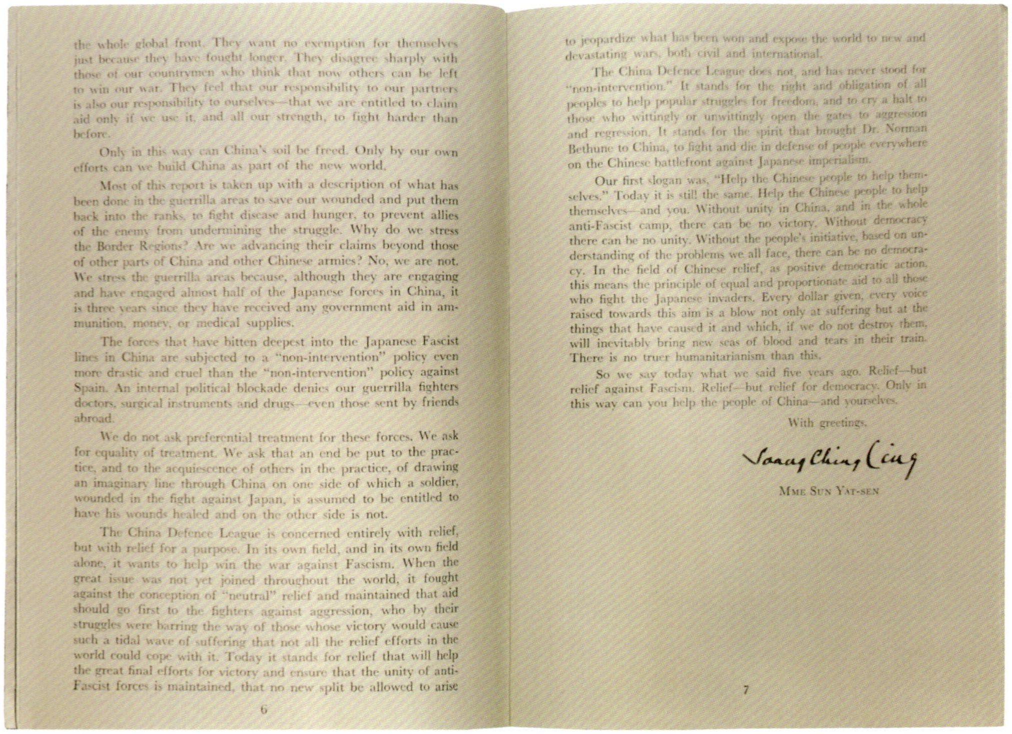
the whole global front. They want no exemption for themselves just because they have fought longer. They disagree sharply with those of our countrymen who think that now others can be left to win our war. They feel that our responsibility to our partners is also our responsibility to ourselves—that we are entitled to claim aid only if we use it, and all our strength, to fight harder than before.

Only in this way can China's soil be freed. Only by our own efforts can we build China as part of the new world.

Most of this report is taken up with a description of what has been done in the guerrilla areas to save our wounded and put them back into the ranks, to fight disease and hunger, to prevent allies of the enemy from undermining the struggle. Why do we stress the Border Regions? Are we advancing their claims beyond those of other parts of China and other Chinese armies? No, we are not. We stress the guerrilla areas because, although they are engaging and have engaged almost half of the Japanese forces in China, it is three years since they have received any government aid in ammunition, money, or medical supplies.

The forces that have bitten deepest into the Japanese Fascist lines in China are subjected to a "non-intervention" policy even more drastic and cruel than the "non-intervention" policy against Spain. An internal political blockade denies our guerrilla fighters doctors, surgical instruments and drugs—even those sent by friends abroad.

We do not ask preferential treatment for these forces. We ask for equality of treatment. We ask that an end be put to the practice, and to the acquiescence of others in the practice, of drawing an imaginary line through China on one side of which a soldier, wounded in the fight against Japan, is assumed to be entitled to have his wounds healed and on the other side is not.

The China Defence League is concerned entirely with relief, but with relief for a purpose. In its own field, and in its own field alone, it wants to help win the war against Fascism. When the great issue was not yet joined throughout the world, it fought against the conception of "neutral" relief and maintained that aid should go first to the fighters against aggression, who by their struggles were barring the way of those whose victory would cause such a tidal wave of suffering that not all the relief efforts in the world could cope with it. Today it stands for relief that will help the great final efforts for victory and ensure that the unity of anti-Fascist forces is maintained, that no new split be allowed to arise

6

to jeopardize what has been won and expose the world to new and devastating wars, both civil and international.

The China Defence League does not, and has never stood for "non-intervention." It stands for the right and obligation of all peoples to help popular struggles for freedom, and to cry a halt to those who wittingly or unwittingly open the gates to aggression and regression. It stands for the spirit that brought Dr. Norman Bethune to China, to fight and die in defense of people everywhere on the Chinese battlefront against Japanese imperialism.

Our first slogan was, "Help the Chinese people to help themselves." Today it is still the same. Help the Chinese people to help themselves—and you. Without unity in China, and in the whole anti-Fascist camp, there can be no victory. Without democracy there can be no unity. Without the people's initiative, based on understanding of the problems we all face, there can be no democracy. In the field of Chinese relief, as positive democratic action, this means the principle of equal and proportionate aid to all those who fight the Japanese invaders. Every dollar given, every voice raised towards this aim is a blow not only at suffering but at the things that have caused it and which, if we do not destroy them, will inevitably bring new seas of blood and tears in their train. There is no truer humanitarianism than this.

So we say today what we said five years ago. Relief—but relief against Fascism. Relief—but relief for democracy. Only in this way can you help the people of China—and yourselves.

With greetings,

MME SUN YAT-SEN

7

1944 年 3 月 12 日，宋庆龄通过重庆国际广播电台“中国之声”，为在美国举行的孙中山逝世 19 周年纪念活动发表题为《孙中山与中国的民主》的对美广播演说。

保卫中国同盟发往世界各地的抗日宣传画——丁聪画《流亡图》、黎冰鸿画《最后的胜利》、陈宪锜画《给打击者以打击》。

CHINA DEFENCE LEAGUE

給打擊者以打擊！
BLOW FOR BLOW!
CHINA DEFENCE LEAGUE
保衛中國同盟

凝聚国际
援助力量

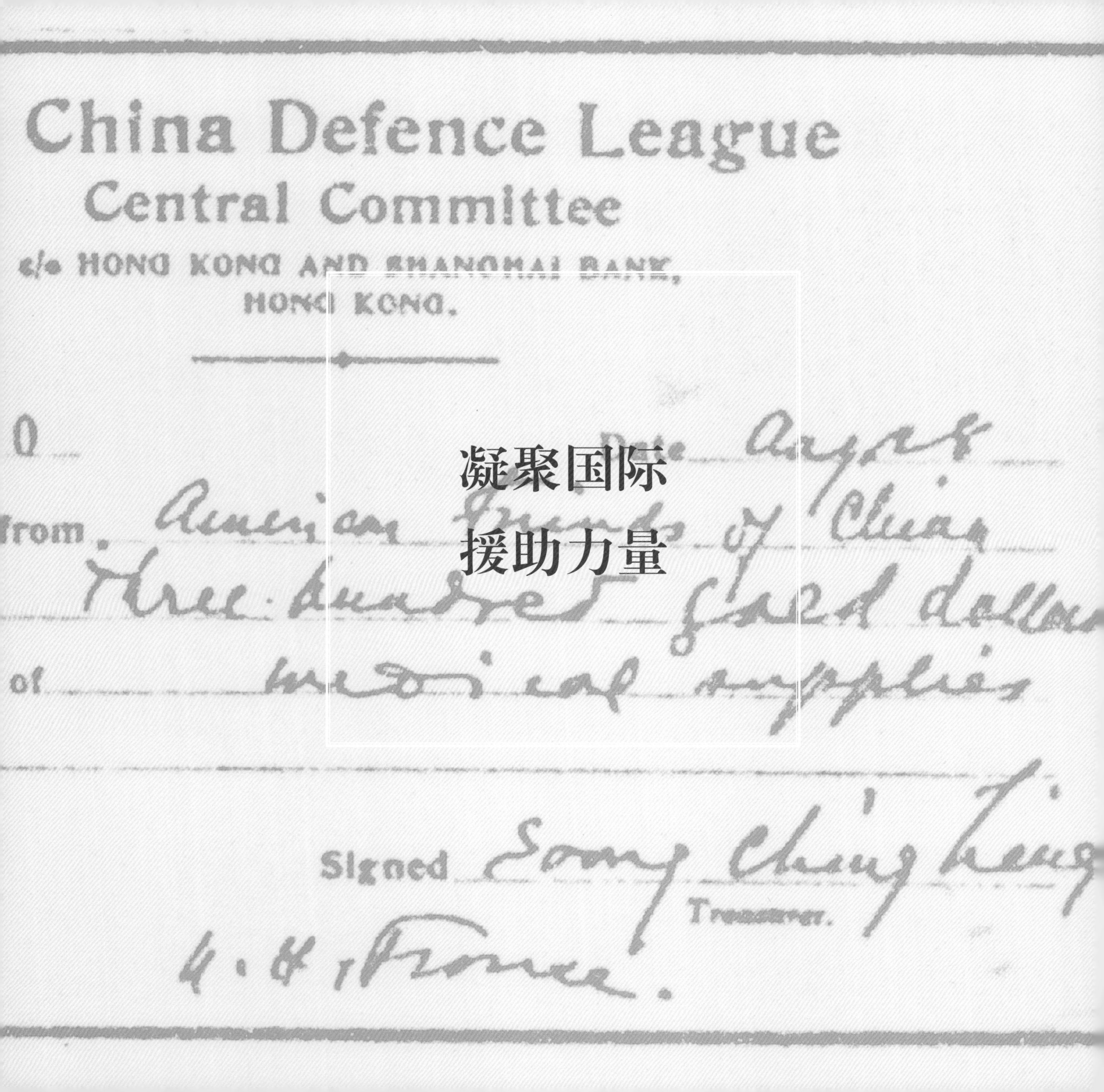

China Defence League
Central Committee
c/o HONG KONG AND SHANGHAI BANK,
HONG KONG.

from American Friends of China
three hundred dollars
of medical supplies

Signed Soong Ching Ling
Treasurer.

1939 年，宋庆龄在英国友人
捐赠的大型救护车前留影。

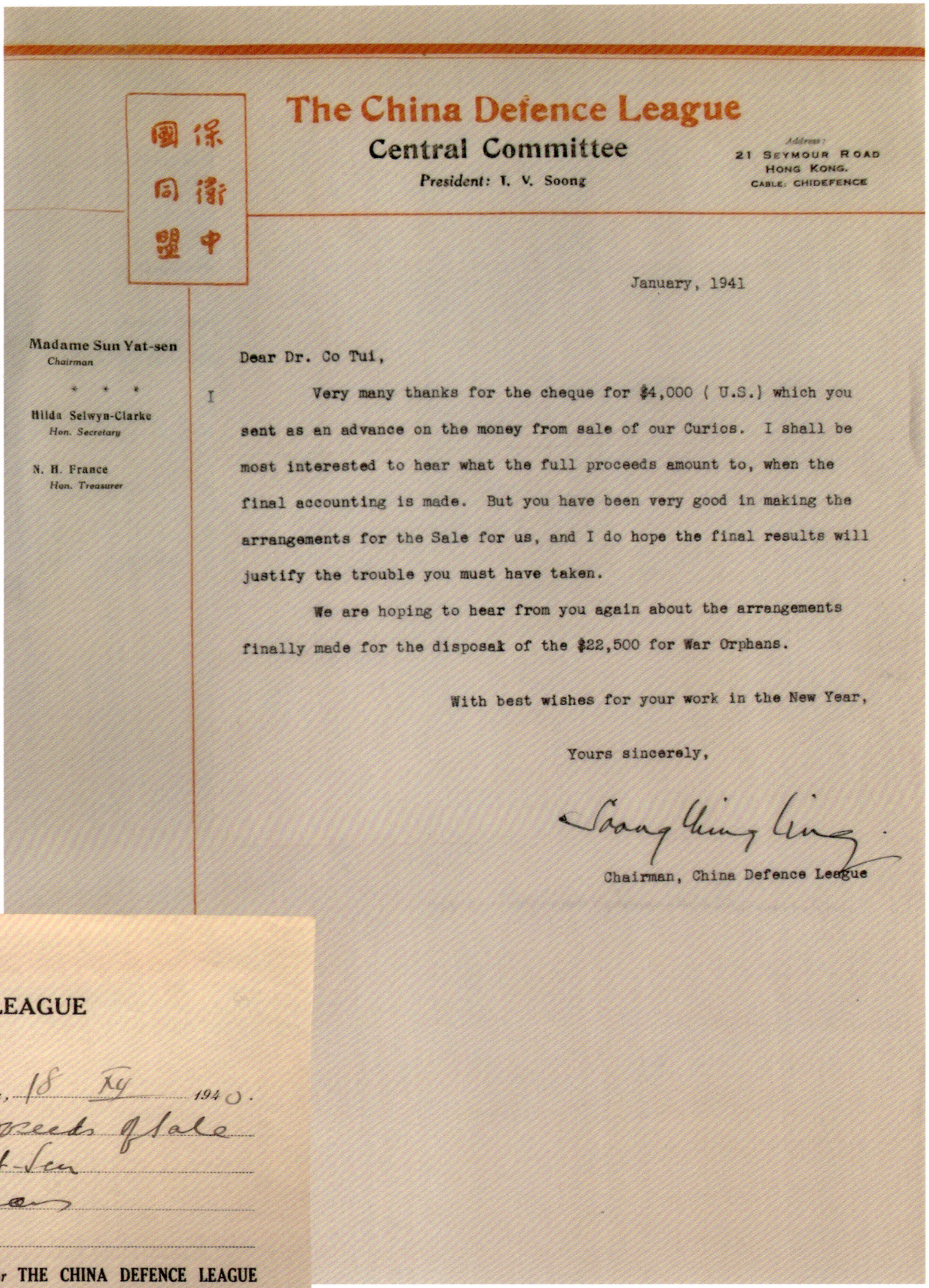

保衛中國同盟

The China Defence League
Central Committee
President: T. V. Soong

Address:
21 Seymour Road
Hong Kong.
Cable: Chidefence

Madame Sun Yat-sen
Chairman

* * *

Hilda Selwyn-Clarke
Hon. Secretary

N. H. France
Hon. Treasurer

January, 1941

Dear Dr. Co Tui,

Very many thanks for the cheque for $4,000 (U.S.) which you sent as an advance on the money from sale of our Curios. I shall be most interested to hear what the full proceeds amount to, when the final accounting is made. But you have been very good in making the arrangements for the Sale for us, and I do hope the final results will justify the trouble you must have taken.

We are hoping to hear from you again about the arrangements finally made for the disposak of the $22,500 for War Orphans.

With best wishes for your work in the New Year,

Yours sincerely,

Soong Ching Ling

Chairman, China Defence League

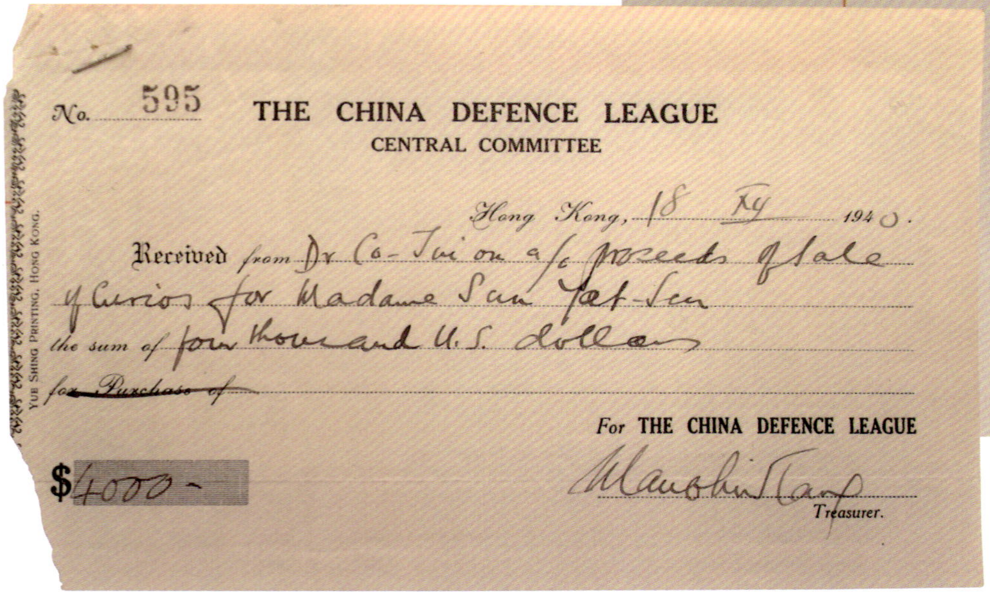

No. 595 **THE CHINA DEFENCE LEAGUE**
CENTRAL COMMITTEE

Hong Kong, 18 XII 1940.

Received from Dr Co-Tui on a/c proceeds of sale of Curios for Madame Sun Yat-Sen

the sum of four thousand U.S. dollars

for ~~Purchase of~~

For THE CHINA DEFENCE LEAGUE

$4000-

Treasurer.

Yue Shing Printing, Hong Kong.

1941 年 1 月，宋庆龄致函美国医药援华会副会长许肇堆博士，感谢该会帮助保盟成功举办古玩义卖会，并随函附上义卖款收据。

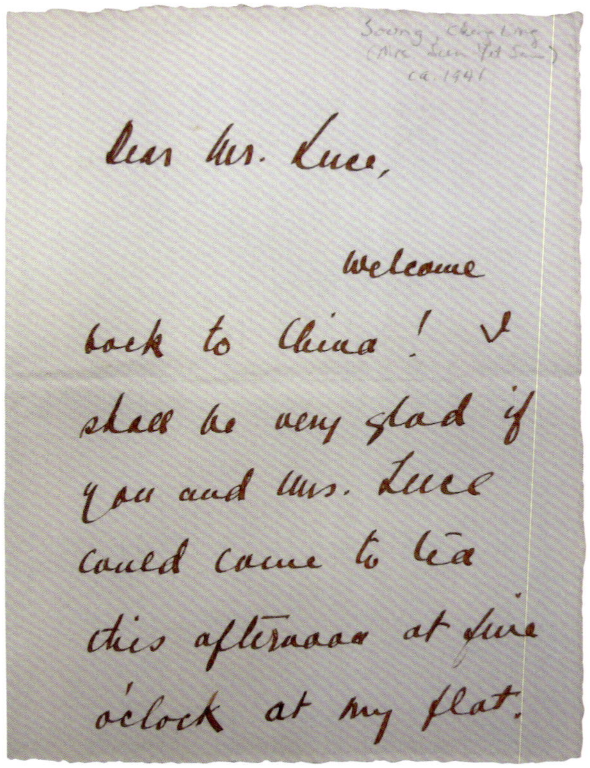

Soong, Ching Ling
(Mrs. Sun Yat Sen)
ca. 1941

Dear Mr. Luce,

Welcome back to China! I shall be very glad if you and Mrs. Luce could come to tea this afternoon at five o'clock at my flat.

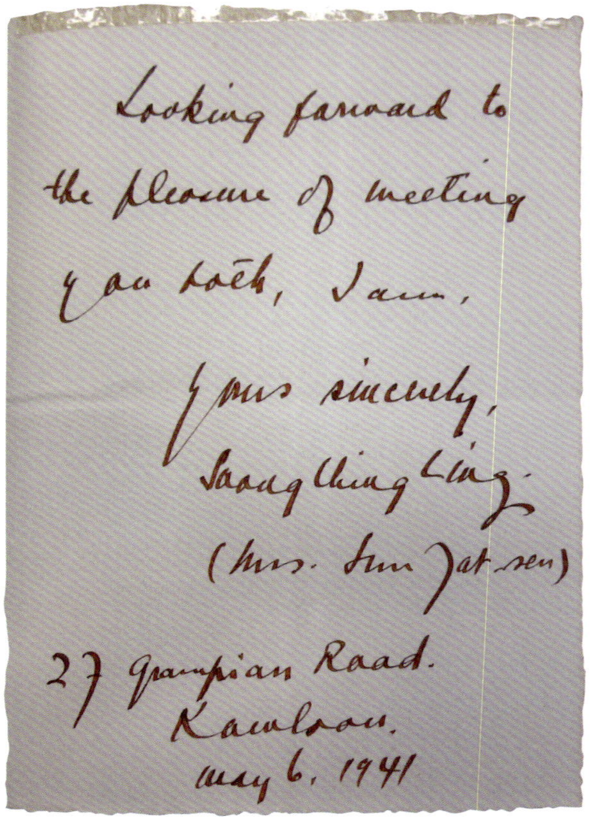

Looking forward to the pleasure of meeting you both, I am,

Yours sincerely,
Soong Ching Ling.
(Mrs. Sun Yat-sen)

27 Grampian Road.
Kowloon.
May 6. 1941

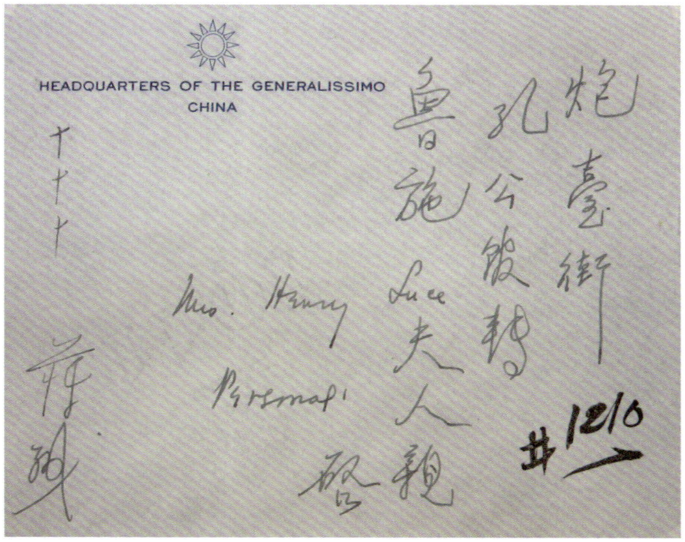

HEADQUARTERS OF THE GENERALISSIMO
CHINA

炮臺街
孔公館轉
魯施夫人親啓
Mrs. Henry Luce
Personal
十十十
蔣緘
#1210

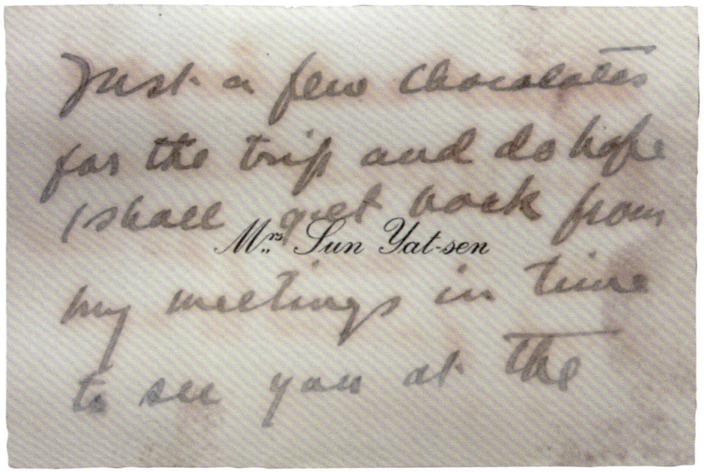

Mrs. Sun Yat-sen

Just a few chocolates for the trip and do hope I shall get back from my meetings in time to see you at the

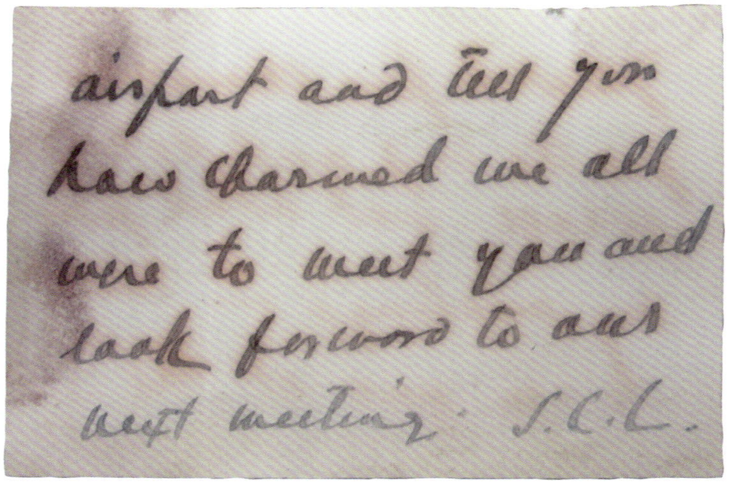

airport and tell you how charmed we all were to meet you and look forward to our next meeting. S.C.L.

1941年5月，美国援华联合会委员、《时代》杂志创办人亨利·卢斯偕夫人来华访问。图为宋庆龄在香港邀约卢斯夫妇见面的短笺及写有“期待下次见面”的名片。

COPY
Received Oct. 5, 1944
by J. Rawlinson

3 Hsin Tsun
Chungking
August 30, 1944

Miss Mildred Price
China Aid Council
1790 Broadway, N.Y.

Dear Miss Price:

I hope that you have already received our letters of August 1st and 14th. I am now enclosing Receipt No. 116 for $1,381,388 (NC) being the advance that has been sent to us by the UCR on the August appropriation.

Two days ago Mr. Rupert Stanley of the F.A.U. called and brought in your letter dated June 18, 1943 (No.19). He explained that Mr. Sollenberger had been turned back on his way to China, hence the delay.

I note the request of the United Office and Professional Workers and I will see what we can do to fulfill it. It is of course somewhat easier now that we have better facilities for communication with the Northwest.

Recently we have received two reports on the Chinese Industrial Cooperatives in the Yenan region. These are now being copied and will be forwarded to you very shortly. You know, of course, that the C.I.C. opened an office in Yenan in 1939. Friends in the Philippines, Java, and elsewhere were extremely interested in the guerrilla co-op work and sent funds to start many units. But since 1940, owing to the condition in Central China, all support has ceased. In a letter recently sent down from Yenan someone said, "The plain truth is that the only true cooperatives that exist in China are here, and the only C.I.C. co-ops which work as they were at first intended to work are also here, not as an isolated successful experiment, but as part of what is essentially an over-all cooperative economy, meaning that co-ops are the main force in the economy of the region, conditioning the environment in which private industry must exist, in the same way as speculation is the main force elsewhere, conditioning the existence of both private industry and co-ops. ....Not to help the C.I.C. here is a crime."

Although the C.I.C. here still lists Yenan as one of the depots, all communication between that office and the office here ceased long ago. I wonder if you could talk this over with Ida Pruitt and see if she has any suggestion as to what can be done to get a part of the funds contributed for Chinese Industrial Cooperatives, allocated to this area.

We sent the copy of "In Guerrilla China" that you sent us to Dr. Ma Hai-deh for the people up there to see. We hope very much that you will send us a few more copies -- or at least one -- at the first opportunity.

Enclosed is a letter that came for you from General Chu Teh. We heard that on United Nations Day when they had a big mass meeting in Yenan General Chu Teh thanked the China Defence League and all foreign friends for the continuous support they had been giving during these years. Mao Tse-tung also expressed his thanks to the China Defence League and foreign friends for having made it possible to establish and maintain the IPH at a large meeting for the promotion of better health for the peoples of the Border Region. From this we can see how really grateful they are for your support.

With kind regards,

Sincerely yours,

/s/ Soong Ching Ling

(Mme. Sun Yat-sen)

1944年8月30日，宋庆龄致函美国援华会执行秘书米尔德里德·普赖斯小姐，商谈援华工作。

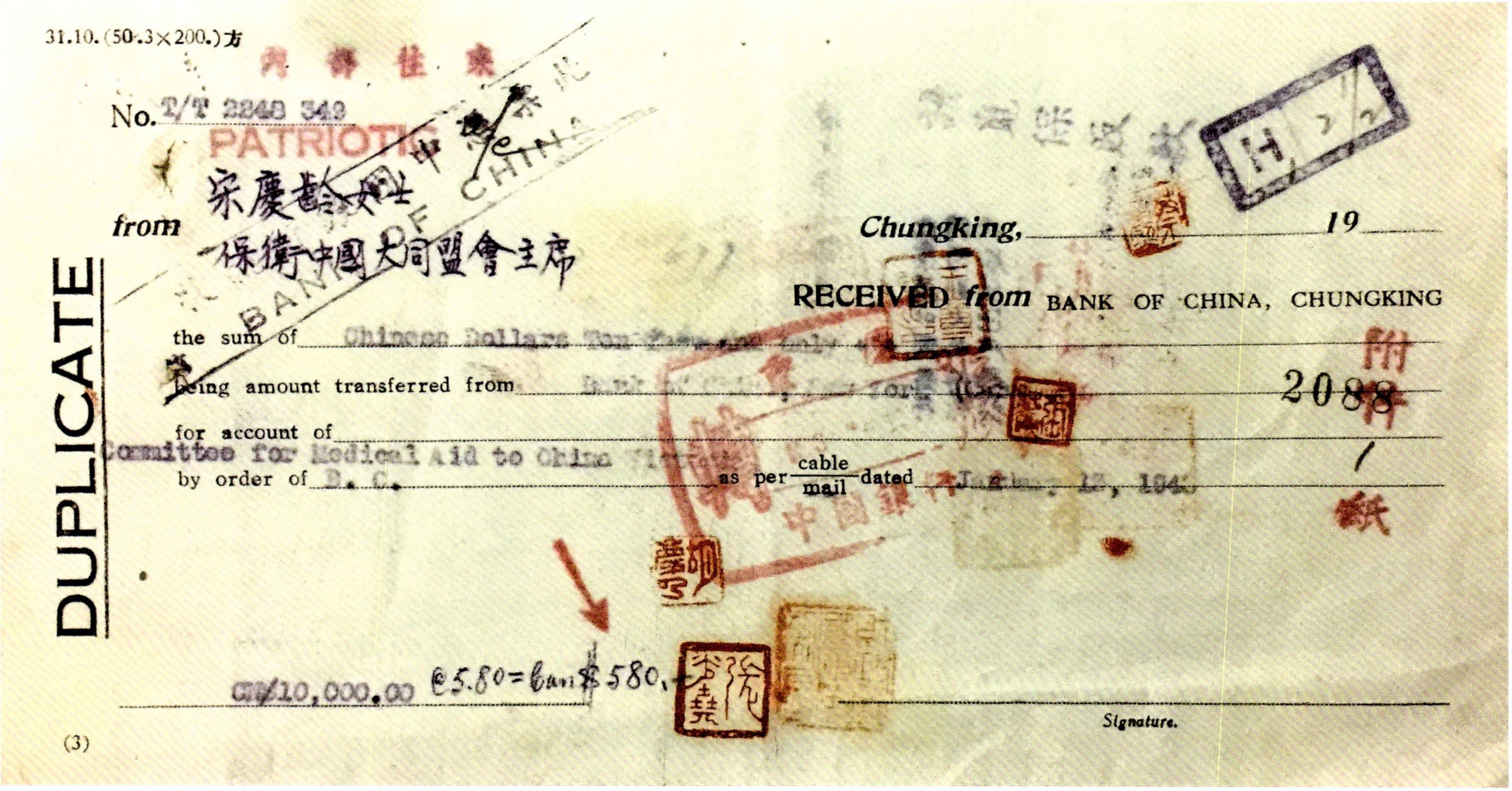

1943 年加拿大医药援华会捐款给保盟的汇票。

1938 年 9 月 15 日，宋庆龄在广州出席华侨抗日动员总会第二届代表大会开幕典礼，并作题为《华侨总动员》的大会发言，动员海外华侨支持祖国团结抗战。图为次月她在广州检阅壮丁模范团。

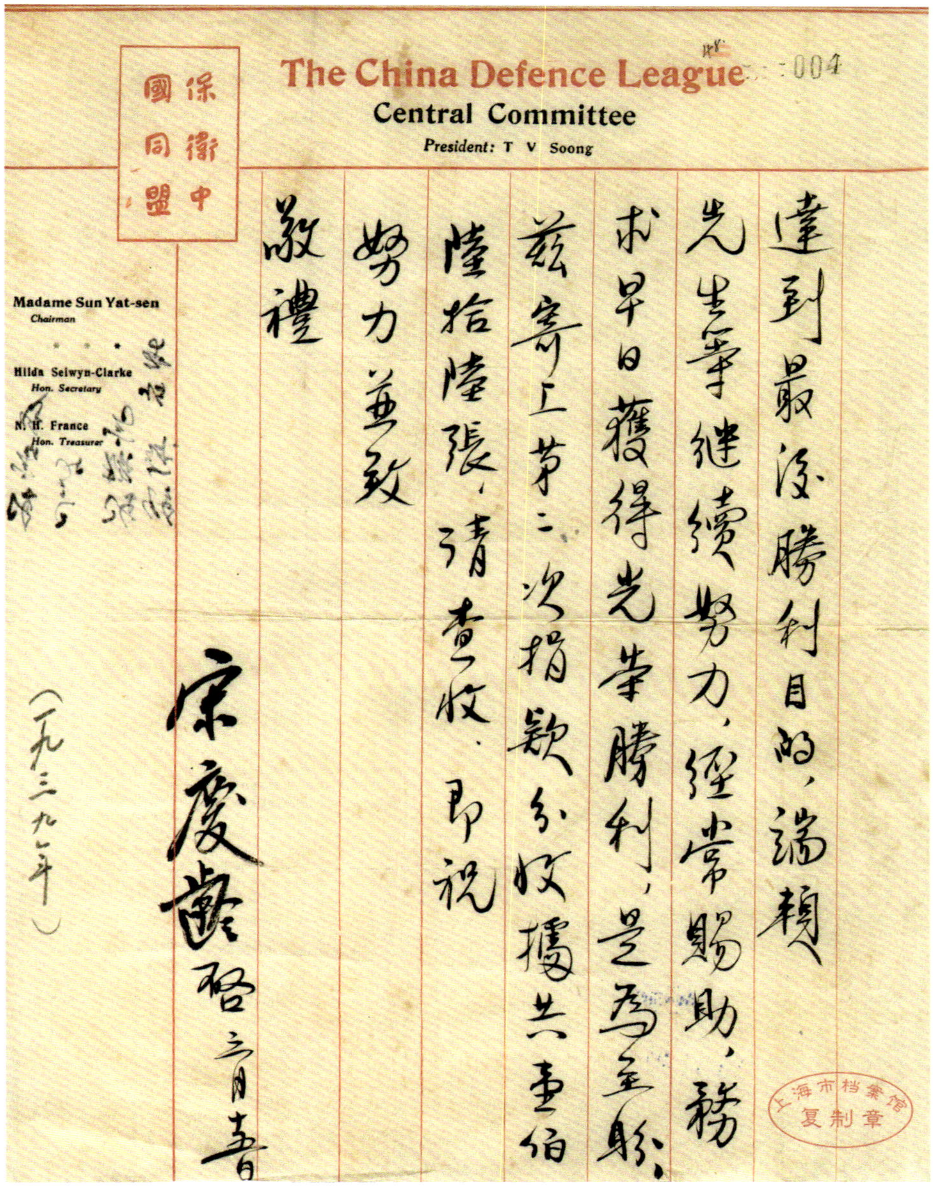

保衛中國同盟

The China Defence League

Central Committee

President: T V Soong

Madame Sun Yat-sen
Chairman

Hilda Selwyn-Clarke
Hon. Secretary

N. H. France
Hon. Treasurer

達到最後勝利目的，端賴
先生等繼續努力，經常賜助，務
求早日獲得光榮勝利，是為至盼！
茲寄上第二次捐款收據共壹佰
陸拾陸張，請查收。即祝
努力並致
敬禮

宋慶齡 啓 三月十五
（一九三九年）

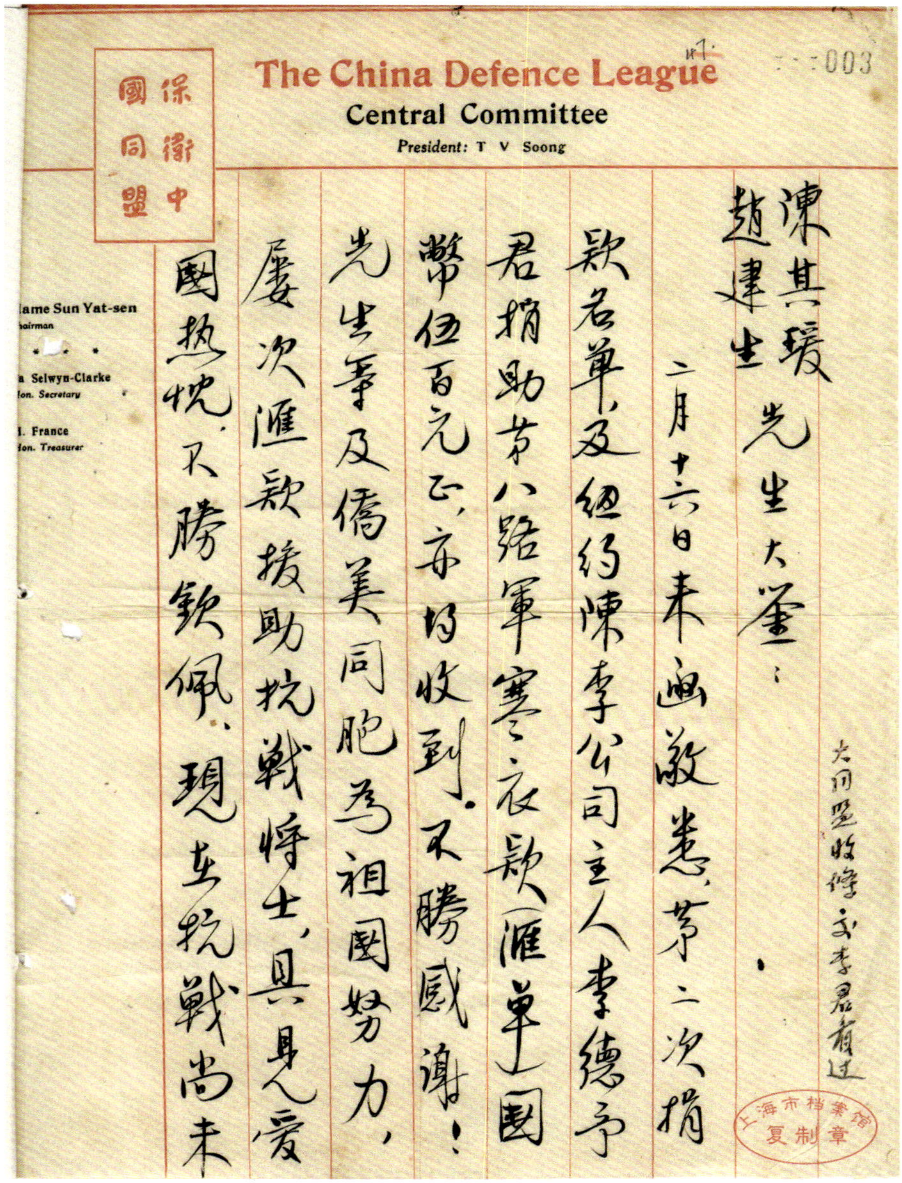

保衛中國同盟

The China Defence League

Central Committee

President: T V Soong

Madame Sun Yat-sen
Chairman

Hilda Selwyn-Clarke
Hon. Secretary

N. H. France
Hon. Treasurer

陳其瑗
趙建生 先生大鑒：
二月十六日來函敬悉，第二次捐
款名單及紐約陳李公司主人李德予
君捐助第八路軍寒衣款（滙單）國
幣伍百元正，亦均收到，不勝感謝！
先生等及僑美同胞為祖國努力，
屢次滙款援助抗戰將士，具見愛
國熱忱，不勝欽佩。現在抗戰尚未

1939 年 3 月 15 日，宋庆龄致函旅美华侨陈其瑗、赵建生，感谢他们汇款援助抗战将士。

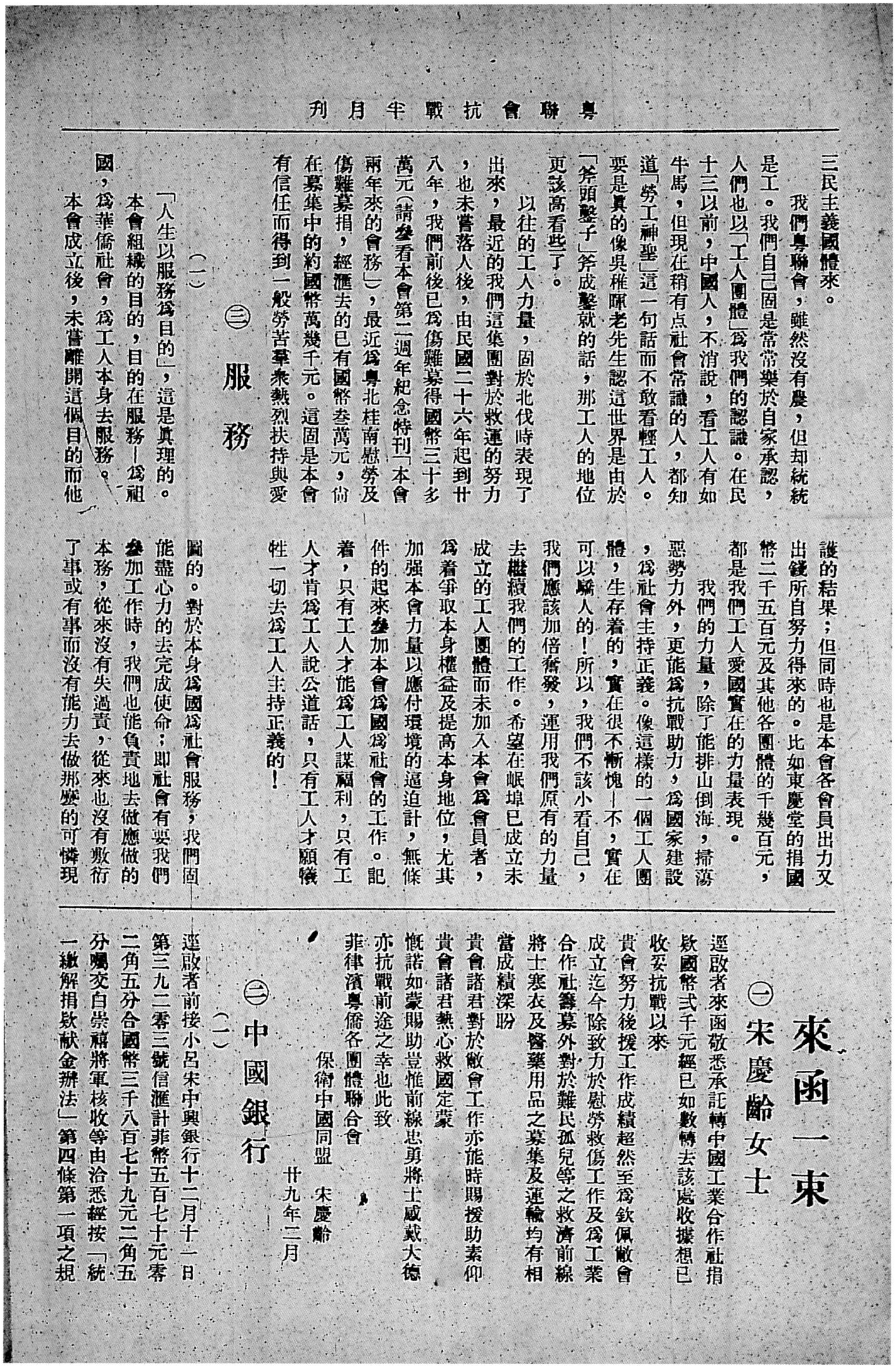

粵聯會抗戰半月刊

三民主義國體來。

我們粵聯會，雖然沒有農，但却統統是工。我們自己固是常常樂於自家承認，人們也以「工人團體」為我們的認識。在民十三以前，中國人，不消說，看工人有如牛馬，但現在稍有点社會常識的人，都知道「勞工神聖」這一句話而不敢看輕工人。要是真的像吳稚暉老先生認這世界是由於「斧頭鑿子」斧成鑿就的話，那工人的地位更該高看些了。

以往的工人力量，固於北伐時表現了出來，最近的我們這集團對於救運的努力，也未嘗落人後，由民國二十六年起到廿八年，我們前後已為傷難募得國幣三十多萬元（請參看本會第二週年紀念特刊「本會兩年來的會務」），最近為粵北桂南慰勞及傷難募捐，經滙去的已有國幣叁萬元，尙在募集中的約國幣萬幾千元。這固是本會有信任而得到一般勞苦羣衆熱烈扶持與愛護的結果；但同時也是本會各會員出力又出錢所自努力得來的。比如東慶堂的捐國幣二千五百元及其他各團體的千幾百元，都是我們工人愛國實在的力量表現。

我們的力量，除了能排山倒海，掃蕩惡勢力外，更能為抗戰助力，為國家建設，為社會主持正義。像這樣的一個工人團體，生存着的，實在很不慚愧——不，實在可以驕人的！所以，我們不該小看自己，我們應該加倍奮發，運用我們原有的力量去繼續我們的工作。希望在岷埠已成立未成立的工人團體而未加入本會為會員者，為着爭取本身權益及提高本身地位，尤其加强本會力量以應付環境的逼迫計，無條件的起來參加本會為國為社會的工作。記着，只有工人才能為工人謀福利，只有工人才肯為工人說公道話，只有工人才願犧牲一切去為工人主持正義的！

㊂服務

（一）

「人生以服務為目的」，這是眞理的。本會組織的目的，目的在服務——為祖國，為華僑社會，為工人本身去服務。本會成立後，未嘗離開這個目的而他圖的。對於本身為國為社會服務，我們固能盡心力的去完成使命；即社會有要我們參加工作時，我們也能負責地去做應做的本務，從來沒有失過責，從來也沒有敷衍了事或有事而沒有能力去做那麼的可憐現

來函一束

㊀宋慶齡女士

逕啟者來函敬悉承託轉中國工業合作社捐欵國幣弍千元經已如數轉去該處收據想已收妥抗戰以來

貴會努力後援工作成績超然至為欽佩敝會成立迄今除致力於慰勞救傷工作及為工業合作社籌募外對於難民孤兒等之救濟前線將士寒衣及醫藥用品之募集及運輸均有相當成績深盼

貴會諸君對於敝會工作亦能時賜援助素仰

貴會諸君熱心救國定蒙

慨諾如蒙賜助豈惟前線忠勇將士感戴大德亦抗戰前途之幸也此致

菲律濱粵僑各團體聯合會

保衛中國同盟　宋慶齡

廿九年二月

㊁中國銀行

（一）

逕啟者前接小呂宋中興銀行十二月十一日第三九二零三號信滙計菲幣五百七十元零二角五分合國幣三千八百七十九元二角五分囑交白崇禧將軍核收等由洽悉經按「統一繳解捐欵献金辦法」第四條第一項之規

1940年2月，宋庆龄致函菲律宾粤侨各团体联合会，感谢该会热心援助祖国抗战。

Rewi Alley

1938 年，新西兰友人路易・艾黎同美国记者斯诺夫妇等共同发起中国工业合作运动，以工业生产为目标，采取合作化的方式，组织民众进行生产自救。工合运动被誉为中国的“经济国防线”，得到宋庆龄的极大支持。图为艾黎在其出版的小册子《工合两年》中用的肖像照。

1939 年，宋庆龄在香港与美国记者埃德加·斯诺会面，商谈工合工作。

FIELD REPORT

DR. BETHUNE DESCRIBES FOUR MONTHS OF WORK AMONG THE HOPEI PARTISANS

This report will be a survey of the work of the Canadian-American Mobile Medical Unit for the period from February to July 1939—a little over 4 months spent working in Central Hopei under very active conditions of guerrilla warfare. I have already submitted reports for February and March which included three memoranda on the sanitary services and suggestions for improvement.

During the 4-month period, our Unit was in four battles—at Liu Han (at the crossing of the Hu Lo Ho) on March 14 to 19th; at Ta Tuan Ting on April 15; at Chi Huei on April 26 to 28th; and at Sung Chia Chung on May 18th. In none of these engagements was the Unit ever farther than 2½ miles from the firing line and at times even closer.

The total number of operations performed in the field was 315—not including first aid dressings. The

Dr. Bethune with Area Commander Nieh Yung-chen (centre) and a reporter.

total distances travelled in Mid-Hopei totalled 1,504 li (500 miles). The number of operating rooms and dressing stations set up was 13. The number of new Mobile Operating Units organised was two (one for the troops of General Liu and other for the troops of General Hu Lung). Two training courses were given to doctors and nurses.

April Was Busiest

The month of April was our busiest. At the battle of Chi Huei where out of a total of 400 Japanese engaged, 340 were either killed or wounded, our casualties were 280. Our Unit was situated 7 li from the firing line and operated on 115 cases in 69 hours continuous work.

The Unit was very nearly captured at the village of Yang Chia Chuang about 40 li north east of Ho Chien. With ten minutes warning at 5 a.m. we left one end of the village as 400 of the enemy entered. All the staff and equipment were saved owing to the smart work of our capable manager (Comrade W. Long) and owing to the fact that the entire staff was mounted and carried its equipment in saddle bags. If we had been carrying our equipment in the ordinary way it would have had to be abandoned with the mules. The patients were either hidden in villages or carried on the backs of the civilians. No patients were captured. Two Japanese prisoners (wounded) were operated upon (one with an amputation of the thigh) and ten days later bbth returned to the enemy at Ho Chien.

Operations Without Anaesthetic

Fifteen operations were performed without anaesthetic as we ran out of chloroform. We also ran short of antiseptics and gauze but a small quantity was obtained later from Pao Ting.

At Chi Huei and at Sung Chia Chuang the temples in which our operating rooms were located were under artillery fire but we had no casualties.

The transport of over 1,000 wounded from Central Hopei to West Hopei was successfully accomplished without the loss of a single case. As the trip is a dangerous one, passing close to many enemy held cities and takes a week, it reflects the highest praise on the staff work of Headquarters and Intelligence Department. All wounded were transported disguised as civilians.

Mobile Surgical Units

There are now no hospitals in mid-Hopei. All the former hospitals in the sub-districts have been sent to the west and the sanitary work is being done in the regiments and brigades and partisan detachment sanitary services. We hope that the examples we are able to set up of Mobile Operating Units (really Divisional Field Hospitals but with only temporary bed accommodation) will be widely copied. This year it is hoped to set up seven such Operating Units (one for each Division or each sub-district of partisan brigades).

The supply of drugs and medicines is pretty poor in most places in Central Hopei. Difficulty is being found in getting supplies from Tientsin.

We were able to construct a new form of transport for Field Hospital equipment to carry the necessary supplies for an operating room, a dressing room and a drug room. All this equipment sufficient for 100 operations, 500 dressings and making up 500 prescriptions can be carried on two mules. A description of this transport will be found in the book which I am writing called "A Manual of Organisation and Technique for Divisional Field Hospital in Guerrilla War."

In conclusion, the Unit left Central Hopei at the end of June as the rainy season was approaching and there was little expectation of fighting in the near future. I

must thank all commanders (especially General Ho Lung and General Liu) and all ranks for the wonderful reception they gave us and the most splendid co-operation at all times.

Work in the Lines

I believe that everyone was satisfied that operations can be successfully performed in the field only one or two miles from the front. Not only can they be performed there but it is essential that they should be. As an example of this I will mention the two cases of perforation of the intestine by rifle bullets operated on. The first case was operated on 18 hours after wounded and the second 8 hours after being wounded. Both cases had almost identical wounds—the bullet entering the abdomen at the level of the umbilicus. Both had ten perforations and tears of the small and large intestine with escape of intestinal contents into the abdominal cavity (including round worms!). Also there was in both cases a big haemmorrhage from tear of the mesenteric artery with the abdomen full of blood. Both were operated on at night in a dirty Buddhist temple by the light of candles and flash lights. The first case died the following day but the second made an uneventful recovery, in spite of being transported 60 li every night for the following week on a rough stretcher. The difference between life and death was the difference between 8 and 18 hours!

Two blood transfusions were given at the front in very difficult conditions. I would bring to your notice Comrade Tung (my interpreter) who saved another life by giving his second blood donation in four months; and to Dr. Chang who went on working for 12 hours after giving 300 cc. of blood.

The successful application of Thomas iron leg splints for fractured femurs was demonstrated. This should be routine practice especially for Hopei where long transport from east to west must be done. Unfortunately, I have exhausted the supply of skin adherent I brought from America and we had no adhesive to use or elastic bandages.

Achievements And Difficulties

The remarkable number of wounded who were able to return to duty in one month after receiving debridement of wounds early and so escaping infection was commented upon by all commanders.

Of course, the great obstacles to such treatment are two:—

1. Untrained doctors.
2. No surgical instruments to give surgeons to do the work even if they were capable.

I have come back with my mind thoroughly made up that the education of the doctors and nurses of this Region is the main task of any foreign Unit.

But, why oh why, are we not receiving more help from both China and abroad? Think of it! 200,000 troops, 2,500 wounded always in hospital, over 1,000 battles fought in the past year and only five Chinese graduate doctors, 50 Chinese untrained "doctors" and one foreigner to do all this work.

NORMAN BETHUNE.

Shin Pai, West Hopei, July 1, 1939.

NEW FOURTH ARMY MEDICAL SERVICE.

HIGHLIGHTS OF DETAILED REPORT.

Dr. C. C. Sheng, Surgeon-General of the New Fourth Army, has submitted a long report on the history, organization and needs of the army's medical service, with statistics covering eighteen months of work and detailed lists of monthly and annual supply requirements which is now available to interested organizations in the form of a 22-page mimeographed booklet.

The army maintains base hospitals, detachment hospitals, regimental receiving stations, medical teams in each battalion and first-aid units in each company. Throughout the organization treatment is given to both soldiers and civilians.

Some Statistics

Between February 1938 and May 1939, two hospitals for which figures are available (Base and Headquarters hospitals in Anhwei) treated 2,684, inpatients of whom 10 per cent were civilians and 15,000 outpatients (ootal of 65,969 visits) outpatients of whom one third were civilians.

The Army Medical Training School graduates its first class of 40 nurses and medical assistants in August 1939. Enrolment is larger this year.

The Base Hospital has perhaps the most complete laboratory of any army hospital in China. Equipment is lacking, however, for blood chemistry tests and a few others. One thousand dollars will cover all immediate needs.

A Division of Military Hygiene has carried out mass inoculations with TABC vaccine, published health education pamphlets, purified the water supply of the army, improved nutrition, and carried on gas precaution, anti-scabies, anti-malaria and anti-fly campaigns.

Distribution of Supplies

The Division of Medical Supplies issues needed materials to larger hospitals from stock, distributes standard boxes of medicine to regiments and battalions, and equips first-aid workers with standard bags. To date, $150,000 worth of supplies have been received from outside, most of which have now been expended. The total cost of treatment per inpatient per month (including food) is approximately $24 per capita, while the cost of outpatient visits is approximately 50 cents per visit (including medicine supplied.) All treatment is free to inpatients and out patients, soldiers and civilians.

The army's medical work depends entirely on donations from outside, as the Government allows no special appropriation for its medical work and the monthly allotment for the army as a whole is hardly sufficient to cover its routine military needs.

1938年1月，宋庆龄策划并协助加拿大外科医生白求恩来华支援中国抗战。1939年11月12日，白求恩大夫在晋察冀根据地战地救护中因公殉职。图为1939年12月15日第11期《保卫中国同盟通讯》上刊登的白求恩大夫最后一篇战地工作报告。

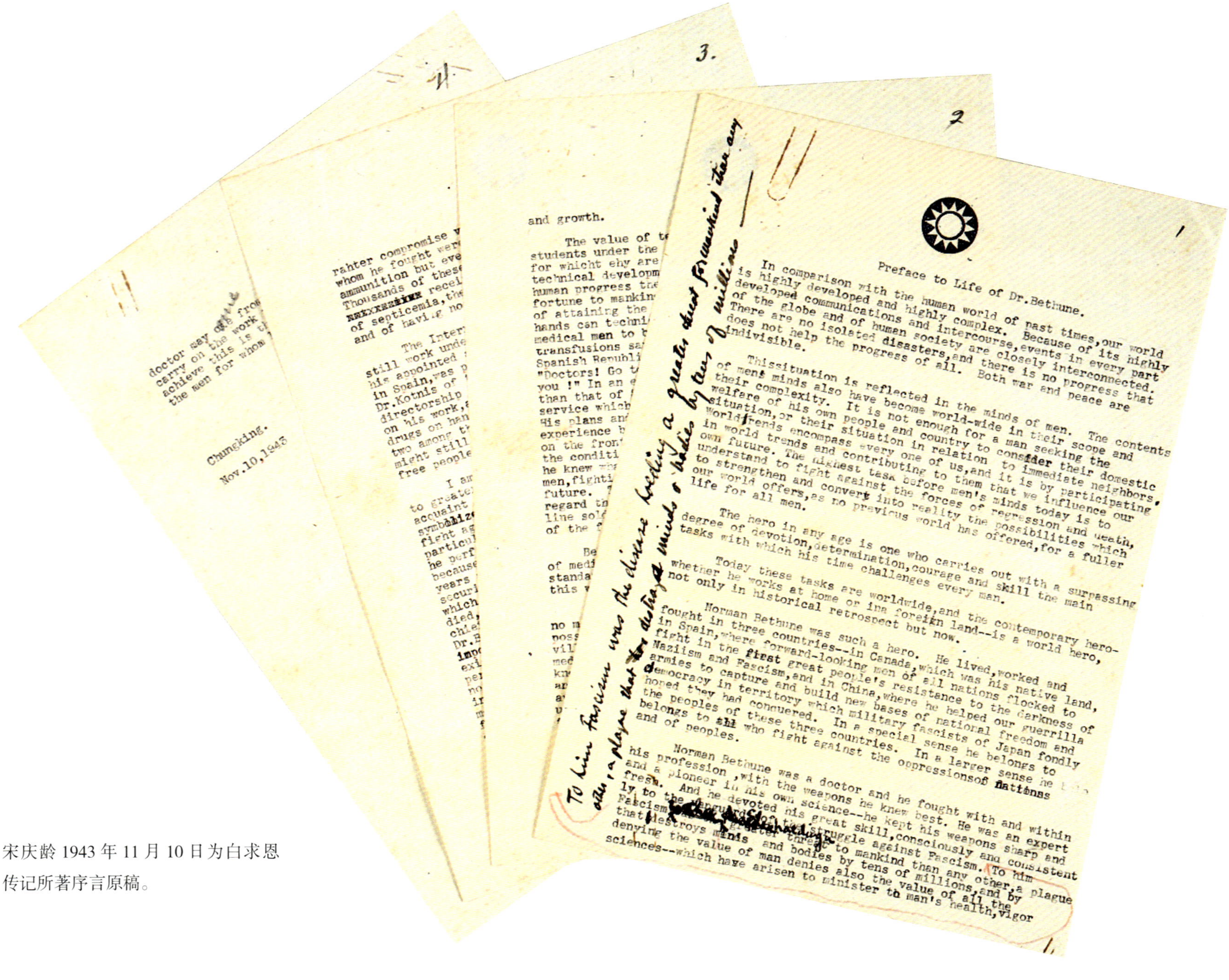

Preface to Life of Dr.Bethune.

In comparison with the human world of past times,our world is highly developed and highly complex. Because of its highly developed communications and intercourse,events in every part of the globe and of human society are closely interconnected. There are no isolated disasters,and there is no progress that does not help the progress of all. Both war and peace are indivisible.

Thissituation is reflected in the minds of men. The contents of mens minds also have become world-wide in their scope and their complexity. It is not enough for a man seeking the welfare of his own people and country to consider their domestic situation,or their situation in relation to immediate neighbors. Worldtrends encompass every one of us,and it is by participating in world trends and contributing to them that we influence our own future. The highest task before men's minds today is to understand to fight against the forces of regression and death, to strengthen and convert into reality the possibilities which our world offers,as no previous world has offered,for a fuller life for all men.

The hero in any age is one who carries out with a surpassing degree of devotion,determination,courage and skill the main tasks with which his time challenges every man.

Today these tasks are worldwide,and the contemporary hero--whether he works at home or ina foreikn land--is a world hero, not only in historical retrospect but now.

Norman Bethune was such a hero. He lived,worked and fought in three countries--in Canada,which was his native land, in Spain,where forward-looking men of all nations flocked to fight in the first great people's resistance to the darkness of Nazism and Fascism,and in China,where he helped our guerrilla armies to capture and build new bases of national freedom and democracy in territory which military fascists of Japan fondly hoped they had conquered. In a special sense he belongs to the peoples of these three countries. In a larger sense he belongs to all who fight against the oppressionsof nations and of peoples.

Norman Bethune was a doctor and he fought with and within his profession ,with the weapons he knew best. He was an expert and a pioneer in his own science--he kept his weapons sharp and fresh. And he devoted his great skill,consciously and consistently to the struggle against Fascism. To him Fascism was a greater threat to mankind than any other,a plague that destroys minds and bodies by tens of millions,and by denying the value of man denies also the value of all the sciences--which have arisen to minister to man's health,vigor

宋庆龄 1943 年 11 月 10 日为白求恩传记所著序言原稿。

1938年9月17日，宋庆龄前往广州码头欢迎由印度国民大会党特派的印度援华医疗队。图为五位印度援华医疗队成员在广州中山纪念堂向孙中山遗像献花圈。左起：巴苏华、柯棣华、队长爱德华、副队长卓克华、木克华。

1939年9月，通过保卫中国同盟的帮助，德国医生汉斯·米勒带着国外援助的医疗物资从香港来到延安，参加了八路军。

1939 年 9 月，宋庆龄在香港宴请国际援华医疗队成员。图为国际援华医疗队的罗马尼亚医生柯列然珍藏的宋庆龄宴请席位卡。

1939 年，宋庆龄在香港与在华主持编辑宣传中国人民抗日救亡运动的英文半月刊《中国呼声》的格兰尼奇夫妇（前排左、右）合影。后排右一为路易·艾黎。

为保卫中国同盟成立作出特殊贡献并担任《保卫中国同盟通讯》英文编辑的英国记者、新西兰友人詹姆斯·贝特兰在陕北抗日前线。

担任《保卫中国同盟通讯》英文编辑的美国合众社记者、犹太人伊斯雷尔·爱泼斯坦1944年参加中外记者访问团时在延安。

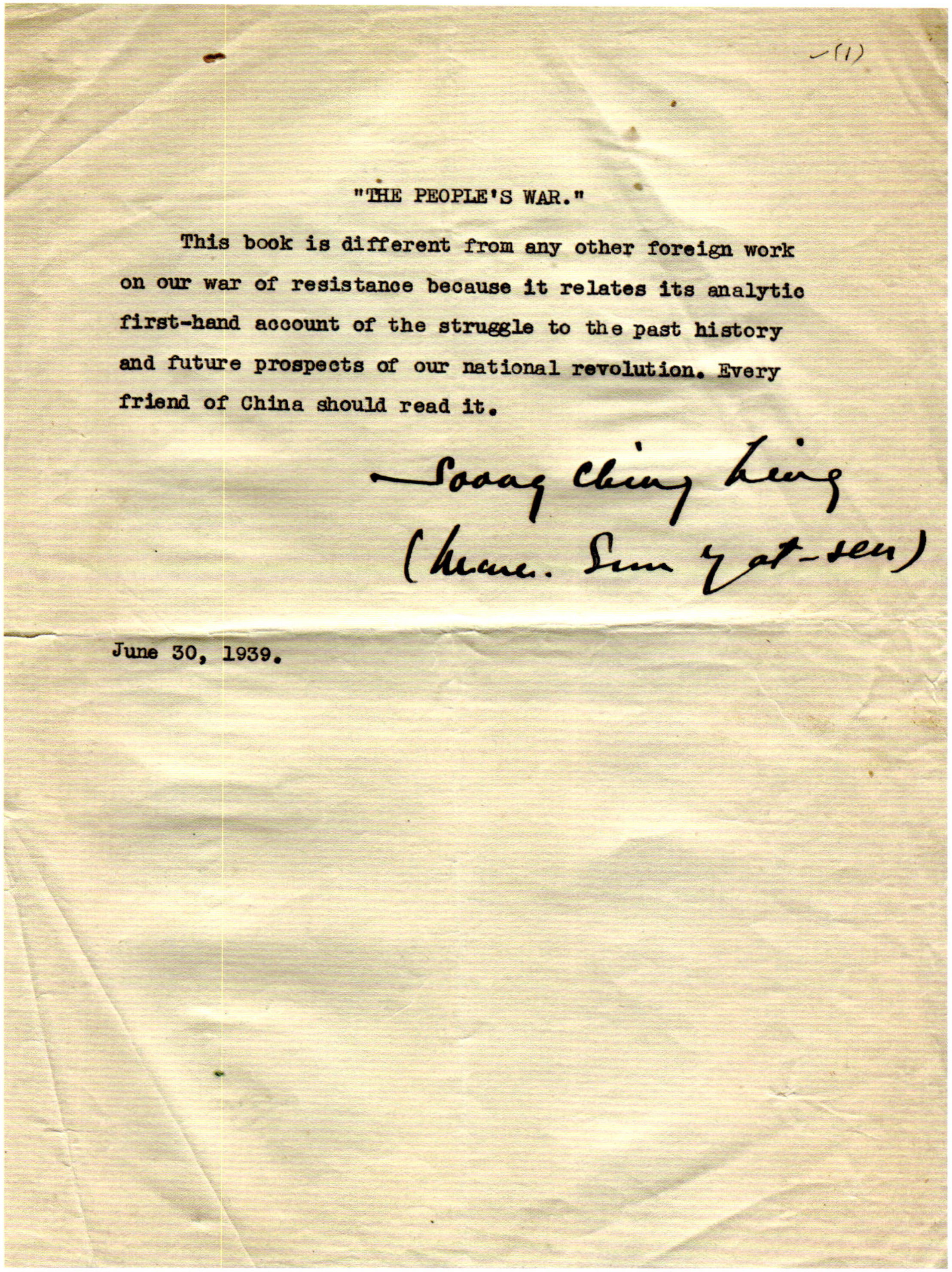

-(1)

"THE PEOPLE'S WAR."

This book is different from any other foreign work on our war of resistance because it relates its analytic first-hand account of the struggle to the past history and future prospects of our national revolution. Every friend of China should read it.

Soong Ching Ling
(Mme. Sun Yat-sen)

June 30, 1939.

1939年，爱泼斯坦在伦敦出版了第一本著作《人民之战》，向国外真实报道了中国人民奋起抗日头两年的战绩。宋庆龄在读了该书的清样后写道：“这本书不同于其他外国人写的关于我国抗战的著作,因为它是第一手的分析性报道,并把目前的斗争同过去的历史和对未来的展望联系了起来。每一位中国的友人都应该读一读。”

1944 年夏，宋庆龄在重庆同史迪威将军的副官杨孟东商谈运送物资到抗日根据地事宜。

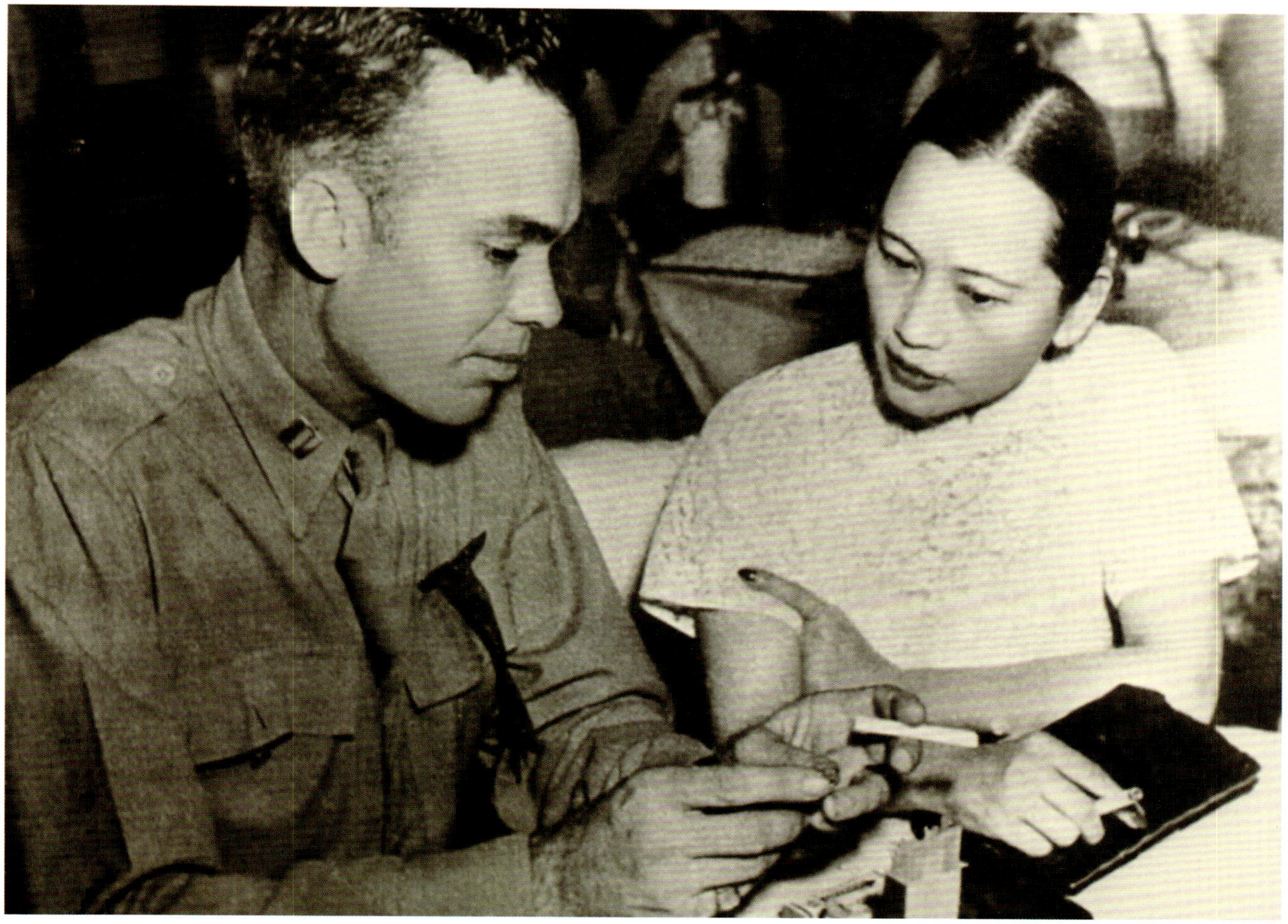

1944年夏，宋庆龄在重庆同美国空军上尉飞行员陈平交谈。陈平曾经为保卫中国同盟空运文件和药品至延安。

1939 年，宋庆龄与保卫中国同盟秘书司徒永觉夫人、司库法朗士和运输组主任王安娜等国际友人一起，前往香港码头检查支援物资的装运情况。

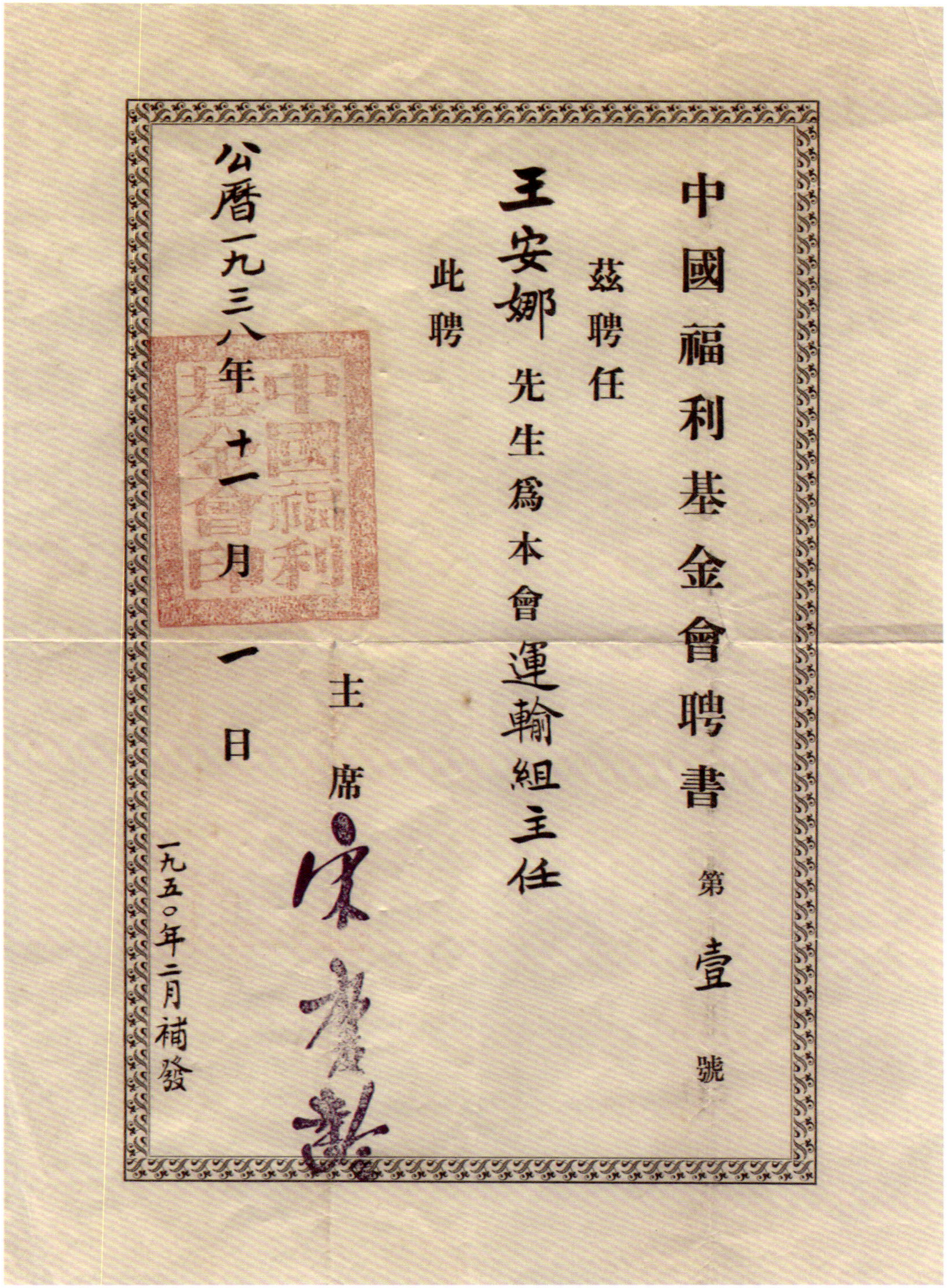
中國福利基金會聘書 第壹號

茲聘任

王安娜先生爲本會運輸組主任

此聘

主席 宋慶齡

公曆一九三八年十一月一日

一九五〇年二月補發

中國福利基金會印

中国福利基金会（前身为保卫中国同盟）补发给王安娜的保卫中国同盟运输组主任聘书。

1939年9月初，王安娜以保卫中国同盟驻重庆代表身份，陪同印度国大党主席尼赫鲁在八路军重庆办事处会见中共代表博古（前左）和叶剑英（前右）。后左为王安娜丈夫、中共中央南方局成员、周恩来上校秘书王炳南。

1944 年，保卫中国同盟驻延安国际和平医院代表马海德与毛泽东在延安。

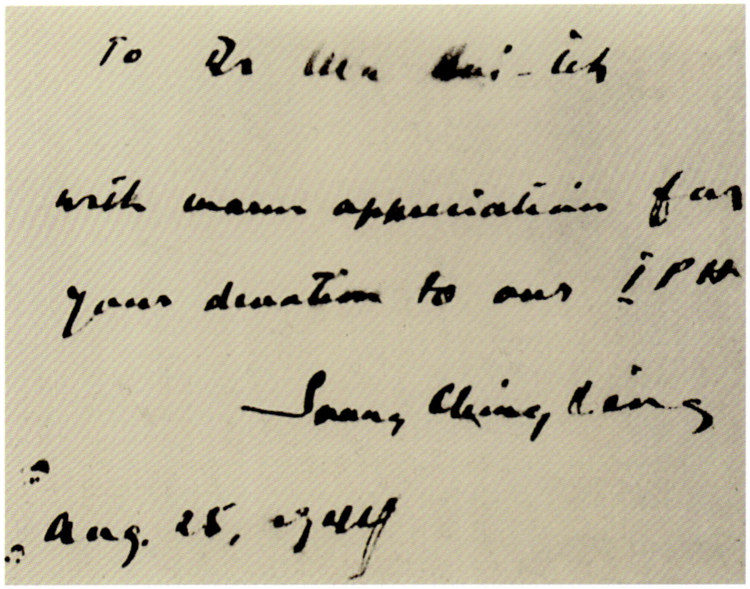
To Dr Ma Hai-teh

with warm appreciation for your donation to our IPH

Soong Ching Ling

Aug. 25, 1944

1944年8月25日，宋庆龄为感谢马海德而寄送照片给他。她在照片背面亲笔题字说：“向你对我们的国际和平医院所作的贡献致以真挚谢意。”

德国制造的120型“蔡司”牌相机。宋庆龄经保卫中国同盟募捐而来，1940年代初赠送给马海德为保盟工作用。在延安期间，马海德用这架照相机拍摄了许多具有历史价值的照片。

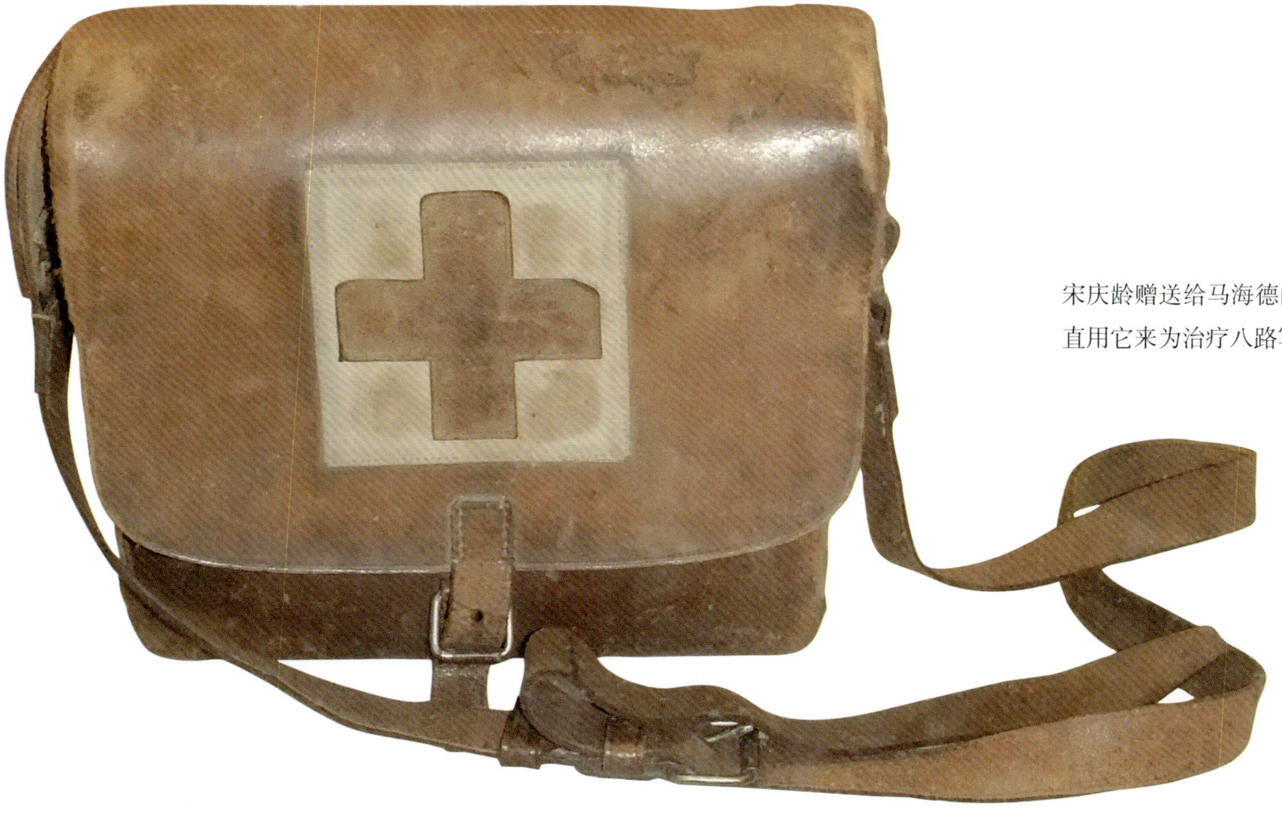

宋庆龄赠送给马海德的医药箱。马海德一直用它来为治疗八路军伤病员服务。

把捐献送到最需要的地方

1938 年 8 月 21 日，宋庆龄在广州慰问难童。

CHINA DEFENCE LEAGUE NEWSLETTER

CENTRAL COMMITTEE of the CHINA DEFENCE LEAGUE

T. V. SOONG, *President* — MME. SUN YAT-SEN, *Chairman*

HILDA SELWYN-CLARKE, *Hon. Secretary* — M. C. TANG, N. H. FRANCE, *Hon. Treasurers*

NO. 32 NEW SERIES | HONGKONG | JUNE 1, 1941

Young China dances

Photo by Dr Ma Hai-teh

While playmates look on, a boy and girl lead the dance at the Borderland Orphanage in North Shensi, where War Orphans and children of soldiers at the front are cared for and trained to become useful citizens.

The Borderland Orphanage

"*THE ARMY OF CHILDREN* left homeless and unprotected by the war claims more than our sympathy, more than our charity. It represents a whole generation of our future citizens—a whole generation of men and women who will be called upon to build a new China after the achievement of the victory for which their parents are fighting, suffering and dying.

"SAVE OUR WAR ORPHANS. SHOW YOUR SYMPATHY FOR CHINA TODAY BY HELPING TO PRESERVE THE VITAL FORCES OF THE CHINA OF TOMORROW!"

MME. SUN YAT-SEN

1939 年春，保卫中国同盟在陕西三原建立孤儿院，抚养陕甘宁边区战灾孤儿。图为《保卫中国同盟通讯》上刊登的边区孤儿保育院孩子照片及宋庆龄的呼吁。

1942 年，保卫中国同盟得到美国洛杉矶爱国华侨的资助，在延安创办洛杉矶托儿所。图为延安洛杉矶托儿所的孩子们在保育员带领下外出散步。

152

争取国际援助
支持中国共产党
敌后抗战

1938 年 9 月，经宋庆龄与国际反侵略运动大会特使、英国援华委员会代表何登夫人商议，在保盟和各国援华机构的帮助下，抗日根据地第一所国际和平医院在山西五台山成立，由白求恩大夫出任院长。图为宋庆龄与何登夫人画照。

1939 年 11 月，保卫中国同盟资助陕甘宁边区建立了国际和平医院总院——延安中央医院。

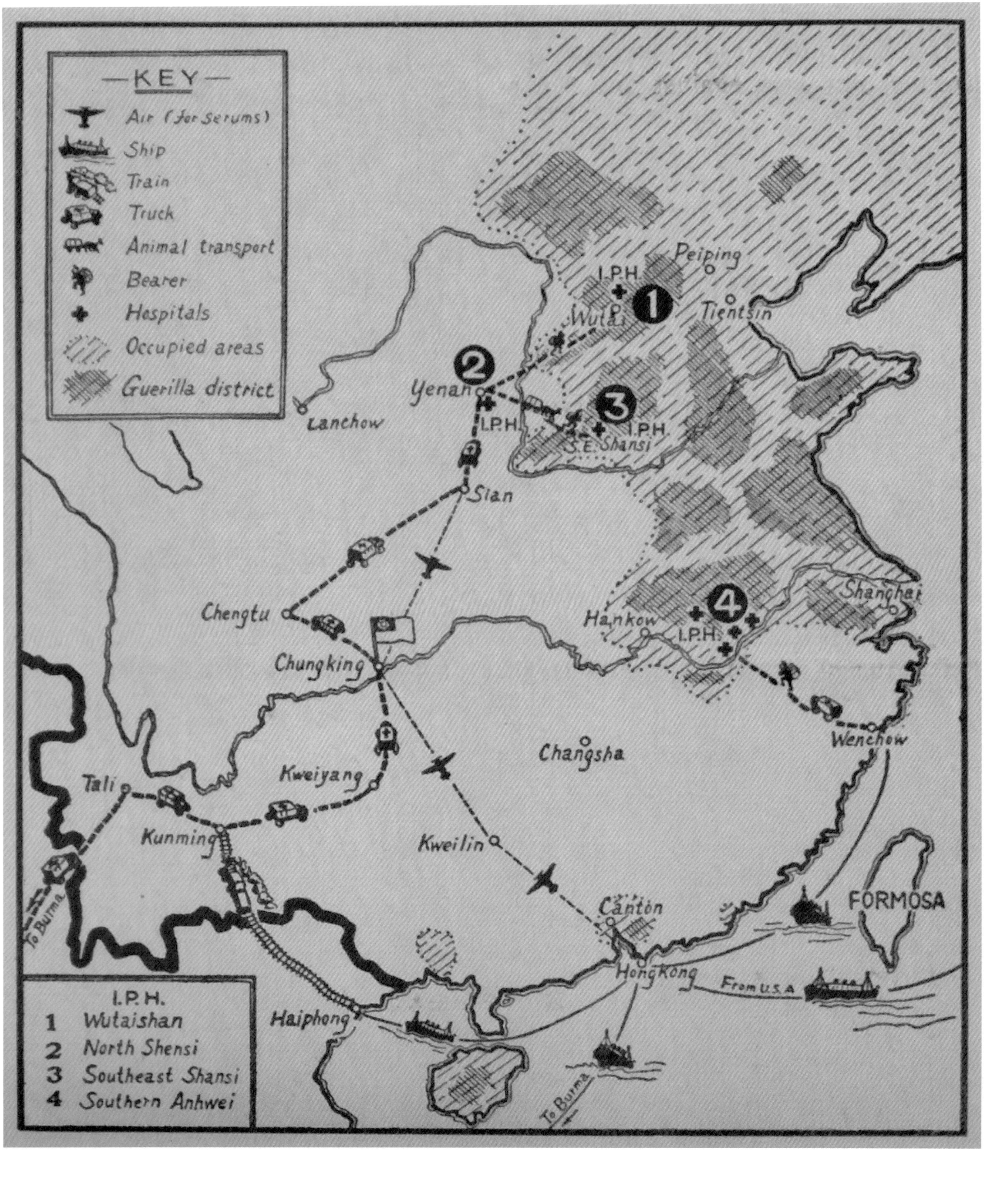

至1940年，保卫中国同盟援助各抗日根据地建立起了四所国际和平医院。图为当时国际和平医院分布及援助物资运送路线图。

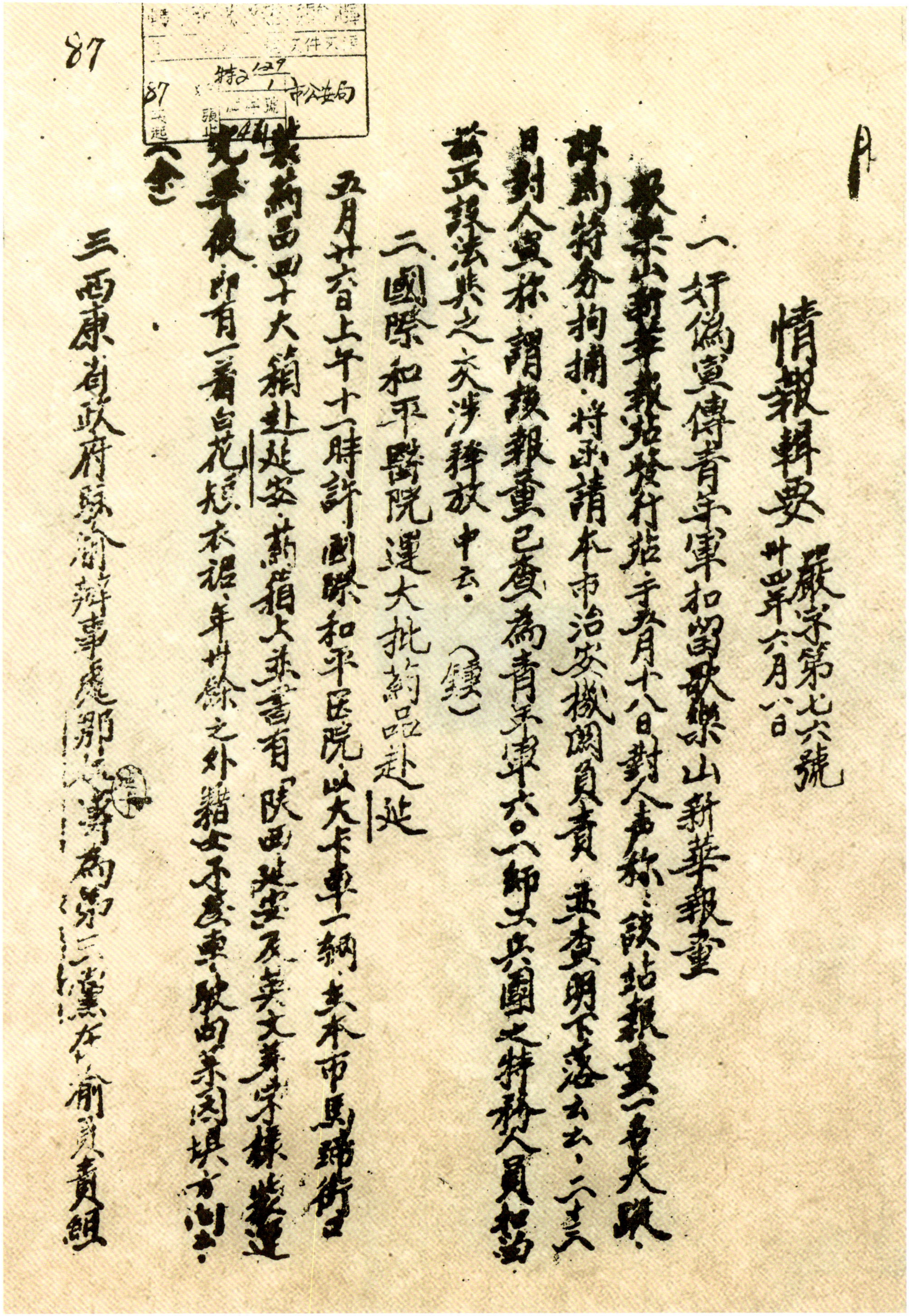

87

情報輯要　嚴字第七六號　卅四年六月八日

一、奸偽宣傳青年軍扣留歌樂山新華報童

歌樂山新華報站於本月十八日對人声称：該站報童一名失蹤，疑為特务拘捕，特承請本市治安機関負責，求查明下落云云。二十六日對人宣称：謂該報童已查為青年軍六〇八部工兵團之特務人員扣留，並正設法與之交涉釋放中云。（鍾）

二、國際和平醫院運大批药品赴延

五月廿六日上午十一時許，國際和平医院以大卡車一輛，在本市民生路街口裝药品四十大箱赴延安，药箱上並書有「陝西延安」及英文美宋字樣，發運先導後，另有一着白花短衣裙、年卅餘之外籍女子登車，駛向東關填方向去。（全）

三、西康省政府駐渝辦事處邢□濤為第三黨在渝負責領

国民党《情报辑要》严字第七十六号。内有 1945 年 5 月 26 日保卫中国同盟在重庆装运医药物资送延安国际和平医院的记录。

1940 年 2 月 6 日，保卫中国同盟为援助国际和平医院，在香港皇家剧院举行反映 19 世纪墨西哥人民争取民族独立的影片《裘莱士》的义映活动。图为宋庆龄与香港总督罗富国（左一）等在皇家剧院交谈。

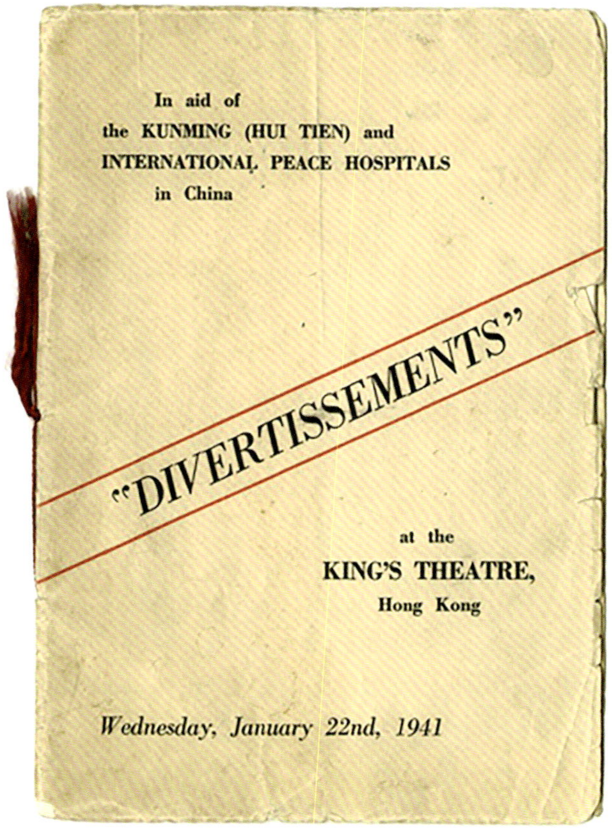

1941 年 1 月 22 日音乐舞蹈义演活动的秩序册。

1941 年 1 月 22 日，保卫中国同盟为支援国际和平医院和帮助遭轰炸的昆明惠滇医院重建，在香港皇家剧院举行音乐舞蹈义演，著名舞蹈家戴爱莲特别创作了现代舞《东江》献给宋庆龄。图为戴爱莲 1998 年捐赠给中国福利会的《东江》剧照。

1944 年 9 月，宋庆龄请史迪威将军用美国军用飞机给延安运去 X 光机，这是抗日根据地唯一的一架 X 光机。

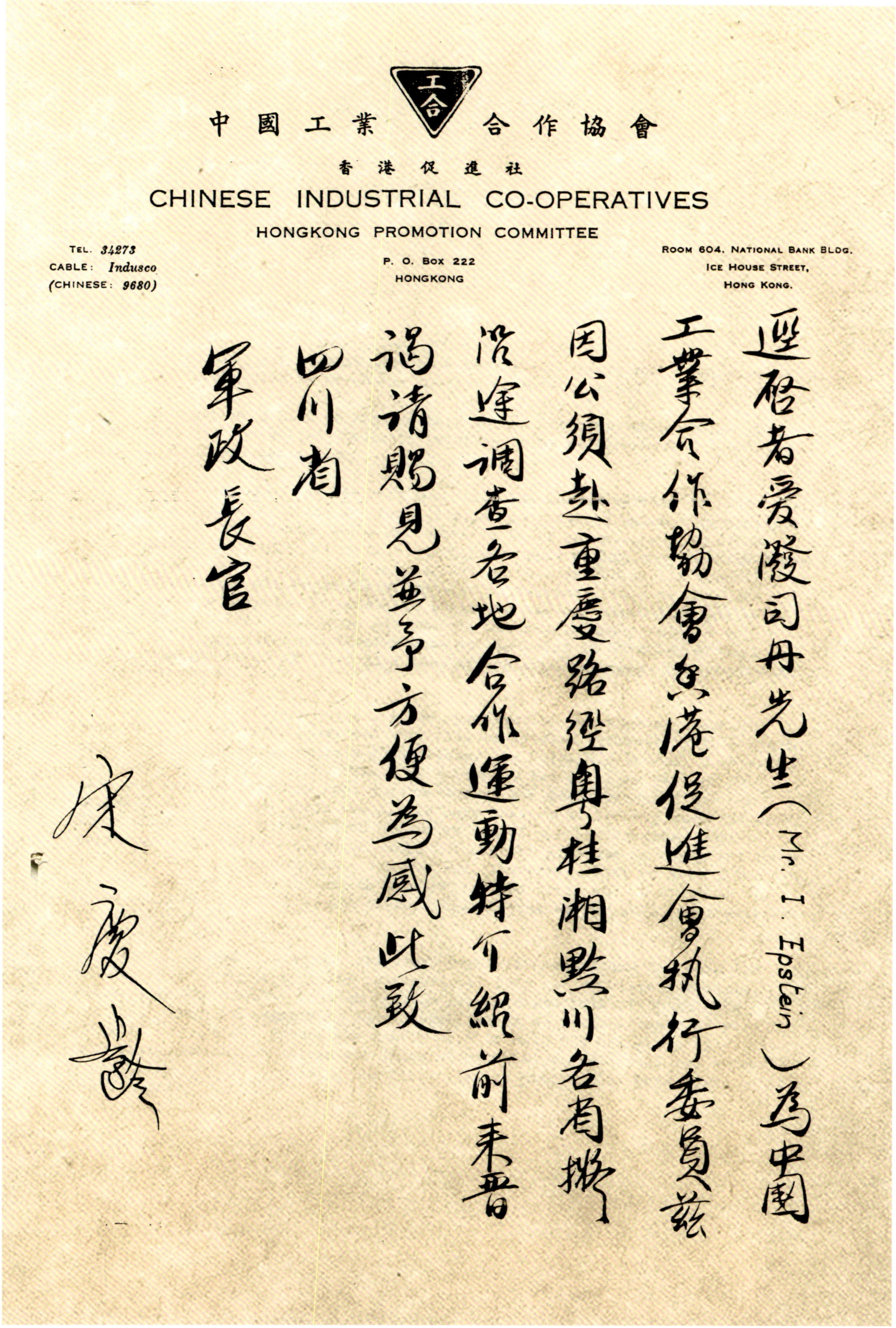

中國工業合作協會

香港促進社

CHINESE INDUSTRIAL CO-OPERATIVES

HONGKONG PROMOTION COMMITTEE

TEL. 34273
CABLE: Indusco
(CHINESE: 9680)

P. O. Box 222
HONGKONG

Room 604, National Bank Bldg.
Ice House Street,
Hong Kong.

逕啓者愛潑司丹先生（Mr. I. Epstein）為中國工業合作協會香港促進會執行委員茲因公須赴重慶路經粵桂湘黔川各省撥沿途調查各地合作運動特介紹前來晉謁請賜見並予方便為感此致

四川省

軍政長官

宋慶齡

宋庆龄为中国工业合作协会香港促进委员会执行委员爱泼斯坦签署的介绍信。

1938 年 8 月，中国工业合作协会香港促进委员会在香港成立，宋庆龄担任该会名誉主席。次年 1 月，宋庆龄在香港倡议成立中国工业合作协会国际委员会，任名誉主席。图为宋庆龄保存的工合徽章。

1938年8月23日，宋庆龄向美国世界青年大会发表播音演讲，介绍工合运动。以英、法、俄、中四国文字作说明的国民政府对外宣传刊物《今日中国》刊登了演讲片段。

LE MOUVEMENT DES COOPERATIVES DE PRODUCTION EN CHINE
НОВОЕ КО-ОПЕРАТИВНОЕ ДВИЖЕНИЕ КИТАЯ
OUR INDUSTRIAL CO-OPERATIVE MOVEMENT 中國工業合作運動

Mme. Sun Yat-sen, Honorary Chairman of the Hongkong Promotion Committee.
Мадам Сун Ятьсен, почетный председатель гонконгского комитета помощи ко-оперативам.
香港促進社社長宋慶齡女士。

Mme. Chiang Kai-shek who, from the beginning, has given the C.I.C. every assistance and encouragement.
Мадам Чжан Кайши, которая с самого начала всячески помогает движению.
蔣夫人居於倡導和贊助的地位。

Madame Sun Yat-sen, présidente honoraire du Comité de Promotion à Hongkong.

Madame Chiang Kai-shek, une des initiatrices de Coopératives de Production.

Monsieur Kung Hsiang Hi. un des initiateurs de Coopératives de Production.

Monsieur Rewi Alley, conseiller technique général.

Dr. H. H. Kung under whom the Chinese Industrial Co-operatives are organized.
Д-р. Кун Сунси, под чьим руководством было организовано общество промышленных ко-оперативов.
主持中國工業合作協會的孔祥熙氏。

Mr. Rewi Alley, technical expert and adviser.
Реви Аллей, технический специалист и советник.
工合總會技術顧問艾黎氏。

OUR INDUSTRIAL CO-OPERATIVE MOVEMENT

"Japan destroys not only our families and homes. She seeks above all to destroy our modern industries in order to make our people agrarian slaves. She already has smashed and seized 75 per cent of our machine industry and left more than a million workers jobless.

"In answer to this holocaust we do not lose hope. Our people and our Government are determined to rebuild productive power even during wartime by erecting thousands of small factories throughout the hinterland, even on the flanks of the Japanese-held railways. In order to mobilize the widest participation of the people, give meaning to their sacrifices, and give a democratic character to this reconstruction, these factories are being developed in the form of co-operatives.

"Through co-operatives we hope to absorb refugees and divert millions in relief funds from unproductive refugee camps in Japanese-occupied areas, where our destitute compatriots are merely kept alive until the Japanese are ready to exploit them.

"Industrial co-operatives can maintain the economic stability of our internal market, and thus avoid chaos in the villages even if the Japanese occupy all our cities. They can utilize idle workers, keep our soldiers clothed and fed, avoid famine and other consequences of economic dislocation, support prolonged resistance, and make the Japanese occupation of our cities entirely profitless.

"This movement needs the help of progressive people everywhere. We ask you to request your relief agencies to stop sending all their money to Japanese-occupied areas and to send it instead to these industrial co-operatives We ask you to urge your governments to sell these co-operatives machinery on credit. Ask your bankers to lend money, your youth to volunteer as technicians. Our Government will welcome all support to this progressive movement."

Mme. Sun Yat-sen.

LE MOUVEMENT DES COOPERATIVES DE PRODUCTION EN CHINE

"Le Japon détruit non seulement nos familles et nos foyers. Il cherche par-dessus tout à détruire notre industrie nouvelle, afin de rendre notre peuple esclave du sol. Il a déjà saccagé et saisi soxante-quinze pour cent de notre industrie mécanique, et a laissé sans travail plus d'un million d'ouvriers.

"En réponse à cet holocauste, nous ne nous décourageons pas. Notre peuple et notre gouvernement ont pris la décision de reconstruire notre force productrice même pendant le temps de guerre, en établissant des milliers de petites usines, partout, dans l'intérieur, même le long du chemin de fer occupé par les Japonais. Et dans le but de mobiliser le plus grand nombre possible de gens, de donner un sens à leurs sacrifices et un caractère démocratique à cette reconstruction, ces usines sont développés sous la forme de coopératives.

"Des millions ont été envoyees à la caisse de secours pour les réfugiés dans les zones occupées par les Japonais; là, nos malheureux compatriotes sont juste maintenus en vie en attendant d'être exploités par leurs maîtres. Nous espérons employer ces fonds pour occuper nos réfugiés dans les coopératives.

"Les Coopératives de Production peuvent maintenir la stabilité économique de notre marché intérieur, et éviter ainsi le chaos dans les villages, même si les Japonais occupent toutes nos villes. Elles peuvent employer les ouvriers sans travail, habiller et nourir nos soldats, nous préserver de la famine et d'autres conséquences économiques désastreuses, soutenir la résistance et rendre l'occupation japonaise dans nos villes entièrement sans objets.

"Ce mouvement a besoin de l'aide d'hommes progressifs dans le monde entier. Nous vous sollicitons de demander à vos sociétés de secours de cesser d'envoyer leur argent dans les zones occupées par les Japonais et de l'envoyer à ces coopératives de production. Nous vous demandons de faire pression sur votre gouvernement et de vendre à crédit les machines pour ces coopératives. Demandez à vos banquiers de nous prêter de l'argent, à votre jeunesse d'offrir ses services comme techniciens. Notre gouvernement accueillerait avec reconnaissance tout appui à ce mouvement pour la reconstruction d'une nouvelle Chine."

Madame Sun Yat-Sen.

НОВОЕ КО-ОПЕРАТИВНОЕ ДВИЖЕНИЕ КИТАЯ

"Японские милитаристы не только уничтожают наши дома и семьи но и пытаются стереть с лица земли нашу современную промышленность, надеясь таким образом превратить нашу страну в аграрную колонию и наш народ в колониальных рабов. В течении войны им уже удалось разбить или захватить 75% наших механизированных заводов и выбросить на улицу свыше миллиона промышленных рабочих.

"Несмотря на это, мы и не думаем терять надежду. Наш народ и наше правительство решили перестроить и увеличить производительную силу страны путьем организации тысячь мелких заводов по всему Китаю, не только в глубоком тылу но и в партизанских районах, пересеченных железными дорогами захваченными врагом. Для того, чтобы мобилизовать поддержку народа, придать значение его труду, и поставить наше строительство на демократических началах, мы решили развивать эти заводы в форме промышленных ко-оперативов.

"Путьем этих ко-оперативов мы надеемся всасать в производство бесчисленную беженскую массу и применить продуктивно миллионы долларов заграничных пожертвований, которые до сих пор тратятся на лагера в оккупированных районах, где наши беженцы содержатся только для того, чтобы предоставить запас рабочей силы для врага, когда ему станет угодно начать ее эксплоатировать.

"Промышленные ко-оперативы помогут поддержать стабильность нашего внутренного рынка и таким образом предотвратить разорение деревни, даже если японцам удастся захватить все наши города. Они могут обмундировать наших бойцов, спасти народ от последствий полной экономической дезорганизации, и гарантировать что японская оккупация китайских городов не принесет врагу ни капли пользы.

"Поэтому, это движение имеет право требовать поддержку всех прогрессивных людей."

Из речи мадам Сун Ятьсен переданной по радио в мировой конгресс молодежи в Паукипси, США, в июле 1938 г.

中國工業合作運動

關於中國工業合作社，本人願竭誠向一切抗戰的友人，作一個簡略的介紹。

在當前的抗戰中，日本不僅毀滅了我們的家庭，並且爲要驅役我們人民完全成爲它的農業的奴隸，它尤其用盡一切方法毀滅我們的近代工業。我們百分之七十五的機器工業，經已給它破壞了，或是沒收了，百多萬工人失掉職業。

我們決不以失望來回答這種殘暴的行爲；就是在這樣的戰爭期間，我們的人民，我們的政府，都已經下了決心，來重新恢復我們的生產力。在內地各處，甚至於在日人佔據了的鐵路沿線，我們建起了成千的小規模工廠。因爲要使廣大的人民參加，使他們的犧牲獲得代價，使這種建設成爲民主性的，所以這些工廠都是以合作社的方式建設起來的。

透過這些合作社，希望我們將難民吸收，使花在日人佔領區域難民營的千百萬賑款，由消耗的佈施變爲生產的資本。目前在這些區域裏，貧困的難民不過是養活在那裏等着日人準備好了的時候，隨時去剝削他們而已。

工業合作社能維持內地市場的穩定？這樣即令日人將一切的城市都佔領了，也可以免除農村經濟的紊亂。工業合作社可以安插失業工人，供給軍隊的服裝糧餉，防止饑荒以及其它因經濟脫節所可引起的糾雜，支持抗戰，使日本佔領我們的城市絲毫得不到利益。

這個運動需要各地正義和進步人士的扶助。賑濟機關應當將原定送往日人佔領區域的賑款捐助與這些工業合作社。工業廠家應當將購買機器原料的信用給與這這些工業合作社，這樣來扶助這種永久的生產賑濟事業，也就可以重建自己的本來市場。愛國的銀行家應當放款，有訓練的青年應當投効充任技術人員。凡一切對於這個進步運動的扶助，我們的政府人民都是無任歡迎的。

——宋慶齡——

1940 年 4 月 25 日，宋庆龄与宋蔼龄、宋美龄一起视察中国工业合作协会成都事务所时，在工人欢迎会上讲话。

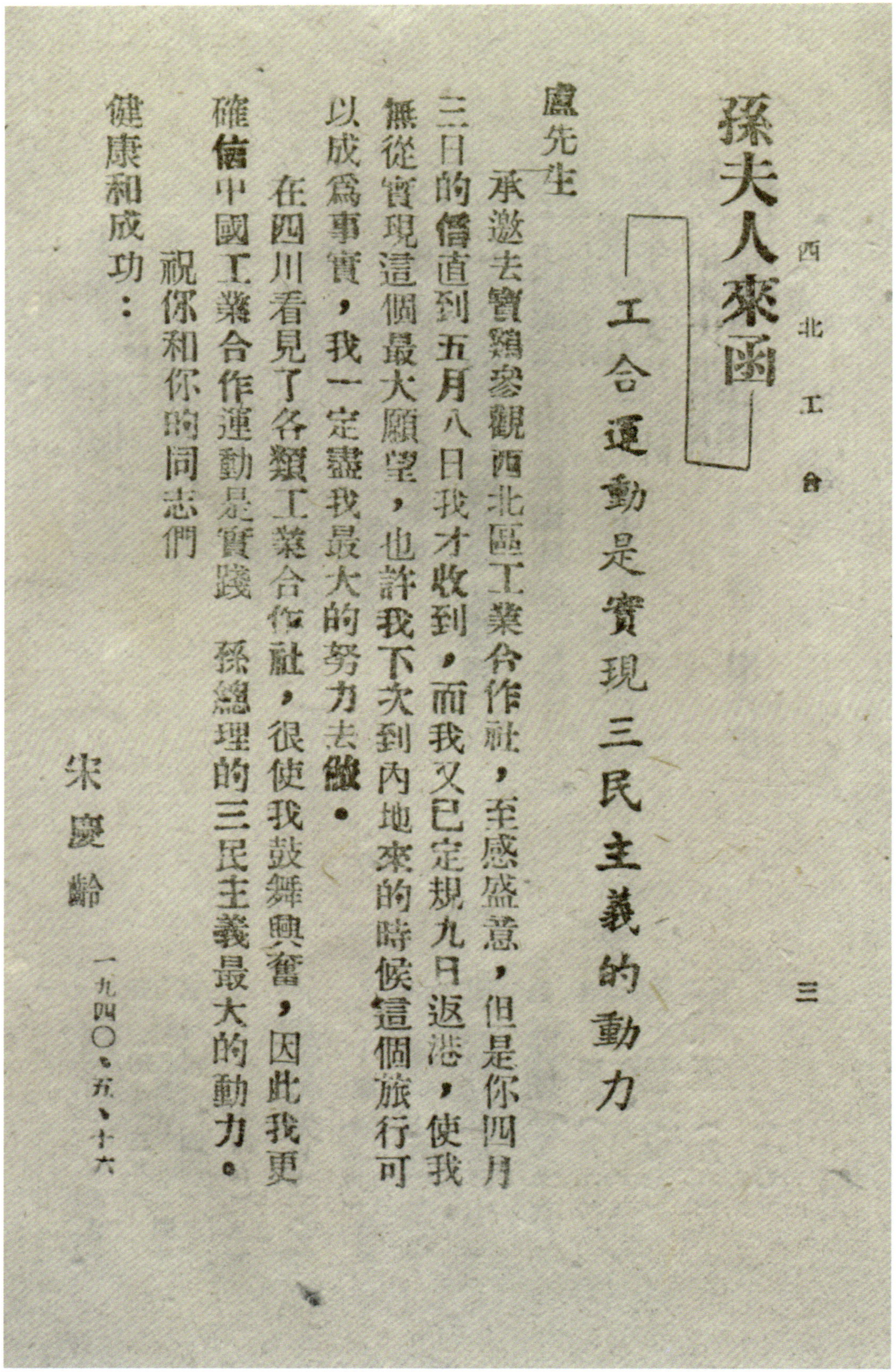

西北工合 三

孫夫人來函

工合運動是實現三民主義的動力

盧先生：

承邀去寶鷄參觀西北區工業合作社，至感盛意，但是你四月三日的信直到五月八日我才收到，而我又已定規九日返港，使我無從實現這個最大願望，也許我下次到內地來的時候這個旅行可以成爲事實，我一定盡我最大的努力去做。

在四川看見了各類工業合作社，很使我鼓舞興奮，因此我更確信中國工業合作運動是實踐 孫總理的三民主義最大的動力。

祝你和你的同志們

健康和成功：

宋慶齡

一九四〇、五、十六

1940 年 5 月 16 日，宋庆龄致函中国工业合作协会组织组组长卢广绵，表示工合运动是实现三民主义的动力。

1941年7月1日，宋庆龄在香港英京酒家主持“一碗饭运动”开幕式并发表讲话，说明运动所得捐款用于帮助工业合作社去组织及救济难民和伤兵。

華商報　中華民國叁拾年捌月壹日

捐助「工合」以工代賑祖國傷難

孫夫人等主辦

一碗飯運動今日起舉行

一連三日一部份飯券延至本月底止

羅文錦司徒永覺夫人籲請港僑捐輸

【本報特訊】保衛中國大同盟孫夫人司徒永覺夫人等，爲救濟我國內傷兵難民，籌款協助中國工業合作社在西北建立各種工廠基金，完成以工代賑方法，增加生產力量，特發起一碗飯運動，費時三月，始克籌備就緒。蒙本港總督羅富國爵士熱誠贊助，并得各界社團紳商熱烈推動，各酒樓餐室踴躍捐輸，捐飯銷券，如火如荼，運動展開，日趨熱烈。自七月一日假座英京酒家舉行成立典禮後，在該會會長孫夫人，大會主席羅文錦氏，副主席司徒永覺夫人等號召下，中外紳商名流，紛紛熱誠參加贊助，一碗飯運更，更入緊張熱烈階段。各界社團人士，認銷飯券者，更紛至踏來，踴躍推動，捐款成績，熱烈空前，現該一運動，已定今日起一連三天在英京樂仙等十三家酒家餐室正式開始舉行，連日來除各大酒店酒家增設飯券勸銷站外，今晨起各報效炒飯之酒家茶室均已佈置一新，保衛中國大同盟及廖夢醒小姐等，今午均出發到各酒家茶室巡視一切。正午未屆，各熱心認購炒飯之各界人士，紛持券前往各酒家茶室就餐，而各報效炒飯之酒家茶室，亦均加工加料調製應客，殷勤招待，異常努力。英京酒家並特於二樓另闢一廳，佈置美潔，在此廳就餐，並免茶資費，今日正午至二時許，熱心購券之中西人士，紛紛前往就餐，情形異常熱烈。至對一碗動運動最具熱心之樂仙酒家，對捐款一百元以上者，更以該號珍藏多年之大紅古碗裝載炒飯，配以特殊豐富材料，以酬答熱心諸君之雅意。查各飯券皆限於今日（八月一日起）至三日止通用，惟其中樂仙酒家及小祇園飯券則限至八月底通用，龍泉飯券限至八月十日通用。查此次發出飯券二萬張，共四萬元，預料將來成績，必極可觀。

日✕所至
骨肉流離
凡我同胞
其速互助
孫宋慶齡

▲主持一碗飯運動之中西兩婦女領袖▼
左：保衛中國大同盟會長孫夫人宋慶齡女士
右：一碗飯運動大會副主席司徒永覺夫人

主席羅文錦等今晨發表談話

查此次一碗飯運動之發起，實賴孫夫人與司徒永覺夫人之嚴密計劃與堅毅主持。孫夫人爲保衛中國同盟之領袖，恆以國母之慈念，憫及抗戰以來受苦之難民，而極崇以工代賑之方法；香港醫務總監司徒永覺夫人，爲英籍女界之名流，亦爲愛護我國無微不至之摯友，歐戰之前，瘁心盡力，我難胞感受活命之恩非淺，歐戰既發，志於賑難，其心益堅。而本港立法局華人首席議員羅文錦大律師，對此次運動，若鼓勵各方之響應，進行各種之計劃，均有更大之努力。一碗飯運動於七月一日舉行成立大會時，羅氏更邀爲大會主席，盡力呼籲各界協助。據今晨羅氏對本報記者發表談話，謂救濟中國戰時之傷難，莫善以工代賑，使其各有工作，各能自給。

▲主席羅文錦大律師▼

各能自給。現且中國之工業合作社，即爲此項救濟中國傷難之機關，一碗飯運動之發起，即係藉籌巨量巨款以協助此救濟機關者。尚希各界善長仁翁，踴躍認購飯券，所籌之善款，概交由工業合作社國際委員會前往救濟國內傷難者。大會副主席司徒永覺夫人，今晨亦對本報記者發表談話，謂一碗飯運動委員會，熱望全港華人，對于祖國之戰時傷難，能予深切之同情，並在星期五日星期六日及星時日，能各購一碗或運動之飯券一張。一碗或委員會，深信本港富有華人二萬名，對於遭受水災轟炸，及在晉南湖南等地之男女及兒童，能予切實援助。每兩元之捐助，不僅予以人道上之援助，且可增設工業合作社，增強中國抗建之實力。現爲應予援助之時，故熱望請即爲之，如尚未購買飯券者，請即向華比銀行辦房，或西摩道二十一號購買。委員會對於已購飯券者，謹此鳴謝，目的爲四萬元，爲香港首次之一碗飯運動，協力使其成功，請予余等援助云云。

籌備幾經波折　意義益見重大

查一碗飯運動，乃保衛中國同盟於五月初發起，當時即致函華商總會，請求贊助。商會旋于五月七日提出值理月會中討論，即席決議，接納各種請求，先向港九酒樓茶室洽商，徵求報效炒飯一萬碗，每碗定價二元，先由大同盟製就二元飯券，分向熱心人士勸銷。并推出十一人成立小組委員會負責進行一切，一碗飯運動，乃得漸趨具體化矣。惟華商總

承本港總督贊助

保衛中國同盟　主辦

救濟傷兵難民

一碗飯運動

為祖國無家可歸的難民請命

全部收入撥交中國工業合作社擴大救濟工作

多買一碗飯，多救一個難民!!!

請於八月一，二，三號三日

持券赴熱心捐助

之

各酒樓茶室餐室

換取愛國炒飯

售券處：

德輔道中四號A華比銀行辦房

電話：三三三五四

1941年8月1日，“一碗饭运动”正式在香港举行。图为《华商报》当日的报道及广告。

1941年9月1日，宋庆龄出席“一碗饭运动”结束典礼，向各捐赠者颁发锦旗和纪念品。图右为何香凝，中立者为印度国大党成员卡玛拉黛芙夫人。

1941 年 11 月 11 日，中国工业合作协会香港促进委员会举办的嘉年华会在香港开幕。图为宋庆龄在开幕式上行剪彩礼。

宋庆龄在嘉年华会开幕式上演讲。

1943 年河南发生特大灾荒，宋庆龄在重庆发起“赈灾国际业余足球义赛”。在 5 月 16 日的闭幕式上，宋庆龄亲自向各球队赠送锦旗。

宋庆龄在英大使薛穆爵士陪同下，行至球场中，
同参赛球队队员一一握手，表示感谢。

保卫中国同盟资产负债对照表（1939—1940）

截止至1940年2月29日的港币收支报告

收入		支出	
缘由	金额（港元）	缘由	金额（港元）
结转余额	33,536.24		
国际和平医院	40,157.19	国际和平医院	46,878.46
红十字会救护委员会	11,449.27	红十字会救护委员会	9,639.80
八路军	20,340.82	八路军	27,411.50
新四军	12,155.10	新四军	14,990.83
中国工业合作协会	27,132.20	中国工业合作协会	30,616.69
战灾孤儿	3,054.91	战灾孤儿	5,789.47
难民救济	4,033.17	难民救济	5,511.03
鲁迅艺术学院	12,792.32	鲁迅艺术学院	9,800.00
抗日军政大学	676.06	抗日军政大学	923.87
一般用途	28,303.08	一般用途	10,636.72
宣传	2,906.18	宣传	7,396.16
		银行存款	26,942.01
	196,536.54		196,536.54

我们已根据保卫中国同盟的账簿和票据编制上述报告，并保证正确和与其一致。

香港，1940年4月5日

汤普森公司
注册会计师
审计员

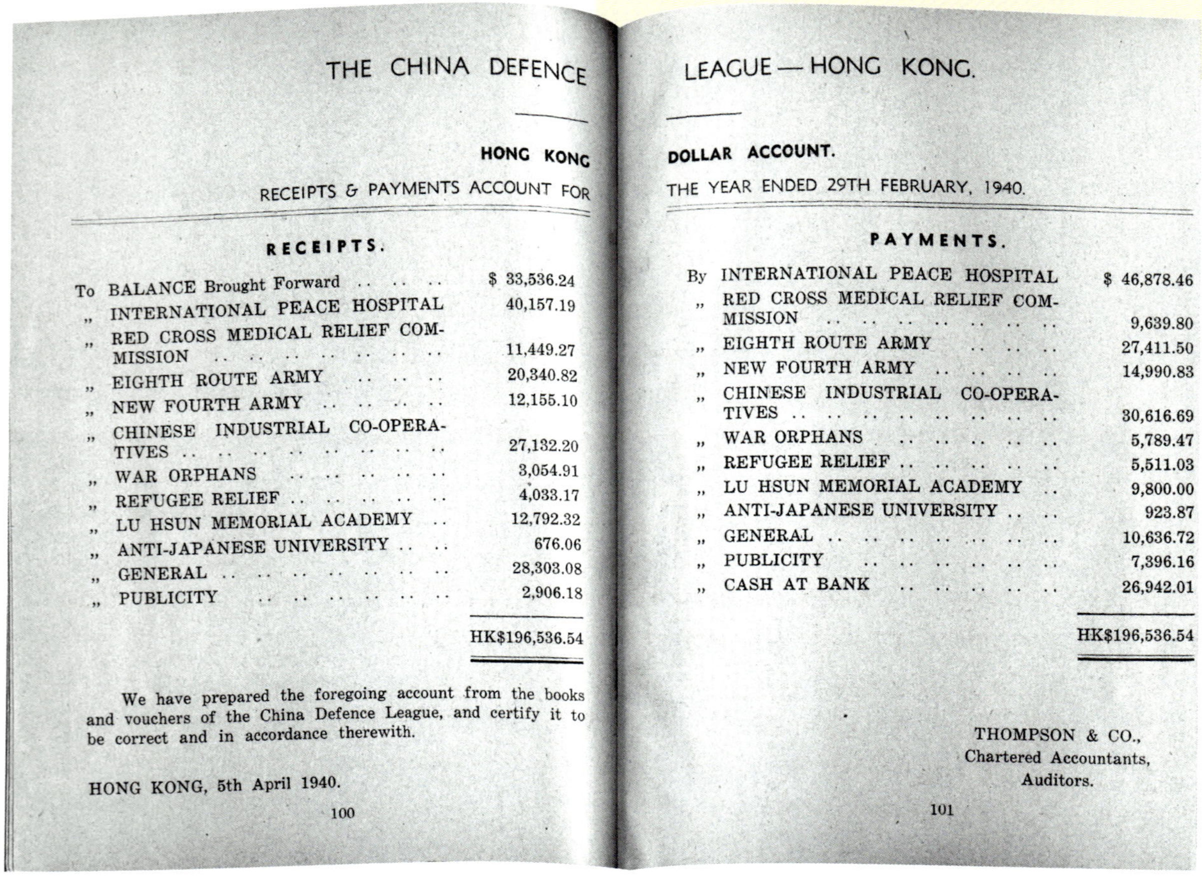

THE CHINA DEFENCE LEAGUE — HONG KONG.

HONG KONG DOLLAR ACCOUNT.

RECEIPTS & PAYMENTS ACCOUNT FOR THE YEAR ENDED 29TH FEBRUARY, 1940.

RECEIPTS.

To BALANCE Brought Forward	$ 33,536.24
„ INTERNATIONAL PEACE HOSPITAL	40,157.19
„ RED CROSS MEDICAL RELIEF COMMISSION	11,449.27
„ EIGHTH ROUTE ARMY	20,340.82
„ NEW FOURTH ARMY	12,155.10
„ CHINESE INDUSTRIAL CO-OPERATIVES	27,132.20
„ WAR ORPHANS	3,054.91
„ REFUGEE RELIEF	4,033.17
„ LU HSUN MEMORIAL ACADEMY ..	12,792.32
„ ANTI-JAPANESE UNIVERSITY	676.06
„ GENERAL	28,303.08
„ PUBLICITY	2,906.18
	HK$196,536.54

PAYMENTS.

By INTERNATIONAL PEACE HOSPITAL	$ 46,878.46
„ RED CROSS MEDICAL RELIEF COMMISSION	9,639.80
„ EIGHTH ROUTE ARMY	27,411.50
„ NEW FOURTH ARMY	14,990.83
„ CHINESE INDUSTRIAL CO-OPERATIVES	30,616.69
„ WAR ORPHANS	5,789.47
„ REFUGEE RELIEF	5,511.03
„ LU HSUN MEMORIAL ACADEMY ..	9,800.00
„ ANTI-JAPANESE UNIVERSITY	923.87
„ GENERAL	10,636.72
„ PUBLICITY	7,396.16
„ CASH AT BANK	26,942.01
	HK$196,536.54

We have prepared the foregoing account from the books and vouchers of the China Defence League, and certify it to be correct and in accordance therewith.

HONG KONG, 5th April 1940.

THOMPSON & CO.,
Chartered Accountants,
Auditors.

100 101

保卫中国同盟建立有严格的财政制度，并定期对外公布，从中可以看出保盟的援助重点是中国共产党领导的敌后抗日根据地。

保卫中国同盟重庆时期援助款项统计表

项目 \ 年份	1942年	1943年	1944年	1945年
国际和平医院	75,400 美元	54,500美元	12,500美元 4,710,978.50元法币*	510,034.80美元 166,175,629.04元法币
医疗工作	1,500 美元	87,411.50美元	11,135美元 1,888,996元法币*	
儿童保育	500 美元	12,327美元	179,430.52美元 1,808,460.87元法币	359,297.60美元 40,408,363.63元法币
西北计划		200,295美元		
救济河南灾民		50,000美元		

*这两笔法币捐款中有部分指定用于儿童保育工作。

此表未完全包括对西北地区和赈济灾民的款项，也未包括对各地国际医疗服务队的援助。

从保卫中国同盟重庆时期援助款项统计表来看，保盟在转移至重庆之后，援助的重点依然是中国共产党领导的敌后抗日根据地。

八路军向宋庆龄赠送《晋察冀边区战斗写真集》，表达对她的感谢。

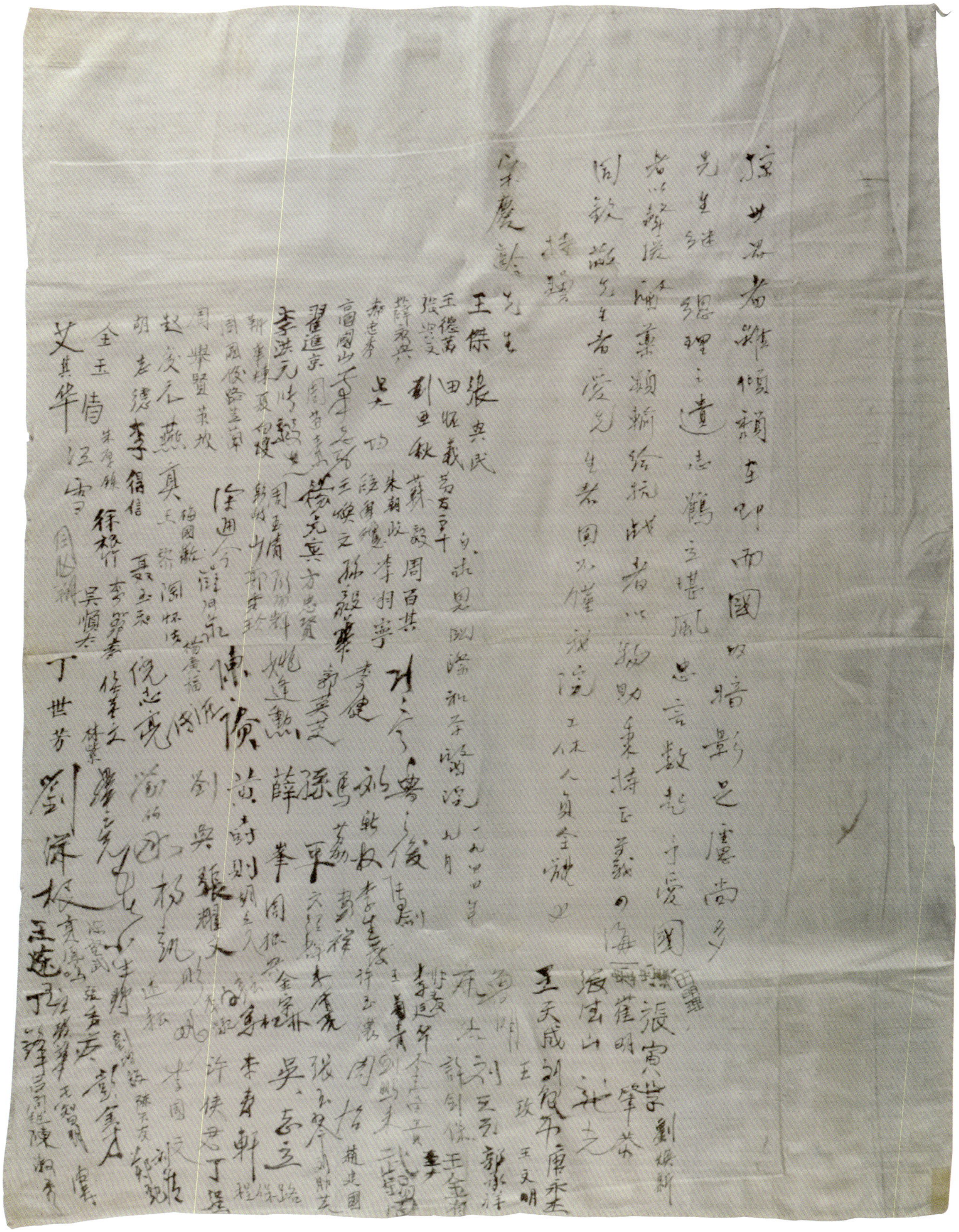

1944 年 9 月，延安白求恩国际和平医院的全体医务人员和患者集体签名致函宋庆龄，感谢她长期以来对白求恩国际和平医院的支持和帮助。

单靠装备窳陋的常备军，
中国是不能建立足以抵抗侵略的国防的。
但是在这常备军的背后却屹立着广大的人民，
他们准备为卫国保家淌尽最后的一滴血。
他们打起游击战来，
将成为一种不可征服的力量，
在这种力量面前，
日本军阀只能发抖。

——宋庆龄《中国是不可征服的》
一九三七年八月

尾声

1945 年 5 月 8 日，德国签署无条件投降书，欧洲反法西斯战争胜利结束，欧美大陆变成了一片欢腾的海洋。

史迪威将军赠送给宋庆龄的盟军胜利纪念章。

1945 年 8 月 15 日，日本宣布无条件投降。
图为延安军民欢庆抗战胜利。

烟台各界人士举行纪念“九一八”
并庆祝抗战胜利的大会。

重庆市民通宵达旦
欢庆抗战胜利。

上海市民在大场镇一·二八纪念坊前欢庆抗战胜利。

上海万众欢腾庆祝抗战胜利。

新加坡华侨热烈庆祝抗战胜利，
欢呼“祖国万岁！”

1945 年 8 月 21 日，侵华日军总司令冈村宁次派其副总参谋长今井武夫一行四人，飞抵湖南芷江向中国军队洽降。国民政府于 1946 年 2 月在芷江建立“受降纪念坊”，作为中国人民抗日战争胜利的标志性建筑。

1945年9月2日，日本正式签署投降书，
向包括中国在内的同盟国无条件投降。

1945 年 9 月 8 日，宋庆龄在德国友人王安娜陪同下，到桂园出席毛泽东、周恩来为招待在重庆的各国援华救济团体负责人举行的茶会。

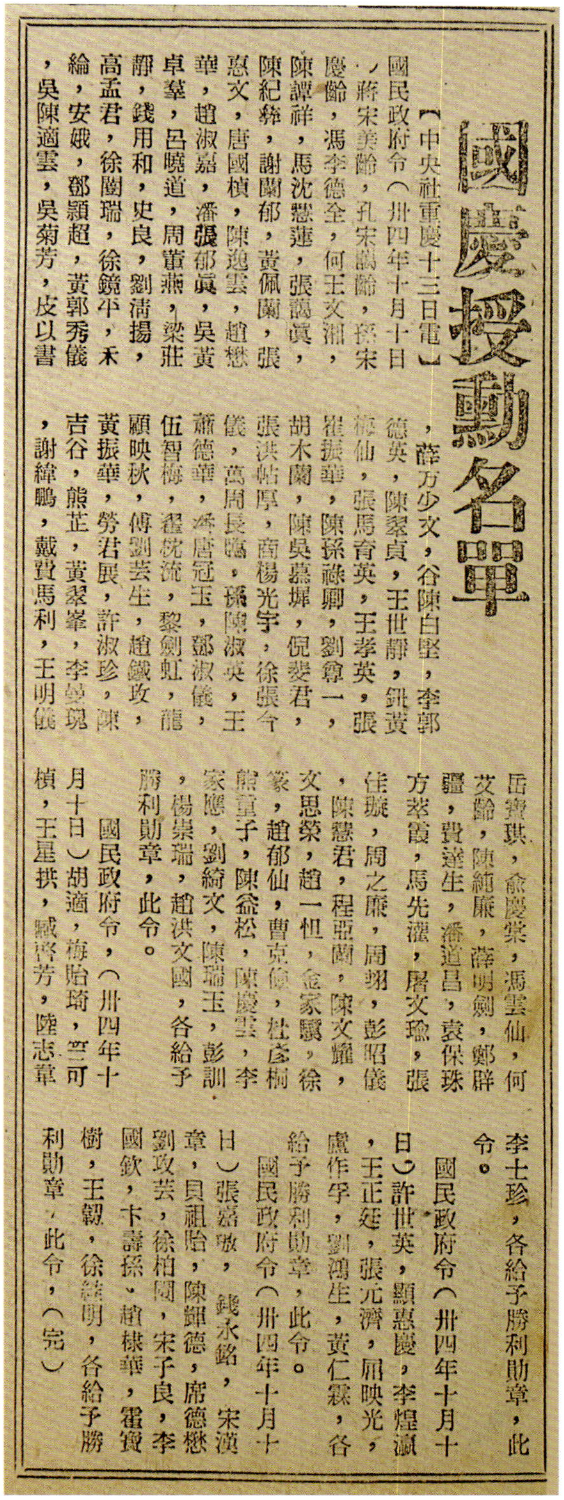

國慶授勳名單

【中央社重慶十三日電】國民政府令（卅四年十月十日）蔣宋美齡，孔宋靄齡，孫宋慶齡，馮李德全，何王文湘，陳譚祥，馬沈慧蓮，張藹眞，陳紀彝，謝蘭郁，黃佩蘭，張蕙文，唐國楨，陳逸雲，趙懋華，趙淑嘉，潘張郁眞，吳黃卓莘，呂曉道，周蕾燕，梁莊靜，錢用和，史良，劉清揚，高孟君，徐閩瑞，徐鏡平，禾綸，安娥，鄧穎超，黃郭秀儀，吳陳適雲，吳菊芳，皮以書，薛方少文，谷陳白堅，李郭德英，陳絜貞，王世靜，鈕黃梅仙，張馬育英，王孝英，張崔振華，陳孫祿卿，劉尊一，胡木蘭，陳吳嘉娳，倪斐君，張洪帖厚，商楊光宇，徐張令儀，萬周長臨，孫陳淑英，王蕭德華，湯唐冠玉，鄧淑儀，伍智梅，翟梵流，黎劍虹，龍顧映秋，傅劉芸生，趙鐵政，黃振華，勞君展，許淑珍，陳吉谷，熊芷，黃絜峯，李曼瑰，謝緯鵬，戴費馬利，王明儀，岳賓琪，俞慶棠，馮雲仙，何艾齡，陳純廉，薛明劍，鄭辟疆，費達生，潘道昌，袁保珠，方萃霞，馬先灌，屠文璐，張佳璇，周之廉，周翊，彭昭儀，陳慧君，程亞蘭，陳文耀，文思榮，趙一佃，金家鳳，徐篆，趙郁仙，曹克偉，杜彥桐，熊莖子，陳畬松，陳慶雲，李家應，劉綺文，陳瑞玉，彭訓，楊崇瑞，趙洪文國，各給予勝利勛章，此令。

國民政府令，（卅四年十月十日）胡適，梅貽琦，竺可楨，王星拱，臧啓芳，陸志韋，李士珍，各給予勝利勛章，此令。

國民政府令（卅四年十月十日）許世英，顏惠慶，李煌瀛，王正廷，張元濟，屈映光，盧作孚，劉鴻生，黃仁霖，各給予勝利勛章，此令。

國民政府令（卅四年十月十日）張嘉璈，錢永銘，宋漢章，貝祖貽，陳輝德，席德懋，劉攻芸，徐柏園，宋子良，李國欽，卞壽孫，趙棣華，霍寶樹，王叡，徐繼明，各給予勝利勛章，此令，（完）

1945 年 10 月 10 日，国民政府授予宋庆龄抗战胜利勋章。当月的《中央日报》分数期连续刊登了胜利勋章获得者名单。

但在中国并不如此。中国所受的创伤，需要很久才能复元。日本侵略者还须待解除武装，逐出境的日本侵略者，仍继续其劫掠，破坏的工作。中国的工业，需用了我们沿海的自然环境，在贫困的内地奄了一息，也需要若干时间，才能恢复。中国的人民，尤其是居住在华北和以前沦陷区的人民，情况不能马上好转，祇能还是过着非常可怜的生活。他们是那么筋疲力倦，很易就遭受到周期性的饥馑和瘟疫的祸害。中国的教育文化机关，也非短期内可能恢复。

简言之，中国需要外国朋友们继续援助。战后的困难时期，她急需不断的精神，物质和技术的支持。中国政府，在面对着许多政治军事问题，是不能好了地应付这个局面的。国际救济团体的努力，虽然慷慨可佩，仍然未足。中国广大群众的福利，需要全世界各地朋友们和同情人士大量的帮助。

过去保卫中国同盟的工作，是两方面的。一方面，它向同情中国的朋友们报导战区沦陷区人民的真正需要；另一方面，它把金钱送药和其他的援助，送到

真正和急於需要该项援助的人，使朋友们和同情人士们的援助，能发生最好的效果。

我们将继续这样做法。我们将帮急需援助的中国人民和世界各地的朋友们，做一种联系的工作。

中国福利基金委员会的从办了处暂设重庆，将来迁往上海或南京。我们将本曾经帮助中国及本保卫中国同盟合作的国际救济团体，保持密切接触并继续合作。支持我们工作的任何努力，我们都非常感谢。

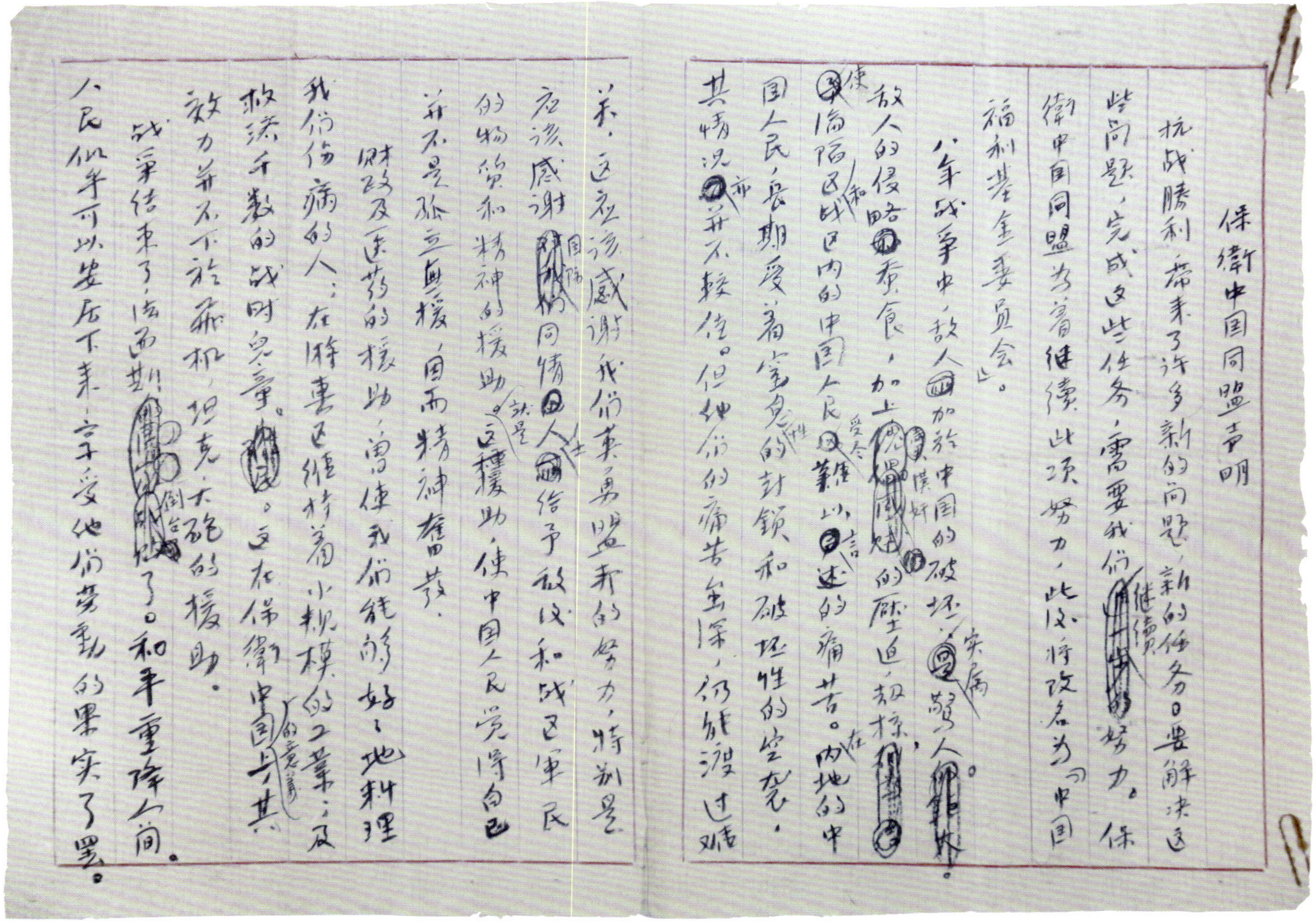

保衛中国同盟声明

抗战勝利帶来了許多新的问题，新的任务日要解决这些问题，完成这些任务，需要我们[illegible]的努力。保衛中国同盟为着继續此項努力，此後將改名为中国福利基金委员会。

八年战争中，敌人加於中国的破坏，[illegible]驚人[illegible]。敌人的侵略[illegible]蚕食，加上[illegible]的壓迫剝[illegible]，[illegible]淪陷区战区内的中国人民[illegible]難以[illegible]述的痛苦。在内地的中国人民，長期受着[illegible]的封鎖和破坏性的空袭，其情况[illegible]並不較佳。但他们的痛苦雖深，仍能渡过难关，这应該感谢我们來自盟邦的努力，特别是应該感謝[illegible]同情[illegible]給予敌後和战区軍民的物質和精神的援助，[illegible]援助，使中国人民覺得自己並不是孤立無援，因而精神奮發。

財政及医药的援助，曾使我们能够好好地料理我们傷病的人；在维持着小規模的工業，及救济千数的战时兒童。[illegible]。这在保衛中国[illegible]其致力並不下於飛机，坦克，大砲的援助。

战爭結束了，[illegible]和平重降人間。人民似乎可以安居下来，享受他们勞動的果实了罷。

1945 年 12 月，宋庆龄发表《保卫中国同盟声明》，感谢世界爱好和平民主的进步人士坚定不移地支援中国人民的抗日战争，并宣布保盟将更名为中国福利基金会，为治愈战争创伤而继续工作。图为由廖梦醒丈夫李少石起草的底稿。

后记
L'envoi

本图册是在我们今年主办的同名大型图片展基础上编辑而成的，总计收录文物文献图片200余张，其中近三分之一是从海内外浩瀚的档案和报刊文献资料中新发掘出来的。

在征集资料的过程中，我们得到了中央档案馆、上海图书馆《全国报刊索引》编辑部、重庆市档案馆、中国福利会、上海孙中山故居纪念馆、上海宋庆龄故居纪念馆、中华人民共和国名誉主席宋庆龄陵园管理处、北京宋庆龄故居管理中心、重庆宋庆龄旧居管理处、台湾国民党党史馆和“国史馆”，以及美国国会图书馆、斯坦福大学胡佛研究所档案馆、哥伦比亚大学珍本和手稿图书馆、耶鲁大学神学院图书馆、亚利桑那州立大学图书馆等海内外档案和报刊资料收藏单位与机构的大力支持和协助。旅居德国的保卫中国同盟驻重庆代表王安娜之子王黎明先生为我们提供了若干原版历史照片，复旦大学近代中国人物与档案文献研究中心主任吴景平教授为我们提供了大量珍贵海外档案。本图册责任编辑刘丽星女士系国际时势地图名家“金氏兄妹”之金端苓的女儿，她在精心编辑图册的同时，也为我们奉献了珍贵的家藏。吴景平教授、著名宋庆龄研究专家盛永华研究员、北京宋庆龄故居管理中心原主任张爱荣女士、中国福利会宋庆龄研究工作室研究员沈海平女士、中共上海市委宣传部吴瑞虎处长、中共上海市委党史研究室吴海勇副处长等应邀参与审稿工作，为本图册提供了宝贵的修订意见。在此，一并向上述单位、机构与个人表示我们衷心的感谢！

编　者

2015年9月

图书在版编目（CIP）数据
中国是不可征服的：
宋庆龄与中国人民抗日战争暨世界反法西斯战争 /
上海市孙中山宋庆龄文物管理委员会，上海宋庆龄研究会编.
—上海:东方出版中心，2015.11
ISBN 978-7-5473-0862-2
Ⅰ. ① 中… Ⅱ. ① 上… ② 上… Ⅲ. ① 宋庆龄（1893～1981）
—生平事迹 Ⅳ. ① K827=7
中国版本图书馆CIP数据核字（2015）第236149号

责任编辑：刘丽星
书籍设计：张国樑　董　伟
责任印制：周　勇

中国是不可征服的：
宋庆龄与中国人民抗日战争暨世界反法西斯战争

上海市孙中山宋庆龄文物管理委员会
上海宋庆龄研究会　编

出版发行：中国出版集团 东方出版中心
地　　址：上海市仙霞路345 号
电　　话：021-62417400
邮政编码：200336
经　　销：全国新华书店
印　　刷：上海中华商务联合印刷有限公司
开　　本：889 × 1194 1/12
印　　张：17
版　　次：2015 年11月第1 版第1次印刷
ISBN 978-7-5473-0862-2
定　　价：218.00元